Hinweis

Dieses Lexikon bietet in alphabetischer Folge Artikel über Völker, Kulturen, Sprachfamilien, Rassen sowie über die Grundbegriffe der Völkerkunde. Es werden in den Texten nur ohne weiteres verständliche Abkürzungen benutzt. Die Abkürzung SE bedeutet Südost.

Die wissenschaftliche Nomenklatur war Grundlage der Stichwortwahl, doch auch über alle Nebenformen lassen sich mit Hilfe des Registers im dritten Band die entsprechenden Artikel leicht auffinden. Dieses Register enthält zudem weitere Stichwörter, denen kein eigener Artikel gewidmet wurde. Literaturverzeichnis und Fachwortglossar finden Sie im Anschluß an den Textteil im dritten Band.

Ein senkrecht nach unten zeigender Pfeil (↓) bedeutet, daß zum nachfolgenden Wort ein eigener Artikel zu finden ist. Solche Verweise sind als Empfehlungen zu weiterer Lektüre zu verstehen.

Die Schreibweise geographischer Namen mußte notgedrungen einem Kompromiß folgen. Für die Erdteile außerhalb Europas und der Sowjetunion gilt in der Regel die Schreibweise des «The Times Atlas of the World». Deutsche Namen, die allgemein üblich sind, werden immer an erster Stelle gebracht; andere Namensformen und Schreibweisen folgen in Klammern. Sie sind im Register vollständig erfaßt. Die Eindeutschung von Namen aus Asien und Afrika hat jedoch zu Schreibweisen geführt, die weder international noch von den Bewohnern der betroffenen Gebiete verstanden oder gar benutzt werden. Deshalb folgen Autor und Redaktion weitgehend einer anerkannten englischsprachigen Unterlage.

Umschlagbild: Beduinen auf dem Ritt durch die Sahara. Der traditionelle Gesichtsschleier schützt vor Wind, Sand und Sonne. Foto: Dr. Herbert Kaufmann.

Lexikon der Völker und Kulturen

von Dr. Waldemar Stöhr

Band 1: Abnaki — Hamiten

Rowohlt

Die Texte dieser Taschenbuchausgabe wurden erarbeitet auf der Grundlage der Artikel von Dr. Waldemar Stöhr im «Westermann Lexikon der Geographie».

Redaktion: Hiltrud Anlauf, Friedemann Bedürftig, Klaus Höller
Layout und Typographie: Rolf L. Temming
Umschlagentwurf: Werner Rebhuhn

Veröffentlicht im Mai 1972

mit freundlicher Genehmigung des Georg Westermann Verlages
© Georg Westermann Verlag, Braunschweig, 1972
Alle Rechte, insbesondere die des Nachdrucks, der fotomechanischen Wiedergabe und der Übersetzung, vorbehalten
Taschenbuchausgabe: Rowohlt Taschenbuch Verlag, Reinbek bei Hamburg
Gesamtherstellung: Georg Westermann, Druckerei
und Kartographische Anstalt, Braunschweig
Gesetzt aus der 7 Punkt Times
Printed in Germany
ISBN 3 499 16158 3

Abnaki, indian. Stamm aus der atlant. Gruppe der ↓ Algonkin, der unter den Stämmen der sog. Neuengland-Staaten der USA der bedeutendste war. Die A. nahmen vor allem das westl. Maine ein und bildeten eine Föderation vieler kleiner Stämme. Der Name bedeutet etwa «die am Sonnenaufgang leben» (= Ostleute). Der Einfluß der A. erstreckte sich nach N auf die Penobscot und Passamaquoddy in NE-Maine sowie die Malecite im südl. Neubraunschweig. Südl. der A. saßen die Pennacook in New Hampshire, die Massachuset, Nauset, Nipmuc, Pocomtuc und Wampanoag in Massachusetts, die Narraganset und Niantic in Rhode Island sowie in Connecticut die Pequot und Mohegan. Die Mohegan dürfen nicht mit den Mohikanern (Mahican) des mittleren Hudson River verwechselt werden. Die Mohikaner, Wappinger und Montauk vor allem im Staate New York sind mehr den ↓ Delawaren verwandt. Die genannten Stämme waren typische Waldlandindianer, betrieben Ackerbau, doch waren auch Jagd und Fischfang von großer Bedeutung. Sie sind eng mit der Kolonialgeschichte Nordamerikas verbunden, nicht umsonst tragen Staaten, Flüsse und Orte ihre Namen. Im Gebiet der A. und Nachbarn entstand zu Beginn des 16. Jh. die Kolonie Neuengland. Anfänglich waren die Beziehungen zwischen den Indianern und Kolonisten recht gut, doch als mit der Einwanderung der Puritaner seit 1630 eine größere Menschenzahl ins Land kam, begannen die Feindseligkeiten. Metacom oder King Philip – wie ihn die Weißen nannten –, der Häuptling der Wampanoag, faßte die meisten Stämme zu einem verzweifelten Abwehrkampf (1675–76) zusammen. Trotz einiger Erfolge erlag er der Übermacht, die einzelnen Stämme wurden zerschlagen und die Reste vertrieben; viele Gefangene wurden als Sklaven nach Westindien verkauft, wie auch King Philips Frau und Sohn. Wenn es auch heute noch einige Hundert Indianer in den Reservationen gibt, die sich als Nachkommen der Neuengland-Stämme bezeichnen können, so war doch mit der Niederlage in King Philips Krieg das Ende der Indianer Neuenglands gegeben.

Afrikaner, allgemeine Bezeichnung für Menschen verschiedener Rassen und Sprachen, die den afrikan. Kontinent als ihre Heimat oder als ihr Ursprungsgebiet betrachten. Der Name A. ist heute mit starken Gefühlsmomenten belastet. Es beansprucht ihn die Intelligenz der dunkelhäutig-negriden Bevölkerung, weil sie nicht zu Unrecht den Namen ↓ Neger als diffamierend betrachtet. Aber auch die Weißen burischer, deutscher und englischer Abkunft wollen A. genannt werden, weil sei seit Generationen (z. T. schon seit 1652) in Südafrika ansässig sind. Der Name ist ihnen eine Art Symbol, der ihre gesellschaftliche und rassische Scheidung vom Neger ausdrücken soll; die Nachkommen der Buren oder Kapholländer nennen ihr dem Niederländischen nahestehendes Idiom in diesem Sinne folgerichtig «Afrikaans». Selbst wenn man von den Bevölkerungsgruppen europ. Herkunft absieht, verbergen sich hinter dem Namen A. eine Vielzahl rassisch, sprachlich und kulturell divergierender Bevölkerungsgruppen, weitaus mehr z. B. als hinter dem Namen Europäer. Eine Grobeinteilung läßt sich am besten nach rass. Gesichtspunkten vornehmen. Die größte Einheit bilden die dunkelhäutig-kraushaarigen ↓ Negriden, die vor allem das Gebiet südl. der Sahara bewohnen. Unter den Negriden leben die Reste der Altformen der ↓ Pygmäen und der ↓ Khoisaniden. Das europide Element ist vor allem nördl. der Sahara vertreten, das darum oft auch «Weißafrika» genannt wird. Es sind die ↓ Berber, die ↓ Araber und natürlich auch die alten ↓ Ägypter sowie in NE-Afrika (zumindest überwiegend) die ↓ Amharen und (in geringem Maße) die ↓ Kuschiten. Da die Rassentrennung erst Erfindung unserer Zeit ist, gibt es mannigfache Kontaktformen zwischen Negriden und Europiden, deren bedeutendste der äthiopide Rassentypus ist, den man insgesamt aber den Negriden zurechnen muß. Die weitere rass. Untergliederung der Negriden ist für das Verständnis der ethnisch-kulturellen Verhältnisse von nur geringer Bedeutung. Im allgemeinen trennt man in die beiden großen Gruppen der ↓ Sudan-Neger (einschl. der ↓ Niloten) und der

Die dunkelhäutigen Negriden bilden den größten Bevölkerungsanteil Afrikas. Diese jungen Frauen aus Guinea repräsentieren die moderne, fortschrittliche Jugend des Kontinents.

↓ Bantu-Neger. Über die Berechtigung dieser Unterscheidung läßt sich streiten, doch hat sie sich praktisch bewährt. Die Kuschiten nehmen im kulturellen Bereich eine ähnliche Übergangsposition ein wie die Äthiopiden im Rassenbild Afrikas, und der äthiopide Rassentyp überwiegt bei den kuschitisch sprechenden Völkern. Eine Vermengung rassischer und sprachlich-kultureller Kriterien, wie es bei dem veralteten Begriff ↓ Hamiten bzw. hamitische Rasse der Fall ist, sollte vermieden werden.

Die prähistor. Erforschung Afrikas hat im letzten Jahrzehnt stürmische Fortschritte gemacht; es gibt sogar einen Kongreß für die Prähistorie Afrikas, der seit 1947 in unregelmäßigen Abständen tagt und jeweils den Stand der Forschung aufzeigt. Selbstverständlich halten die Forschungsergebnisse, die Funddichte etc. noch keinem Vergleich mit den Verhältnissen im europ. Raume stand, doch wird sich der Abstand in absehbarer Zeit merklich verringert haben. Man fand in Afrika die bisher ältesten Spuren menschlicher Kultur und fossiler (menschenartiger) Hominiden. Die Steinzeit begann vor ca. 800000 Jahren und dauerte bei einigen Restgruppen bis in unsere Epoche; die ↓ Buschmänner hatten sicherlich vor 200 Jahren noch kein Metall. Das Paläolithikum Afrikas stand ohne Zweifel in Zusammenhang mit europ.-asiatischen Erscheinungen, und den Eiszeiten im N entsprechen in Afrika die Pluviale (Feucht- und Regenperioden). Jedoch macht eine parallele Periodisierung noch große Schwierigkeiten, und man bevorzugt eine andere Bezeichnung der Epochen. So wird von «Stone Age» (Steinzeit) und nicht von einem Paläolithikum wie für Europa und Asien gesprochen: «Early Stone Age» (ca. 800000 bis 100000 v.Chr.) entspricht dem Unteren bzw. Älteren und z.T. noch dem Mittleren Paläolithikum, das «Middle Stone Age» z.T. dem Mittleren vor allem aber dem Oberen bzw. Jüngeren Paläolithikum (nach 100000 bis ca. 10000 v.Chr.) und das «Late Stone Age» dem nacheiszeitlichen Mesolithikum und Neolithikum in Europa. Diese Terminologie ist internat. anerkannt; die Zahlen geben nur einen Annäherungswert. Beim frühesten Steingerät (Pebble-Industrie) handelt es sich praktisch um Geröll, das durch seine natürliche Form als Werkzeug geeignet war; es ist überaus grob und zeigt nur ein Minimum an Bearbeitung. Das ältere Stadium wird Kafuan (nach einem Fluß in Uganda) und das jüngere Oldowan (nach dem Fundort Oldoway im N Tanganyikas) genannt. Man kennt nur wenige, aber sehr aufschlußreiche Fundplätze, die sich von Algerien über die Sahara, Kenya, Tanganyika bis ins südl. Afrika erstrecken. In Sterkfontein (Südafrika) und zwei anderen Orten fand man das Steingerät zusammen mit Resten fossiler Menschenaffen aus der Art der Australopithecinen, die anscheinend in der Abstammungsreihe des Menschen ein bedeutendes Glied bilden. Sie waren sicherlich zu Horden vergesellschaftet, suchten zeitweilig Schutz in Höhlen, lebten u.a. von Fleischnahrung, wie sich aus zerschlagenen Tierknochen erkennen läßt. Es lassen sich unter den Australopithecinen bereits unterschiedliche Formen feststellen, so kennt man eine jüngere Paranthropus-Gruppe mit dem wichtigsten Einzelfund (Schädel) des Zijnanthropus bosei von Oldoway (Tanganyika). Die Ansicht, das Steingerät sei von menschenähnlicheren Wesen hergestellt worden, hat sich nicht bestätigt; die Funde gehören wohl späteren Schichten an.

Vor ungefähr 400000 Jahren folgte eine Faustkeil-Kultur, die – abgesehen von den Regenwaldzonen und den Trockengebieten – ganz Afrika einnahm. Die Kultur wurde von Vormenschen der Art des Pithecanthropus getragen, wie Funde in Marokko, Algerien, Kenya und Tanganyika zeigen. Die Spätphase der Faustkeil-Kultur (um 10000 v.Chr.) ist eine Übergangszeit: neue Geräte tauchen auf bzw. der Faustkeil wird abgewandelt, die zentral- und westafrikan. Regenwaldzone sowie das Osthorn werden besiedelt. Zugleich läßt sich eine regionale Dreiteilung erkennen, die auch für die Folgezeit von Bedeutung blieb. So hebt sich Nordafrika deutlich ab und wird seitdem (auch in der Terminologie) in den europ.-asiat. Zu-

A

sammenhang einbezogen; es formt sich allmählich die recht einheitliche Kultur des Atérien. Die Gebiete südl. der Sahara lassen sich in die Sangoan-Kultur der Regenwaldzonen Zentral- und Westafrikas und in die Fauresmith-Kultur der offenen Savannen- und Steppenlandschaft unterscheiden. Die Menschen in der Spätphase der Faustkeil-Kultur und des folgenden «Middle Stone Age» stehen der Art des Neandertalers nahe. Noch im letzten Pluvial (Gamblia) lassen sich zwischen 35 000 und 30 000 v. Chr. schon Formen des Homo sapiens nachweisen; vermutlich waren sie Träger des schon genannten Atérien. Die Verhältnisse werden zum Ende des «Middle Stone Age» und des nachfolgenden «Late Stone Age» so kompliziert, daß man sie für ganz Afrika kaum mehr in ein knappes Schema pressen kann, sondern regional aufzeigen muß. Es wäre ideal, wenn man die historisch bekannte Rassenstruktur Afrikas mit den prähistor. Kulturen in Verbindung bringen könnte. In Nordafrika und auch in Kenya z. B. treten mikrolithische Kulturen (Capsien) auf, die wohl von einem europiden Element, den mutmaßlichen Vorfahren der berberischen und kuschitischen Bevölkerung (↓ Hamiten) getragen wurden. Beim Sangoan und den nachfolgenden Kulturen denkt man an die Pygmäen und bei der Fauresmith-Kultur und ihren Ausläufern an die Khoisaniden. Es gibt zwar Anhaltspunkte für die genannten Zusammenhänge, keinesfalls sind sie aber als evident zu betrachten. Merkwürdigerweise läßt sich für die Negriden als der wichtigsten Rasseneinheit Afrikas vorläufig kein Zusammenhang zu einer prähistor. Kultur konstatieren. Über ihre Herkunft oder Entstehung läßt sich vorläufig nur mutmaßen.
Das innerafrikan. Ausstrahlungszentrum lag anscheinend im westl. Sudan, und das entscheidende Moment in der Geschichte der Negriden war sicherlich der Übergang vom wildbeuterischen Jäger- und Sammlerdasein zum produzierenden Ackerbau. Der amerikan. Anthropologe G. P. Murdock (1959) stellt diesen Vorgang auf eine höchst programmatische Weise dar. Negride Gruppen im westl. Sudan sollen, wie angeblich pflanzengeogr. Untersuchungen beweisen, «unabhängig» zur Entwicklung des Bodenbaus gelangt sein, nicht erst durch Vermittlung über den nordafrikan. Raum. Die neue Errungenschaft habe sie befähigt, nach E bis über den mittleren Nil und nach S bis zum Rande des äquatorialen Regenwaldes vorzustoßen, aber auch die Oasen und günstigeren Plätze der Sahara zu besiedeln. Dieser Vorgang habe sich im 5. und 4. Jt. v. Chr. abgespielt. Aus der Expansion sei das Substrat der späteren'Sudan-Neger erwachsen. Zu einem wesentlich späteren Zeitpunkt sei man in die Regenwaldzone eingedrungen, und zwar erst vor ca. 2000 Jahren, als durch Übernahme neuer Anbaupflanzen (Banane und Knollengewächse) der Ackerbau in dieser Region möglich geworden sei. Von dort seien die Savannen und Steppen des östl. und südl. Afrikas in Besitz genommen worden; die autochthonen Pygmäen des Regenwaldes und die Khoisaniden der Steppen habe man verdrängt oder assimiliert. Diese zweite Expansion sei vor allem von den Vorfahren der heutigen Bantu-Neger getragen worden. Die Thesen Murdocks, die hier nur grob vereinfacht wiedergegeben wurden, sind von suggestiver Kraft, doch muß sich ihre Stichhaltigkeit erst erweisen. Bei Murdock u. a. amerikan. Anthropologen ist ein emotionaler Faktor nicht zu übersehen: die Negriden sollen gegen die Behauptung älterer Theorien verteidigt werden, sie seien nur ein adaptives und passives Element, das einzig unter einer fremdrassigen Herrenschicht (etwa den mysteriösen Hamiten) zu höherer Gesittung, staatlicher Organisation und kriegerischer Expansion fähig gewesen sei. Im Prinzip hat Murdock wohl recht, doch ist er mit seinen Folgerungen zu weit gegangen. Vorläufig kann man nur die Existenz der zu Anfang genannten Bevölkerungsgruppen konstatieren, und obwohl man bereits viele Einzelfragen geklärt hat, ist man von einer evidenten Gesamtkonzeption der ethnohistor. Vorgänge in Afrika noch weit entfernt.
Die großen Spracheinheiten Afrikas stimmen mit den genannten Bevölkerungsgruppen nur z. T. überein, da für deren

8

Aufstellung auch rassische und kulturgeschichtliche Kriterien maßgebend waren. Von den ursprünglichen Sprachen der Pygmäen haben sich keine Spuren mehr erhalten, doch konnten sich die Idiome der Khoisaniden (Khoisan-Sprachen bzw. Click Languages) in Rückzugsgebieten behaupten. Der N und NE des Kontinents wird von den großen ↓ Afroasiatischen (Hamito-Semitischen) Sprachen eingenommen, die mit den sog. tschadischen Sprachen auch tief in den Bereich der Sudan-Neger eindringen (↓ Tschadische Völker). Große Schwierigkeiten bereiten die Sprachen im Bereich der Negriden, die man bislang in die beiden großen Einheiten der Sudan-Sprachen und Bantu-Sprachen unterschied (D. Westermann, in: Baumann 1940). Beides waren nur Hilfsbegriffe: die Sudan-Sprachen sind zu verschiedenartig, um eine wirklich genetische Einheit zu bilden, die Bantu-Sprachen hingegen zu einheitlich, d.h. sie sind im Grunde eine Sprache, die sich in viele Dialekte gliedert, aber keine Sprachfamilie, die aus mehreren Sprachen besteht. Eine neue Klassifikation von Greenberg (1955) gibt dieses Schema auf und verbindet die meisten westl. Sudan-Sprachen mit den Bantu zur großen Spracheinheit der Niger-Kongo-Sprachen, die von Murdock (1959) mit dem Terminus «nigritische Sprachen» belegt wird. Als Sudan-Sprachen verbleiben die innersudan. Sprachen. Ob Greenbergs Klassifikation zutreffend ist, vermögen nur wenige Spezialisten zu entscheiden; sie wird sicherlich noch manche Korrektur erhalten. Im übrigen sind nicht die großen, sondern die nachgeordneten Spracheinheiten für das Verständnis der ethnohistor. Vorgänge wichtig. Den Niger-Kongo-Sprachen gehören folgende Zweige an:
1. die ↓ Westatlantischen Sprachen, 2. die Sprachen der ↓ Mande, 3. der ↓ Gur-Völker, 4. die ↓ Kwa-Sprachen, 5. die Sprachen der ↓ Bantu-Neger mit Teilen der sog. ↓ Semi-Bantu, 6. die ostnigritischen Sprachen (von Greenberg «Adamawa-Eastern-Branch» genannt) mit dem bedeutenden Volk der ↓ Azande und 7. die isolierte Sprache der Ijaw (↓ Ibo) im Niger-Delta. Die Sudan-Sprachen (nach Greenberg) gliedern sich in einen ostsudan. Zweig mit den Sprachen der ↓ Niloten, ↓ Nubier und vielen isolierten Idiomen im Ostsudan (Berta, Kunama, Dagu, Merarit u. a.), einen zentralsudanischer Zweig (↓ Mangbetu), einen zentralsaharischer Zweig (↓ Kanuri) sowie das ↓ Songhai, das ↓ Nuba (Kordofanian), das ↓ Maba in Ouadai, das ↓ Fur in Darfur und das nur noch von 8000 Menschen gesprochene Koma im Ostsudan.

Der N Afrikas stand von altersher in engem Zusammenhang mit den histor. Ereignissen in Europa und SW-Asien. Seine Bevölkerung gehört in den Bereich des Mittelmeerraumes; zumeist das Objekt der Machtpolitik fremder Völker, konnten doch einige Teile zeitweilig ihre Unabhängigkeit behaupten und sogar über ihr Gebiet hinausgreifen (↓ Mauren). Wenn man von den Kultureinflüssen absieht sowie einigen Völkerwanderungen (↓ Beduinen), blieben bis ins 15. Jh. alle histor. Auseinandersetzungen im Raum südl. der Sahara innerafrikanisch. Ende des 15. Jh. beginnt der Einbruch der Marokkaner in den Sudan (↓ Songhai), der schließlich zur Eroberung Timbuktus führte, und die Portugiesen errichten ihre Stützpunkte und Handelsstationen entlang der Küsten des Kontinents. Damit beginnt die Zeit der kolonialen Besitznahme, die erst um 1900 zum Abschluß kommt, als fast ganz Afrika unter den europ. Mächten aufgeteilt war. Wie immer man von der Kolonialepoche denken mag, die machtvolle Unabhängigkeitsbewegung der A. vollzog sich in den Grenzen, die von den Kolonialherren gesetzt wurden und nur ausnahmsweise auf alte Volkstümer und Reiche Rücksicht nahmen. Neben den großen Bevölkerungsteilen europ. Herkunft, die vor allem in Algerien und Südafrika bodenständig wurden, wanderten starke Kontingente von Indern und in geringerem Maße auch Indonesier (Kap-Malaien) nach Afrika ein. Andererseits wurden viele A. durch den Sklavenhandel verschleppt, vor allem seit dem 16. Jh. in die Neue Welt, wo ihre Nachkommen einen bedeutenden Bevölkerungsanteil stellen. Häufig unter dem Sammelnamen Afro-Amerikaner zusammengefaßt, überwiegen sie auf vielen Inseln

Sogenannter Zauberpriester aus einem Dorf in Nordkamerun. Als Hüter der Tradition und Vermittler der überkommenen Religion verkörpern die Dorfpriester das konservative Element in den jungen Staaten Afrikas.

▷

Viele der auf ägyptischen Kunstwerken dargestellten Personen ähneln den heutigen Bewohnern des Niltales und Oberägyptens. Man findet, über Jahrtausende hinweg, die gleichen europiden Merkmale. Hier ein Grabrelief aus der VIII. Dynastie, etwa 2170 v. Chr. Es zeigt den Kanzler Nefer-yu am Opfergabentisch.

der Antillen. Sie bilden sogar eigene Volkskörper (Haiti etc.), deren religiöse Sitten (Voodoo-Kult etc.) an das alte Brauchtum erinnern. Ethnologisch besonders interessant sind die sog. ↓ Buschneger von Surinam, die als Nachkommen früh entlaufener Negersklaven ihre alte westafrikan. Lebensweise fortführten, aber auch manches Kulturelement der von ihnen verdrängten Indianer übernommen haben.

Afroasiatische Sprachen, eine von Greenberg (1955) eingeführte Bezeichnung für die große Spracheinheit, die vordem als «hamito-semitische Sprachen» umschrieben wurde. Als eigenständige Zweige gehören ihr 1. die Sprachen der alten ↓ Ägypter, 2. ↓ Berber und ↓ Libyer, 3. ↓ Kuschiten, 4. ↓ Tschadischen oder Tschado-Hamitischen Völker und 5. der ↓ Semiten an. Früher wurden die Sprachen, die auf dem afrikan. Kontinent beheimatet sind, zum eigenen Sprachstamm der ↓ Hamiten zusammengefaßt (1.–4.). Die neuere Linguistik hat nachgewiesen, daß die fünf Zweige gleichwertig sind, d.h. eine Unterscheidung in zwei Sprachstämme nicht stichhaltig ist. Neuerdings hat Murdock (1959) die A.S. (einschl. des Semitischen) mit dem Terminus «Hamitic» belegt; der Ausdruck ist in diesem Zusammenhang recht unglücklich gewählt und im Grunde nicht zutreffend.

Ägypter, im historischen und kulturellen Sinne die Bevölkerung des Niltals und benachbarter Regionen etwa in den Grenzen des heutigen Ägyptens, deren ethnische Kontinuität bis in prähistorische Zeiten zurückreicht. Zu Beginn des 5.Jt. v.Chr. wurde im Niltal eine noch mesolithische Kultur von Jägern und Sammlern, die dem größeren Bereich des nordafrikanischen Capsien angehörte, von neolithischen Kul-

turen (Tasa im oberen und Faiyum «A» im unteren Ägypten) abgelöst. In ihrem Gefolge wird (wohl aus SW-Asien) die produzierende Wirtschaftsform übernommen. Im S (Oberägypten) folgt wohl gegen Ende des 5. Jt. v. Chr. die bereits chalkolithische (Stein-Kupfer-Zeit) Kultur von Badari, die sich im Inventar deutlich abhebt und anscheinend von einer neueingewanderten Bevölkerung getragen wurde. Ackerbau, Viehhaltung und Vorratswirtschaft sind einwandfrei nachweisbar; manche Geräte kann man schon als Vorform solcher dynastischer Zeit ansprechen. Aus der Badari-Kultur erwächst um 4000 v. Chr. die von Amra (Amratien bzw. Negade oder Nakade I), in der sich eine Intensivierung des Ackerbaus und der Viehhaltung feststellen läßt. Gefäße aus Alabaster und Basalt, Alabasterfiguren sowie eine Art Feuerstein-Bergbau gehören zu den neuen Errungenschaften. Im N (Unterlauf, Delta und Faiyum-Senke) kennt man etwa zur gleichen Zeit die Merimde-Kultur, doch ist die zeitliche Korrelation der nördl. und südl. Kulturen nicht ganz geklärt. Der Schwerpunkt der kulturellen Entwicklung liegt auf jeden Fall im S des Niltals. Dort folgt um 3600 v. Chr. die Gerze-Kultur (Gerzeen bzw. Negade II), deren Spätphase zumindest ganz Ägypten erfaßt und den Übergang zur historischen Epoche bildet. Das 4. Jt. v. Chr. (Amratien und Gerzeen) wird häufig auch als die «prädynastische Zeit» Ägyptens bezeichnet. In dieser Periode vollzieht sich die Ethnogenese der Ä., so wie sie im nächsten Jahrtausend in den Blickpunkt der Geschichte treten.

Die Bevölkerung hat wohl damals schon zu dem für das Niltal so typischen, vom Rhythmus der Überschwemmungen geprägten, bäuerlichen Lebensstil gefunden. Angebaut wurden Gersten- und Weizensorten, und man besaß schon Langhornrinder, Schafe und Ziegen sowie Schweine, die allerdings später als unreine Tiere an Bedeutung verloren. Um 3400 (bzw. 3200) v. Chr. kam es zu einer grundlegenden Veränderung und sprunghaften Entfaltung der Kultur. Nach allgemeiner Ansicht geht diese Entwicklung auf eine Einwirkung aus Mesopotamien zurück. Wie diese aber erfolgt sei, darüber gehen die Meinungen weit auseinander. Eine Möglichkeit wäre die Entlehnung von Kulturgütern durch intensiven Handel, eine andere die Invasion fremder Eindringlinge, die sich zu Herren des Landes aufwarfen und die Entwicklung auslösten. Für eine Invasion sprechen manche Indizien; so fand man z. B. im nördl. Oberägypten in Gräbern der späten prädynastischen Zeit vielfach Knochenreste, die einen Menschenschlag mit breiterem Schädel und größerem Körperbau als die übrige Bevölkerung nachweisen. Für die Existenz einer «dynastischen Rasse» (nach Derry 1956) spricht weiterhin der krasse Unterschied zwischen der Aristokratie und dem breiten Volk in der frühen historischen Zeit. Mesopotamische Elemente finden sich nur in Oberägypten, so daß man sagen kann, ob nun Handel oder Invasion (oder sogar beides) ausschlaggebend waren, ihr Weg führte wahrscheinlich über das Wadi el Hammamat, jene uralte Karawanenstraße, die zwischen Kuft (dem alten Koptos) und Kosseir das Niltal mit dem Roten Meer auf kürzeste Entfernung verbindet. Wie dem auch sei, Elemente und Motive der Architektur und Kunst (u. a. Rollsiegel und wahrscheinlich auch die Idee der Schrift), die in Mesopotamien aus einer kontinuierlichen Entwicklung erwachsen sind, tauchen in Ägypten unvermittelt und ohne Vorstufen auf, während von den Ä. bisher nichts Nennenswertes in Mesopotamien gefunden wurde. Die Kultur der Ä. wurde also von derjenigen Mesopotamiens initiiert, doch gaben die Ä. bald allem ein eigenes Gepräge und übertrafen in vielen Aspekten ihre Anreger.

In der späten prädynastischen Zeit Ende des 4. Jt. v. Chr. zeigen sich bereits viele Phänomene und Institutionen, die die historisch bekannte Zivilisation der Ä. auszeichnen. Marktflecken und größere Ortschaften entstehen, es beginnt die so typische Spezialisierung in einzelne Berufszweige, und die politisch-staatliche Ordnung formt sich aus. Deutlich lassen sich die Zeichen einer regionalen Gliederung erkennen, die der späteren Gaueinteilung zugrunde liegt. Bedeutsam wurde vor allem der Unterschied zwischen Ober- und

Unterägypten: so tritt Menes, der erste König, dessen Name schriftlich überliefert ist, als Einiger der beiden Landesteile hervor. Der erste (archaische) Abschnitt der historischen Epoche (1. und 2. Dynastie) hat die Bezeichnung «Thinitenzeit», da die Herrscher nach der Überlieferung aus der Gauhauptstadt Thinis stammen; bei Abydos in demselben Gau liegen die meisten Königsgräber der beiden ersten Dynastien. Die zeitliche Fixierung der archaischen Periode macht noch große Schwierigkeiten; man findet in fast jedem einschlägigen Werk eine andere Chronologie (z. B. von 3200 bis 2800, von 3110 bis 2665 oder von 2900 bis 2650 v. Chr.), so daß man nur mit einiger Sicherheit sagen kann, daß sie um 3000 v. Chr. einsetzt. Schwierigkeiten bereitet auch die Identifizierung des Menes mit den Königsnamen, die man auf zeitgenössischen Denkmälern findet. Dort sind die Könige nur mit einem Beinamen (Horusnamen) verzeichnet. In Frage kommen die Könige Narmer und Hor-aha; im allgemeinen wird der letztere (vermutlich ein Sohn des Narmer) mit Menes identifiziert. Bereits in der Thinitenzeit schieben die Ä. die Grenze des Reiches nach S gegen Nubien bis Elephantine vor. Die Reichseinigung bringt der kulturellen Entfaltung weitere Impulse. Staatliche Organisation (Gaueinteilung) und das für die Ä. so typische Beamtentum sind bereits vorhanden. Die Königsgräber bestehen aus tief in den Boden eingelassenen Kammern oder Schächten, die meist mit einem palastähnlichen, rechteckigen Überbau (sog. Mastaba) versehen sind.
Voraussetzung für die zivilisatorische Entfaltung der Ä. war die Kenntnis der Schrift. Obwohl die sog. «Hieroglyphen» deutlich Bildcharakter tragen, geben sie aber durchweg Lautwerte wieder, relativ selten ein ganzes Wort. Im einzelnen benutzt man Ideogramme, d. h. ein recht anschauliches Bildzeichen für einen bestimmten Gegenstand oder Begriff, Phonogramme, d. h. Lautzeichen für einen oder mehrere Konsonanten (keine Vokale), und Determinative, d. h. Deutzeichen für die wegen des Fehlens der Vokale oft mehrdeutigen Zeichengruppen, die den Sinn des Wortes näher bestimmen, aber nicht mitgelesen werden. Dasselbe Zeichen kann sowohl Ideogramm als auch Phonogramm und Determinativ sein, doch sind Bild- und Lautzeichen durch eine Markierung voneinander unterschieden. Die Determinative, die immer am Ende eines Wortes stehen, teilen das Seiende in bestimmte Kategorien und bezeugen damit die Fähigkeit der Ä. zum abstrakten Denken. Dieses Schriftsystem ist praktisch mit Beginn der historischen Zeit fertig vorhanden; nennenswerte Vorstufen im Sinne einer reinen Bilderschrift wurden bisher nicht gefunden. So bietet die Entstehung der Hieroglyphenschrift noch große Rätsel. Entweder war der Entwicklungsprozeß in ganz kurzer Zeit abgeschlossen, oder das System wurde fertig übernommen. Die zweite Möglichkeit hat weit mehr Gründe für sich; wahrscheinlich haben die Ä. die Idee ihrer Schrift von den ↓ Sumerern übernommen. Bemerkenswert ist, daß sich die eigentlichen Hieroglyphen nur auf hartem Material (Kunstwerke, Siegel, Wandinschriften etc.) finden, d. h. in Stein eingemeißelt oder in Holz eingeschnitten. Mit zähem Konservatismus hielt man an den Hieroglyphen fest, doch schrieb man seit Beginn auf Papyrus und Holztafeln in der «hieratischen Schrift», deren kursive Formen die ursprünglichen Bildzeichen nicht mehr erkennen lassen. Die seit dem 8. Jh. v. Chr. in Gebrauch gekommene «demotische Schrift» ist nicht grundsätzlich anders, aber weit flüssiger und einfacher; sie bringt zahlreiche Kürzungen und feste Ligaturen. Erst das Koptische (ca. 300 n. Chr.) bricht mit dem alten Schriftsystem und übernimmt das griechische Alphabet mit einigen Ergänzungen demotischer Zeichen.
Die alten Ä. hatten ein erstaunliches Geschichtsbewußtsein; ihm kam religiöser Charakter zu. Die großen Ereignisse (z. B. die Einigung der beiden Reichsteile) wurden im Ritual (z. B. bei der Inthronisation des Königs oder Pharao) vergegenwärtigt. Auch die Einteilung der Geschichte in Dynastien stammt von einem Ä. (Manetho, um 300 v. Chr.). Weiterhin gliedert man in einige große Zeitabschnitte; in der Chronologie gibt es immer noch einige Divergen-

A

zen, die folgenden Daten richten sich nach Wilson (1961). Die beiden ersten Dynastien sind mit der archaischen Epoche oder Thinitenzeit identisch; hier ist die zeitliche Bestimmung besonders schwierig. Von der 3. bis zur 6. Dynastie (2650–2150) dauert das «Alte Reich». Es ist die Zeit der großen Pyramidenbauten und in gewissem Sinne schon Höhepunkt der Kunst und Kultur. Einer Zeit innerer Wirren folgt das «Mittlere Reich» (11. bis 13. Dynastie, 2040 bis 1786), das von der Fremdherrschaft der Hyksos (Hurriter) abgelöst wird. Die Hyksos, deren ethnische Zugehörigkeit nicht geklärt ist, führten das Pferd und den leichten Streitwagen in Ägypten ein. Mit der Vertreibung der Hyksos beginnt das «Neue Reich» (18. bis 20. Dynastie, 1580 bis 1075). Es hat mehrere Höhepunkte und Krisen. Die faszinierendste Herrschergestalt war Amenophis IV. (1375–1358), der seinen Namen in Echnaton umänderte; seine Gemahlin war Nofretete. Echnaton versuchte mit der Tradition zu brechen. Mit der Verehrung des Sonnengottes Aton propagierte er einen strikten Monotheismus. Auch in der Kunst seiner Zeit finden sich ganz neue Ausdrucksformen. Nach seinem frühen Tod setzt sich die Tradition wieder durch. Ramses II. (1304–1238) verleiht dem Reich der Ä. neuen Glanz, obwohl sein Versuch, Syrien zu erobern, in der Schlacht bei Kadesch (1299) von den ↓ Hethitern vereitelt wird. Zu Beginn des 12. Jh. v. Chr. droht dem Reich große Gefahr durch die Invasion der Seevölker, die sicherlich im Zusammenhang mit Wanderungen indo-europäischer Völker im Balkan und Kleinasien steht. Die sog. Spätzeit bringt innere Wirren und Auseinandersetzungen mit den Äthiopiern und Sauerern. Von einiger Bedeutung ist die 25. (saitische) Dynastie. In einer romantischen Renaissance werden alte Kunstformen und Traditionen belebt. Pharao Necho läßt eine Flotte mit phönizischen Seeleuten um Afrika herumsegeln. 525 kommen die Perser (27. Dynastie), von deren Herrschaft sich die Ä. noch einmal befreien können (28. bis 30. Dynastie, 404–341); die Perser erobern das Land 341 zurück, doch verlieren sie es kaum zehn Jahre später an Alexander den Großen (332). Sein Erbe tritt Ptolemäus I. an, der mit Annahme des Königstitels (304) die Dynastie der Ptolemäer begründet. Ptolemäus und seine Nachfolger versuchen die Kultur der Ä. mit dem Hellenismus, dessen geistiges Zentrum Alexandria war, zu verbinden. Man propagierte den synkretistischen Serapis-(Osiris-)Kult, der wie der Isis-Kult weit in die hellenistische Welt hineingetragen wurde. Die Zivilisation der Ä. bleibt aber ein eigenständiges Gebilde, und sie bleibt es auch während der römischen Herrschaft (seit 30 v. Chr. ist Ägypten römische Provinz). Die römischen Kaiser agieren als Pharaonen, sie bauen u. a. neue Tempel für die einheimischen Götter. Erst die völlige Übernahme des Christentums im 3. Jh. bringt eine tiefgreifende Umwandlung des kulturellen Bildes. Eremiten- und Mönchstum (Antonius geht 270 in die Thebais) nehmen bei den Ä. ihren Anfang. Nach dem Konzil zu Chalcedon (451) halten die Ä. an der monophysitischen Lehre fest und trennen sich damit von der übrigen Kirche. Bei der Teilung des römischen Weltreiches fallen die Ä. Ostrom zu. Kurzfristig vermögen die sassanidischen Perser das Land zu erobern (619–626 n. Chr.), dann fällt es den islamisch-arabischen Eroberern zu (642). Es dauerte fast 3 Jh., bis sich der Islam vollends durchgesetzt hatte. Wie Alexandria im Hellenismus wird nun Kairo zu einem geistigen Mittelpunkt in der Welt des Islam (Sarazenen). Die ↓ Kopten, Reste der christlichen Bevölkerung, haben sich bis heute, hauptsächlich in den Städten Oberägyptens, behauptet; ihr altes Idiom blieb als Kirchensprache erhalten. Die Sprache der alten Ä. bildet einen eigenen Zweig der großen ↓ Afroasiatischen (Hamito-Semitischen) Sprachen. Man un-

◁

Die künstlerischen Leistungen der Ägypter waren eng mit ihren religiösen Vorstellungen verflochten. Wir zeigen ein Bild aus dem Totenbuch Hunefers, um 1300 v. Chr. auf Papyrus gemalt.

Zwei junge Ainu-Frauen. Das Traditionsbewußtsein der Ainu ist stark; sie haben ihr Brauchtum auch nach der Unterwerfung durch die Japaner (15. Jh.) lange Zeit vor Überfremdung bewahren können.

terscheidet Alt- (etwa 3. Jt. v. Chr.), Mittel- (etwa erste Hälfte des 2. Jt. v. Chr.) und Neuägyptisch (um 1370 v. Chr. zur Schriftsprache erhoben) sowie Koptisch (seit etwa 300 n. Chr.). Der Rasse nach gehören die Ä. zumindest seit neolithischer Zeit dem Formenkreis der ↓ Europiden an. In der heutigen Bevölkerung – vor allem unter den einfachen Fellachen des Niltals und den Kopten der oberägyptischen Städte – findet man den gleichen Menschenschlag wie vor Jahrtausenden, von dem die alten Kunstwerke so eindrucksvoll und lebendig Zeugnis geben.

Ainu, ein Volk auf Hokkaido, Südsachalin und den Kurilen, dessen Sprache isoliert ist und keiner bekannten Sprachfamilie zugehört. Rassisch werden die A. als eine Altform der ↓ Europiden bestimmt; charakteristisch ist ein starker Haarwuchs. Sie zeigen nur geringe mongolide Merkmale, die Mongolenfalte tritt nur gelegentlich auf. Landschaftsnamen und histor. Quellen zeigen, daß die A. früher auch auf Hondo saßen; dort wurden sie von den Japanern völlig verdrängt, in Hokkaido unterwarf man sie erst im 15. Jh. endgültig. Ihre heutige Bevölkerungszahl wird im allgemeinen mit 16000 angegeben. In einem neueren Werk (Munro 1963) werden sie für 1939 allein auf Hokkaido auf 16000 geschätzt, zuzüglich 10000 in anderen Gebieten; möglicherweise bezieht diese

Schätzung auch assimilierte bzw. japanisierte A. mit ein. Die Stellung der A. in der Prähistorie Japans ist umstritten; wahrscheinlich waren sie nicht die alleinigen Träger der Jomon-Kultur (↓ Japaner) auf Hondo. Die Herkunft der A. ist auf dem asiatischen Festland zu suchen. Von den heutigen A.-Gruppen zeigen die auf Sachalin kulturelle Übereinstimmungen mit den ↓ Tungusen und die auf den Kurilen mehr mit den ↓ Paläosibiriern. Sie waren ursprünglich seßhafte Jäger, Fischer und Sammler. Die Kolonisierung ihrer Gebiete durch die Japaner entzog den A. diese Lebensgrundlage; auf Hokkaido sind sie seit langem zum Feldbau übergegangen. Von der alten Stammesreligion hat sich vieles bis in unsere Zeit gehalten. Der für die nördl. Jägerkulturen so charakteristische Bärenkult ist auch noch vorhanden, sind seine Feste zu einer Art Touristenattraktion entartet. Der Name A. ist eine Selbstbezeichnung (= Mensch). Die A. genießen volles Bürgerrecht im heutigen Japan.

Akan, Sammelname für die Völker und Stämme der ↓ Sudan-Neger in den südöstl. Teilen der Elfenbeinküste und des südl. Ghana (Goldküste), die linguistisch zur großen Einheit der ↓ Kwa-Sprachen gehören. Im E ihres Lebensraumes lichtet sich der westafrikan. Regenwald und weicht z.T. schon der Savanne. Dies trug sicherlich auch zur Entstehung des mächtigen ↓ Aschanti-Reiches bei, das für das kulturelle Gepräge der A. ausschlaggebend war. Am stärksten wirkte dieses auf die unmittelbar benachbarten Völker ein, die z. T. infolge dauernder Auseinandersetzungen mit den Aschanti gleichfalls zu staatlichen Organisationsformen gelangten, so die Fanti (Fante) an der Küste von Ghana und die Akyem mit den Kwahu (Akwahu) und Akwapim westl. der unteren Volta. Sie bilden zusammen mit den Aschanti und einigen kleineren Gruppen (Wasa, Asen-Twifo u.a.) innerhalb der A. die Dialektgruppe der Twi. Durch jahrhundertelangen Kontakt mit Europäern stark beeinflußt, stellt die Twi sprechende Bevölkerung, deren Zahl sich nach letzten Schätzungen 2 Mill. nähern dürfte, das politisch, wirtschaftlich und kulturell aktivste Element des modernen Ghana dar. Stark beeinflußt ist auch die im nördl. Hinterland der Aschanti sitzende Dialekt- und Stammesgruppe der Guang (Gonja, Gwanja, Ngbanye) mit den Brong (Abron), deren Bevölkerungszahl ca. 150 000 betragen mag. Im dichten Regenwald im W sitzt die dritte Dialektgruppe (Anyi-Baule) der A., deren kulturelles Gepräge und polit. Organisation wesentlich einfacher sind. Doch lassen sich auch hier Aschanti-Einflüsse feststellen, was sich vor allem in den Erzeugnissen ihres Kunsthandwerks zeigt. Zu ihr gehören die vielen Stämme der (ca. 100 000) Anyi (Agni) und der (ca. 400 000) Baule (Baoule). Sprachlich isoliert sind die sog. Lagunen-Völker, die wohl das älteste und urtümlichste Bevölkerungssubstrat in diesem Raum bilden. Sie wurden in das Gebiet der Strandlagunen der südl. Elfenbeinküste und deren Hinterland gedrängt und dabei in viele kleine Stämme zersplittert; die bedeutendsten sind die (ca. 25 000) Adjukru, (ca. 25 000) Abe (Abbey) und (ca. 60 000) Akye (Attie) mit jeweils vielen Untergruppen. Die Lagunen-Völker gehören ausgesprochen zum paläonegriden Rassentypus (↓ Negride) und zeigen vielfach Kleinwüchsigkeit, was auf eine Vermischung mit ↓ Pygmäen, den Urbewohnern der westafrikan. Küstenzone, hindeutet. Sprachlich isoliert sind auch die Ga und Adangme im Mündungsgebiet des Volta (zusammen ca. 200 000). Sie sind vorwiegend Fischer und Händler; ihre Herkunft und Stellung ist noch weitgehend ungeklärt.

Albaner (Skipetaren), ein Volk von über 2 Mill. Menschen, dessen größerer Teil (über 1 Mill.) seit 1912 im eigenen Staatsverband (Albanien) lebt, der andere vor allem in Jugoslawien (ca. 750 000) besonders in Kosovo Polje, Griechenland, Süditalien (und Sardinien), Türkei und den USA (ca. 40 000). Die Eigenbezeichnung der A. lautet Skipetaren (Schkjipetaren), was man mit «Bergleute» übersetzen kann; von den Türken werden sie Arnauten und von den Serben Arbanasi genannt. Man unterscheidet zwei große Dialektgruppen: 1. die Tosken im landschaftlich günstigeren

S des Verbreitungsgebietes und 2. die Gegen (Ghegs) im N, die in zahlreiche Stämme zerfallen, deren nördl. als Malsoren (Hochländer) zusammengefaßt werden, während von den südl. die Mirditen hervorzuheben sind. Die A. bilden einen eigenständigen Zweig in der Sprachfamilie der ↓ Indo-Europäer, der anscheinend aus dem der Illyrer erwachsen ist. Ca. 90% des Wortschatzes sind fremden Sprachen entlehnt (Romanisch, Slawisch, Türkisch und Griechisch), ein Zeichen der jahrtausendlangen Fremdherrschaft. Die A. sind ethnisch wohl Nachkommen der alten Illyrer, die im 5.Jh. n.Chr. durch Serben und andere südslaw. Invasoren des Balkans in ihre heutigen Wohnsitze gedrängt wurden. Serben, Bulgaren, Byzantiner, Normannen und Venezianer wechselten einander in der Herrschaft ab, bis unter dem Nationalhelden Scanderbeg (ca. 1403 bis 1468) die A. zur nationalen Einheit und Unabhängigkeit geführt wurden. Nach seinem Tode kamen sie 1478 unter die Oberhoheit der Türken. Die A. konnten ihre ethnische Eigenart und einen bemerkenswerten Grad von Unabhängigkeit behaupten. Im 16./17.Jh. konvertierten sie überwiegend zum Islam, was einen neuen Konfliktstoff mit den christl. Nachbarvölkern bedeutete, und trotz vieler Aufstände gegen die türk. Herren richtete sich der nationale Selbstbehauptungswille weit mehr gegen die Serben und Griechen als gegen die Türken; die ideologischen Differenzen zwischen dem modernen Albanien und Jugoslawien gründen z.T. auch in diesen Spannungen. Die alte Stammes- und Sozialordnung, Blutrache, Fluchttürme (Kula), festungsartige Häuser und manch andere Zeugen der alten Kultur haben sich im Hochland bis in unsere Zeit erhalten; bei den Tosken im S und in den Küstenzonen sind sie seit längerem völlig verschwunden.

Alfuren, Sammelname für die autochthone Bevölkerung des östl. Indonesiens (Molukken, Flores, Sumba, Timor und Solor-Alor-Archipel sowie die Inseln zwischen Wetar und Aru-Archipel), die kulturell überwiegend zum sog. altindones. Bevölkerungssubstrat (↓ Indonesier) des Malaiischen Archipels gehört. Der Name A., den man sinngemäß mit «Hinterwäldler» übersetzen kann, wird recht unterschiedlich gebraucht; in der neueren völkerkundlichen Literatur wird er meist vermieden. Größere ethnische Einheiten (bzw. Fürstentümer) finden sich auf Flores mit den Manggarai, Ngada, Ende samt den Lionesen, Sika (Maumére) und Larantuka (zusammen ca. 600000) sowie auf Timor mit den Belu und Atoni (ca. 700000), die jeweils in viele Unterstämme geteilt sind. Die meisten Bevölkerungsgruppen werden nach ihrer Insel benannt und erscheinen in der Literatur als Sumbanesen, Rotinesen, Tenimbaresen oder Aloresen. Beispielhaft für die komplizierten ethnischen, sprachlichen und rass. Verhältnisse in Ostindonesien sind die großen Inseln Ceram und Halmahera. Auf Ceram (ca. 60000) stehen der islam. und christl. Küstenbevölkerung etwa ein Dutzend Bergstämme (z.B. die Wemale und Alune im W) gegenüber. Die Bevölkerung gliedert sich (teils quer durch einige Stämme) in die Patalima (Fünferleute) und die Patasiwa (Neunerleute). Diese merkwürdige polit.-religiöse Einteilung nach den Zahlen fünf und neun ist in weiten Teilen verbreitet; möglicherweise geht sie auf die beiden mächtigen Fürstentümer Ternate und Tidore zurück, die in diesem Teil Ostindonesiens um die Vormacht kämpften. Auf Halmahera (vielleicht 50000) rechnet man mit ca. 30 verschiedenen Bergstämmen. Das bemerkenswerteste Moment ist hier die Sprache: die Idiome im N dieser Insel (Galelaresen, Toboloresen etc.) sowie die auf Ternate und Tidore (westl. von Halmahera) gehören nicht zu den indones. Sprachen, sondern sind isoliert bzw. der Spracheinheit der ↓ Papua zuzurechnen. Ostindonesien ist ein Schmelztiegel der Rassen, so gibt es melaneside, weddide, palämongolide und andere Elemente; es überwiegt unter den A. ein dunkelhäutig-kraushaariger Rassentyp.

Viele urtümliche Kulturelemente (wie die Kopfjagd, Phänomene der Megalithkultur etc.) haben sich in dem abgelegenen Raum behaupten können, doch sind die A.

keineswegs einheitlich in ihrem kulturellen Erscheinungsbild.
1522 durchkreuzte der spanische Kapitän J. S. del Cano mit dem letzten Schiff der Magellan-Expedition die ostindonesische Inselwelt. Der Kontakt mit den Europäern besteht also schon seit Beginn des 16. Jh., und er war wegen des Gewürzhandels gerade in der Anfangszeit besonders intensiv. Die Mission beider Konfessionen hat auf einigen Inseln beachtliche Erfolge erzielt, auf anderen hat sich der Islam durchgesetzt. Von der alten Kultur und Religion ist auf den meisten Inseln heute nichts mehr zu finden. Bereits zum Ende des 19. Jh. war sie allenthalben in einem raschen Auflösungsprozeß begriffen. Da die intensivere Forschung der Ethnologie zu diesem Zeitpunkt erst einsetzte, sind viele Fragen offen geblieben und kaum mehr zu klären. Die christliche Bevölkerung auf Ambon und die Uliasser auf den Nachbarinseln sowie die islam. Ternatesen und Tidoresen gehören der sog. jungindonesischen Hochkultur an. Die Ambonesen sind seit langem missioniert und stellen das progressivste Element in Ostindonesien. Ihr gutes Verhältnis zur niederländ. Kolonialmacht führte bei der Unabhängigkeit Indonesiens zu einer starken Emigration nach den Niederlanden.

Algonkin, eine der Sprach- und Völkerfamilien der ↓ Nordamerikanischen Indianer (Karte), deren Name von einem einzelnen Stamm am Ottawa entlehnt ist. Die A. saßen zur Entdeckungszeit in der subarkt. Zone beiderseits der Hudson Bay, im Gebiet der westl. Großen Seen südwärts bis zum Ohio sowie entlang der atlant. Küste von Nova Scotia bis North Carolina. Die Ausbreitung vollzog sich anscheinend nur wenige hundert Jahre vor der Entdeckung; Ausgangspunkt war sicherlich die subarktische Zone. Später zogen die ↓ Blackfeet, die ↓ Cheyenne mit den Arapaho nach W und bildeten einen wichtigen Teil der ↓ Prärie-Indianer.
Die A. zählten mehrere hundert Stämme, die oft ein einziges Dorf umfaßten und meist völlig unabhängig waren. Was man gemeinhin als Stamm bezeichnet, ist im Grunde eine Stammesföderation oder einfach eine Dialektgruppe. Die A. in der subarkt. Zone bestritten ihren Lebensunterhalt hauptsächlich durch die Jagd. Der Rahmenschneeschuh erlaubte ihnen auch im tiefen Schnee Großwild zu jagen, so daß sie auch für die lange und harte Winterzeit ausreichend Nahrung hatten. Mit Ankunft der Europäer wurde die Pelztierjagd mehr und mehr die Basis ihrer Wirtschaft, was sie in eine gewisse Abhängigkeit von den Handelsstationen brachte. Kulturell bilden die nördl. Stämme eine Einheit. In New Brunswick, Nova Scotia und später Neufundland leben die Micmac. Obwohl diese zu den ersten Indianern Nordamerikas gehörten, die Kontakt mit Europäern hatten, ist ihre Bevölkerungszahl erstaunlich konstant geblieben. Für 1600 schätzt man ihre Zahl auf 3500, in den Reservationen der genannten Gebiete sollen heute über 4000 Micmac leben. Die Montagnais und Naskapi leben nördl. der Mündung des St.-Lorenz-Stroms bis ins Innere von Labrador, beide Stämme (1950 ca. 3500 Köpfe) sind heute miteinander verschmolzen. Westl. der unteren Hudson Bay bis fast zu den Rocky Mountains leben die Cree mit ihren vielen Unterstämmen. Sie zählen heute noch ca. 10000, um 1600 soll ihre Zahl doppelt so groß gewesen sein. Viele Stämme des nordwestl. Kanadas standen unter ihrer Oberhoheit, so z. B. die Sklaven-Indianer (↓ Athapasken). Die A. im Gebiet der laurentinischen Seen bilden kulturell eine Übergangszone. Hier sind die ↓ Ojibwa mit den Menomini zu nennen, die sich ihre Nahrung vor allem durch Sammeln von Wildreis beschafften, der in sorgsam gehüteten Buchten der Seen wächst. Im Gebiet südl. des Ottawa River leben die A., die der ganzen Sprachfamilie den Namen gaben, und nordöstl. des Huron-Sees die Ottawa. Angehörige beider Stämme waren in der frühen Kolonisationszeit als hervorragende Händler bekannt. Sie kämpften mit den Franzosen gegen die ↓ Irokesen. Aus dem Stamme der Ottawa kam der indian. Freiheitsheld Pontiac, der 1763 die Stämme um die Großen Seen zu einem verzweifelten Kampf gegen die Engländer zusammenfaßte. Pontiac war ein militär.

Genie und schlug die Kolonisten mehrfach (z. B. Schlacht von Bloody Ridge 31.7.1763), mußte aber 1765 Frieden schließen. Den A. und Ottawa nahe standen die Potawatomi zwischen Michigan- und Huron-See; von den drei Stämmen existieren noch beachtliche Gruppen in den Reservationen. Stämme der A. saßen auch südl. der Großen Seen in den drei Staaten Wisconsin, Illinois und Indiana, die Sac (Sauk), Fox und Kickapoo im südwestl. Wisconsin, die Föderation der Illinois mit den Peoria, Kaskaskia u. a. im gleichnamigen Staat und der Miami mit den Wea und Piankashaw sowie die weit nach S vorgestoßenen, von den übrigen A. isolierten Shawnee im südl. Kentucky und angrenzenden Gebieten. Diese zentralen A. gehören zu den bodenbautreibenden Stämmen des östl. Waldlandes (↓ Nordamerikan. Indianer). Sie wurden in den ersten Jahrzehnten des 19. Jh. von den Kolonisten über den Mississippi gedrängt, nur noch Reste der genannten Stämme leben in den Reservationen. Von den Kickapoo spaltete sich Mitte des 19. Jh. ein Teil ab und wanderte über Texas bis nach Mexiko, wo in der Nähe von Chihuahua noch ca. 500 von ihnen leben. Eine letzte Gruppe der A. saß entlang der Atlantikküste (↓ Abnaki, ↓ Delawaren und ↓ Powhatan). Sie traf der erste Stoß einer massierten europ. Einwanderung, und trotz tapferer Gegenwehr unter hervorragenden Anführern (King Philip, Tammany) waren sie schon Ende des 17. Jh. von allen Küstenplätzen verdrängt. Sie wichen zunächst nach W ins Ohio-Gebiet aus. Ein letzter Versuch der A. unter dem berühmten Tecumseh, den Strom der Kolonisten nach W aufzuhalten, scheiterte in der Schlacht am Tippecanoe (1811). Die Stämme wurden endgültig zerschlagen, die Reste bald über den Mississippi gedrängt. – Die Ausbreitung der zentralen und atlantischen A. nach S ist z. T. in Stammestraditionen und Überlieferungen belegt. Sie übernahmen zwar den Anbau von Mais etc., betrieben ihn aber nie so intensiv wie etwa die Irokesen, d. h. der Nahrungserwerb mußte weitgehend durch Jagd und Fischfang ergänzt werden, so daß sich eine starke Komponente des ursprünglichen Jägertums behauptet. In manchen Aspekten änderte sich die Kultur allerdings bemerkenswert: Aus kleinen nomadisierenden Gruppen wurden große Dorfgemeinschaften, aus dem Wigwam, einer kuppelförmigen Hütte aus zusammengenähten Rindenstücken formte sich ein tunnelartiges Langhaus. In der Religion, die ursprünglich durch einen reichen Mythenschatz und die Praktiken des ↓ Schamanen geprägt war, treten große Kultfeste und ein festgelegtes Ritual in den Vordergrund. Von großer Bedeutung ist ihr Glaube an Manitu, einen allmächtigen Schöpfergott, der wegen seiner pantheistischen Aspekte und Erscheinungsformen auch als unpersönliche Macht («die große Zauberkraft» etc.) definiert wurde. – Man verbindet die A.-Sprachen mit dem Idiom der ↓ Beothuk und der sog. Ritwan-Sprachen, den Idiomen der Wiyot und Yurok, zweier kleiner Stämme in NW-Kalifornien, zu einer größeren Spracheinheit. Der Versuch das A. mit den mosanischen Sprachen (↓ Salisch) zum großen Sprachstamm des A.-Wakasch zu vereinen, hat keine allgemeine Zustimmung gefunden. Diese große Spracheinheit würde von Neufundland ohne Unterbrechung quer durch den Kontinent bis zum Pazifik reichen. Für das Verständnis der indian. Kulturgeschichte sind solche großen Spracheinheiten von nur geringer Bedeutung.

Altai-Sprachen, eine große Sprachfamilie, zu der die Idiome der ↓ Turk-Völker und ↓ Mongolen und in einem weiteren Sinne auch die der ↓ Tungusen gerechnet werden. Einige Linguisten beziehen auch die alte Sprache der ↓ Koreaner ein. Die A.-S. werden mit den Idiomen der ↓ Finno-Ugrier und ↓ Samojeden zur (Karte S. 118) Spracheinheit der Ural-A.-S. zusammengefaßt, doch hat diese noch hypothetischen Charakter.

Ambo (Ovambo), Volk der ↓ Bantu-Neger in SW-Angola und im nördl. Südwestafrika, das sich in viele Stämme untergliedert. Zusammen mit den ↓ Herero bilden die A. den Kern der SW-Bantu. Ihr Lebensraum ist die Trockensteppe, die Großviehzucht (Langhornrind) spielt wirt-

20

schaftlich und sozial eine ungemein wichtige Rolle. Neben den Erzeugnissen der Viehzucht (vor allem Milch und Milchprodukte) liefert jedoch der Bodenbau (Hackbau) mindestens die Hälfte der Grundnahrung. Die Bevölkerungszahl wird auf ca. 175 000 geschätzt. Den A. sprachlich und kulturell verwandt ist die große (ca. 1,3 Mill.) Stammesgruppe der Mbundu (Ovimbundu, Bimbundu) im Hochland von Benguella (Zentral-Angola). Bei ihnen überwiegt mehr der Bodenbau. Sie haben zudem den Handel zwischen der Westküste und Katanga in den Händen, der einen bedeutenden Faktor ihrer Wirtschaft darstellt. Von dieser (Süd-)Mbundu-Gruppe müssen die sog. Nordangola-Stämme, auch Nord-Mbundu oder Kimbundu (Ambundu) genannt, scharf unterschieden werden. Es handelt sich um die Stämme der Loando, Ngola, Kisama, Bondo, Sele etc.; sie leben auf altem portugies. Kolonialgebiet, sind stark europäisiert, und von ihrer ursprünglichen Kultur ist nur wenig bekannt. Sie gehören zumindest sprachlich zu den nördl. angrenzenden Stämmen (↓ Vili-Kongo).

Amharen, Volk im abessin. Hochland (mindestens 3 Mill.), staatstragender Bevölkerungsteil des heutigen Äthiopiens. Sprachlich gehören die A. zu den ↓ Semiten, mit den ↓ Arabern bilden sie deren südwestl. Zweig. Die Vorfahren der A. wanderten in den letzten Jahrhunderten vor der Zeitenwende von Südarabien auf den Kontinent ein. Mehrere Stämme waren an der Invasion beteiligt: Von den Agiza leitet sich der Name der Sprache Ge'ez (Guèze, Gheez) her, die sich mehr und mehr vom Südarabischen fortentwickelte, und von den Habaschat (Hochld. von «Habesch») der Name «Abessinien» her. Es entstand ein Staat mit dem Zentrum Aksum (Axum) in der Nähe von Adua. Seine Existenz läßt sich bereits im 1.Jh. n.Chr. nachweisen; er zerfiel durch innere Wirren im 7.-8.Jh. Zeitweilig erlangte das aksumitische Reich große Macht, es eroberte z.B. 525 n.Chr. Südarabien. Seit dem 4.Jh. christlich, schloß es sich um 500 der monophysitischen Richtung an und blieb auch später der koptischen Kirche Ägyptens verbunden. Die Tradition nennt Menelik als ersten König, der einer Verbindung des Königs Salomo mit der Königin von Saba entsprossen sei. Die rechtmäßige «salomon.» Dynastie wurde im 10.Jh. durch eine der jüdischen Falascha verdrängt, konnte aber im 13.Jh. zurückkehren und sich bis heute (Haile Selassie) behaupten. Durch den Islam isoliert, verlagerte sich die Macht der christlichen Äthiopier immer mehr ins Innere des Landes, zunächst wurde Gondar und Anfang des 19.Jh. Addis Abeba Hauptstadt. Die autochthonen Agau (↓ Kuschiten) wurden verdrängt oder assimiliert.

Es entstanden mehrere, verschieden sprechende Volkskörper; das alte, gemeinsame Ge'ez verschwand und blieb nur als Sakralsprache der Kirche erhalten. Die Führung übernahm die Bevölkerung der Landschaft Amhara, und ihr Idiom wurde zur Staatssprache. Andere Völker sind die Tigrinya (Tigray) mit über 1 Mill., Gurage (Gouraghe) mit ca. 350000, die hirtennomadischen Tigre (↓ Bedja) mit ca. 200000 Menschen sowie die zahlenmäßig kleineren Harari, Gafat und Argobba. Zu der hierstehenden Kultur des nordostafrikanischen Raumes fügten die semit. Einwanderer weitere Elemente wie Bewässerungstechnik, den Pflug etc. hinzu.

Die A. unterwarfen die kuschitischen Völker und Staaten NE-Afrikas, zuletzt das Kaiserreich Kaffa. Trotz manch innerer Krise und vieler äußerer Gefahren (z.B. die Bedrohung durch die ↓ Galla und ↓ Somal sowie die Eroberung durch die italien. Kolonialmacht) vermochten sie ihr unabhängiges Staatswesen zu bewahren. Seit vielen Jahrzehnten versuchen sie mit Hilfe europ. Berater den Anschluß an die moderne westl. Zivilisation zu erreichen. Die Kirche der A. machte sich 1937 vom koptischen Patriarchat unabhängig; ihr Oberhaupt ist heute der Negus. Zur «äthiopischen Kirche», wie sie genannt wird, bekennen sich auch andere Bevölkerungsteile, so daß sie zwischen 4 und 5 Mill. Anhänger zählt. Die Harari und einige andere kleine Gruppen bekennen sich zum Islam.

Andine Hochkulturen, zusammenfassende Bezeichnung für die präkolumbischen Kulturen der Zentral-Anden mit Ausläufern in die nördl. und südl. Gebirgszonen, die ohne Zweifel den Höhepunkt der kulturellen Entfaltung der ↓ Südamerikan. Indianer (Karte) darstellen. Mit städtischer Zivilisation, ihren staatlichen Organisationsformen, den technischen und künstlerischen Leistungen stehen die andinen Kulturen fast ebenbürtig neben den ↓ Mesoamerikan. Hochkulturen. Nicht nur Gold, Keramik, Baudenkmäler, Steinfiguren blieben erhalten, sondern dank des trocken-heißen Klimas an der peruan. Küste auch Textilien, Holz- und Federarbeiten. Solch günstige Bedingungen gibt es für den Archäologen sonst nur noch in Ägypten.

Die gesamte Kulturentwicklung in den Zentral-Anden war nur auf der Basis einer hohen Bevölkerungszahl möglich. Sorgfältige Schätzungen rechnen mit mindestens 3,5 Mill. bei einer Gesamtbevölkerung Südamerikas von 9–10 Mill. zur Zeit der Conquista. Die Bevölkerungsdichte in den Zentral-Anden betrug ungefähr das Zwanzigfache derjenigen des Amazonas-Gebietes. Voraussetzung für diese hohe Bevölkerungszahl war der intensive Bodenbau. Angebaut wurden z. B. Mais, Quinoa, mehrere Kartoffelsorten und andere Knollenfrüchte, viele Obstsorten, Bohnen, Coca, Kakao und Tabak. Man kannte nicht den Pflug, sondern benutzte den recht primitiven Grabstock, der allerdings durch Anbringung einer Trittstange fast einem Spaten entsprach. Durch Bewässerung, Terrassenanlagen, geschickte Arbeitsteilung etc. erreichte man aber eine Intensivierung, die weitgehend dem Gartenbau entspricht. Haustiere sind dagegen von geringer Bedeutung. In den kühlen Hochländern hält man Herden des domestizierten Lama und Alpaca (Guanaco und Vicuña sind die Wildformen dieser zur Familie der Kamele gehörenden Paarhufergattung), die nicht nur als Last- und Schlachttiere dienten, sondern auch Milch und Wolle lieferten.

Zu Nahrungszwecken wurde ansonsten nur noch das Meerschweinchen und eine Entenart gehalten. Jagd und Fischfang waren darum von großer Bedeutung; an der Küste trat die Jagd auf Seesäuger hinzu.

Die zentralandine Zivilisation bildet ein verwirrendes Mosaik großer und weitverbreiteter Kulturen, aus Teilprovinzen und kleinen Lokalgruppen, das nur verständlich wird, wenn man die geogr. Gegebenheiten vor Augen hat. Das Gebiet gliedert sich in das kühle und feuchte Hochland und in den trocken-heißen Küstenstreifen. Das relativ schmale, völlig wüstenhafte Küstenland wird von vielen Flüssen durchzogen, die von den Kordilleren zum Meer fließen und jeweils überaus fruchtbare Flußoasen bilden. Bewohnt waren die mehr oder weniger abgeschlossenen Hochtäler und -ebenen der Gebirgszone und die durch die Wüste beiderseits isolierten Flußtäler. Jeder dieser kleinen Siedlungsräume bildete im Grunde eine eigene ethnische und kulturelle Einheit. Dennoch lassen sie sich zu sechs großen Kulturzonen zusammenfassen, die im wesentlichen durch alle Epochen ihrer mehrtausendjährigen Geschichte hindurch ihr eigenes und unverwechselbares Gepräge behielten. 1. Die nördl. Küste von Peru, die vom Casma-Tal im S bis zum Piura-Tal im N reicht; Kerngebiet waren die drei benachbarten Täler von Chicama, Moche und Viru. Hier blühte die klassische Zivilisation von ↓ Moche und später das Reich von ↓ Chimú. 2. Die mittlere Küste von Peru vom Casma-Tal bis etwa zum Mala-Tal südl. Lima. Ihre Kulturen waren weniger profiliert und zeigen häufig Einflüsse der benachbarten Zonen (↓ Chancay). 3. Die südl. Küste (Küstenwüste Atacama) von Peru, bestimmt durch polychrome Keramik und die in Dekor und Farbe ähnlichen Textilien, die sich in diesem fast niederschlagslosen Gebiet wunderbar erhalten haben (↓ Paracas und ↓ Nazca). 4. Das nördl. Hochland von Peru, in dem die wichtige Fundstätte von Chavín de Huantar liegt, die der bisher ältesten Kultur-Periode den Namen gab. Dem ↓ Chavín folgt später die Kultur von ↓ Recuay. Zum nördl. Hochland gehört auch das Flußgebiet des oberen Marañon, aus dem die Forschungen des letzten Jahrzehnts wichtige Aufschlüsse über die zentralandine Kulturgeschichte erwarten las-

22

sen. 5. Das mittlere Hochland von Peru, das Kerngebiet und Ausstrahlungszentrum des mächtigen Imperiums der ↓ Inka. 6. Das südl. Hochland von Peru und die Hochebene von Bolivien, beide geprägt durch die Kultur von ↓ Tiahuanaco, deren Zentrum am Titicaca-See lag. – Chronologisch unterscheidet man sechs große Epochen. Nur für die beiden letzten Jahrhunderte vor der Conquista liegen einige exakte histor. Daten vor. So ist die Datierung mit großen Unsicherheitsfaktoren behaftet, obwohl man weitgehend Ergebnisse der modernen Radiocarbon-Methode berücksichtigt. Zudem befindet sich die Archäologie des Andenraumes in einem solch dynamischen Stadium, daß mit jedem Tag neue Fakten zu Tage treten können, die Änderungen in der Chronologie erfordern. Die folgenden Daten richten sich nach den letzten veröffentlichten Zeitschemen.

Die Spuren der Besiedlung durch primitive Jäger und Sammler reichen bei vorsichtiger Schätzung bis ins 7. Jt. v. Chr. zurück. Der Beginn des Bodenbaus ist im 3., vielleicht sogar im 4. Jt. v. Chr. anzusetzen. In den großen Ausgrabungen von Huaca Prieta konnte er bereits in den präkeramischen Schichten nachgewiesen werden. Diese Fundstätte liegt an der Mündung des Chicama an der Nordküste. Zwischen dem Auftreten des frühen Ackerbaus und der ersten Epoche der Hochkultur klafft eine Lücke. Man nennt sie die «Formative» oder auch die «Kultische Epoche». Bei ihr sind die chronol. Probleme natürlich am schwierigsten. Ihr Beginn wird zumeist um die Mitte oder gegen das Ende des 2. Jt. v. Chr. angesetzt. Sie wird durch die Fundstätten der ↓ Chavín-Kultur gekennzeichnet, die vor allem über das nördl. Hochland, die nördl. und mittlere Küste von Peru verbreitet war. Bisher haben sich noch keine eindeutigen Vorstufen feststellen lassen, und so ist die Entstehung der Chavín-Kultur noch ein offenes Problem. Nach einer Übergangsepoche etwa zwischen 500 und 200 v. Chr., die eine Vervollkommnung der technischen Mittel erbrachte, erreicht die andine Hochkultur in ihrer dritten Epoche (ca. 200 v. Chr.–500 n. Chr.) schon den Höhepunkt ihrer künstlerischen Leistungen. Die Werke der Kulturen von Moche an der nördl. und von Nazca an der südl. Küste von Peru sind Prunkstücke der ethnogr. Museen und Sammlungen. In der vierten Epoche verlagert sich das Schwergewicht von der Küste Perus in das bolivian. Hochland. Es beginnt die Blüte der Kultur von Tiahuanaco (ca. 500–1000 n. Chr.), genannt nach ihrem mächtigen Zentrum am Titicaca-See. Sie breitete sich fast über die ganzen Zentral-Anden aus und war anscheinend verbunden mit einer starken politischen Macht. Träger dieser Kultur waren wohl die Vorfahren der heutigen ↓ Aymará-Indianer. Nach ihrem Verfall erstarkten in der fünften Epoche (etwa 1000 bis 1440 n. Chr.) wieder einzelne Lokalkulturen (↓ Chimú, ↓ Icá und ↓ Chancay), die vor allem an ihren großen Stadtanlagen erkennen lassen, daß sie von starken und straff organisierten Staaten getragen sein mußten. Von besonderer Bedeutung ist das Chimú-Reich gewesen, von dem sogar histor. Nachrichten vorliegen. Es hat sich als abhängiger Staat noch im Imperium der Inka, mit deren Erscheinen die letzte Epoche (1440–1532 n. Chr.) charakterisiert wird, behauptet. Die Inka-Herrschaft dehnte sich in kurzer Zeit über den ganzen Andenraum von Südkolumbien und Ecuador bis weit nach Chile und Nordargentinien hin aus. Jedoch verdienen nicht nur die militärischpolitische Tatkraft der Inka, sondern auch die technischen und künstlerischen Leistungen höchste Bewunderung.

Im großen Andenbogen von Südperu und Westbolivien bis Nordchile und NW-Argentinien liegt zwischen den küstennahen und den binnenwärtigen Kordilleren die Halbwüste der Puna de Atacama (3500 bis 5000 m ü. M.). Die Randzonen und wenigen Oasen dieser Halbwüste wurden im N von den Atacamenos und im S den Diaguita eingenommen. Beide Gruppen standen schon früh unter starkem Einfluß der zentralandinen Kultur (Tiahuanaco), die sich hier jedoch wegen der Ungunst des Landes und der geringen Bevölkerungszahl nicht entfalten konnte. Zu erwähnen sind die großen, bemalten und eigentümlich geformten Urnen der Calchaqui, einem

A

Zweig der Diaguita in NW-Argentinien. Zur Zeit der Inka erreichte der Kultureinfluß auch das große Volk der ↓ Araukaner in Zentral-Chile. – Die Kulturen der Nordanden (Ecuador und Kolumbien) haben hingegen bei allen feststellbaren Einflüssen ein eigenständiges Gepräge (↓ Chibcha). Eine Sonderstellung nimmt die prähistor. San-Agustín-Kultur ein, benannt nach einer kleinen Ortschaft im Quellgebiet des Río Magdalena (Südkolumbien). Auf engem Raum fand man bisher über 300 z.T. künstlerisch hervorragende Steinfiguren sowie Sarkophage, Steinkistengräber und andere megalith. Phänomene. Die größte Figur mißt 4,25 m. Meist handelt es sich um die Darstellung raubtierhaft wirkender Gottheiten; manche Figuren haben auch als Tempelpfeiler gedient. Metallgeräte wurden nicht gefunden. San Agustín ist ohne Zweifel die älteste Hochkultur in den Nordanden, doch läßt sich über Beginn und Blütezeit noch nichts Sicheres sagen. Sie bietet noch viele Rätsel; selbst die Frage des Transports der mächtigen Steine ist nicht geklärt. Sie war zur Zeit der Conquista wohl schon erloschen. Eine Verbindung zu den histor. bekannten Völkern der Nordanden läßt sich nicht feststellen: die nächsten Parallelen zu San Agustín zeigen sich in der Kultur von Tiahuanaco in Bolivien. Der nordandine Raum bietet der ethnol.-archäol. Forschung noch besonders viele Aufgaben.

Angelsachsen, ein erst seit dem 8. Jh. n. Chr. üblicher Sammelname für jene Angeln, Sachsen und Jüten, die um die Mitte des 5. Jh. n. Chr. nach Britannien einwan-

Die Chimú, Träger einer der andinen Hochkulturen (1000–1400 n. Chr.), entwickelten beachtliche kunsthandwerkliche Fähigkeiten. Dieser Griff eines Zeremonialmessers ist aus 20karätigem Gold gearbeitet und mit Türkisen besetzt.

◁

Die historische Erforschung der andinen Hochkulturen basiert fast ausschließlich auf archäologischen Funden, deren Fülle den Mangel an schriftlichen Quellen zwar nicht ausgleichen, aber mildern kann. – Die mit Fischen bemalte Tonschale entstammt der Nazca-Kultur (200 v.Chr. – 600 n.Chr.); die Gefäße in Fisch- und Schlangenform werden zum Tiahuanaco-Stil gerechnet (700–900 n. Chr.).

derten und es allmählich ganz in Besitz nahmen. Die genannten Stämme waren einander sprachlich verwandt und gehörten zur sog. Nordseeküsten-Gruppe der ↓ Germanen (Ingwäonen). Schon in der zweiten Hälfte des 3.Jh. n.Chr. wurde Britannien mehrfach von ihnen heimgesucht. Dies war sicherlich einer der Gründe zum Abzug der röm. Legionen (410 n.Chr.). Die stark romanisierten Briten waren nun auf sich gestellt und mußten sich gegen die von N aus Schottland einbrechenden Pikten und Skoten zur Wehr setzen. Der Sage nach riefen sie die A. zu Hilfe, die 449 unter der Führung von Hengist und Horsa landeten, den Briten zwar zum Siege verhalfen, sich dann aber selbst über das Land ausbreiteten und die Macht an sich rissen. Die Briten sollen tapferen Widerstand geleistet haben und unter dem sagenhaften König Artus um 500 n.Chr. am Mons Badonicus (vermutlich Boudenhill am Avon) einen großen Sieg erfochten haben. Tatsächlich ist über die ersten 150 Jahre der Landnahme kaum etwas bekannt. Um 596 begann die Christianisierung der A., und es gab mit Essex, Wessex, Sussex, Kent, Mercia, Northumbria und Eastanglia sieben Staaten (Heptarchie). Die Briten waren entweder unterworfen und assimiliert oder in die Randzonen (Irland, Wales, Cornwall, Schottland) abgedrängt (↓ Kelten). Unter König Egbert gewinnt Wessex (802–839) die Vormacht; damit war die Grundlage zu einem Nationalstaat gelegt, für den im 9.Jh. mehr und mehr der Name Anglien (England) aufkam. Schon um 800 n.Chr. beginnen die Überfälle der dänischen Normannen (↓ Wikinger); mit der Eroberung Englands durch Herzog Wilhelm (der Eroberer) von der Normandie (1066) endet die Geschichte der A.; sie verschmelzen in einem jahrhundertelangen Prozeß mit den Eroberern. Die angelsächs. Sprache (Altenglisch) ist in vielen Literaturzeugnissen erhalten. Am bekanntesten ist das Heldengedicht «Beowulf» in 3182 Stabreimversen, das einzige altgerman. Epos, das vollständig erhalten ist.
In der schon christl. Zeit des 7.–8.Jh. hatten die A. eine aufblühende Kultur; von ihnen gingen die ersten Bekehrungsversuche (Willibrord, Bonifatius) auf dem german. Festland aus.

Animismus, eine Theorie über Ursprung und Entwicklung der Religion, die von E.B. Tylor (1871) in die ↓ Religions-Ethnologie eingeführt wurde. Sie gründet sich auf die in allen stammesgebundenen Religionen (und nicht nur in diesen) ungemein bedeutsame Seelenvorstellung. Ausgangspunkt aller Überlegungen zur A.-Theorie ist eine recht fragwürdige Definition der Religion, von der Tylor glaubte, daß sie alle Phänomene religiösen Lebens einschließen würde: Religion ist Glaube an geistige Wesen. Irgendwann sei der primitive Mensch, der über seine Traumerlebnisse, die Erfahrung des Todes und die Phänomene seiner Umwelt nachgedacht habe, zur Annahme der Existenz einer nichtkörperlichen Substanz, der Seele also, gelangt. Im Traum kann man weite Strecken zurücklegen, obwohl der Körper an Ort und Stelle bleibt. Man kann anderen Menschen im Traum erscheinen, kann auch selbst von diesen träumen. Es muß also etwas geben, so soll der Primitive geschlossen haben, was vom Körper geschieden ist und ihn zeitweilig verlassen kann, und so entstand die Seelenvorstellung des Menschen. Die Seele ermöglicht alle Lebensäußerungen; wenn sie den Körper für immer verläßt, dann tritt eben der Tod ein. Da man im Traume auch Toten begegnen kann, ist somit auch die selbständige Existenz der Seele nach dem Tode gegeben. Auch für Tiere und Pflanzen sowie für wichtige und eindrucksvolle Phänomene der Umwelt werden Seelen angenommen. Nach solcher Voraussetzung haben sich quasi zwangsläufig, auf Grund kausallogischer Überlegungen der Primitiven, allmählich der Glaube an Geistwesen, Dämonen, Götter, naturgemäß auch deren aktive Verehrung und weiter auch Jenseitsvorstellung, Mythologie und Kosmologie entwickelt. Dieser Entwicklungsprozeß soll sich unabhängig überall in der Welt vollzogen haben, und so konnten Tylor und seine Nachfolger auch unbedenklich ihr Beweismaterial von allen primitiven Völkern ableiten, ohne Rücksicht auf ethnische Gruppierungen und zeitliche Unterschiede nehmen zu müssen.

Die A.-Theorie ist der imponierende Versuch einer «Naturgeschichte der Religion». Sie ist ganz und gar dem positivistisch-evolutionistischen Zeitgeist verhaftet. Entwicklung lautet das Zauberwort, das alle Erscheinungen erklären soll. Die einzelnen Stammesreligionen werden zu bloßen Zeugnissen einer Entwicklungsstufe, zu einer Art Vorform der eigentlichen Religion. Mit der A.-Theorie wurde der Begriff «primitive Religion» geboren, den man heute tunlichst vermeidet. Die konkreten Stammesreligionen verschmelzen zu einem amorphen Seelen- und Geisterkult; sie können höchstens als interessante Varianten des A. aufgefaßt werden. d.h. als verschiedene Stadien innerhalb einer Entwicklungsstufe. Aus der Kritik des A. erwuchs die Theorie des ↓ Präanimismus, die gleichfalls im Sinne des Evolutionismus nach Ursprung und Entwicklung der Religion fragt, aber ein irrationales Element in den Vordergrund stellt. Beide Theorien haben heute nur noch forschungsgeschichtliche Bedeutung, denn sie wurden von der Kritik (vgl. z.B. Jensen 1960) grundlegend widerlegt.

Obwohl die Theorie längst aufgegeben ist, lebt der Begriff A. weiter fort, und zwar als summarische Bezeichnung für alle Erscheinungen der Seelenvorstellung bei den Naturvölkern. Eine summarische Charakterisierung ist praktisch unmöglich, da die Unterschiede zu groß sind. Als Beispiel sollen darum nur die Verhältnisse in den Stammesreligionen der ↓ Indonesier dienen, die früher als Paradebeispiele der A.-Theorie angesehen wurden. Die Quellen spiegeln eine ganze Skala von recht simplen Auffassungen bis zu komplizierten Systemen wider. Es lassen sich in fast allen Fällen zwei verschiedene Konzeptionen der Seele erkennen, die anscheinend, obwohl sie nebeneinander existieren, nichts miteinander zu tun haben. Die eine Konzeption verkörpert sich in der Lebensseele (Seelenstoff, Lebenskraft), die einen mehr unpersönlich-stofflichen Charakter hat, die andere in der Totenseele, die durchaus individuelle Züge trägt. Die Lebensseele kommt von der Gottheit, sie belebt Mensch, Tier und Pflanze und geht nach dem Tode ihres Trägers in stetem Kreislauf wieder zur Gottheit zurück, um erneut ins irdische Dasein zu treten. Es ist keine Reinkarnation, denn nichts Individuelles wird bei diesem Kreislauf wiedergeboren. Die Lebensseele steht gewissermaßen neben dem Ich oder dem Selbstbewußtsein des Menschen. Die ↓ Batak z.B. betrachten ihre Tondi oder Lebensseele als eine Art Mensch im Menschen; sie machen diese für ihr Schicksal, für ihre positiven und negativen Handlungen verantwortlich. Die Totenseele ist im Grunde nur eine andere Existenzform des Menschen, die mit dem Tode gegeben ist. Sie geht nach dem Totendorf bzw. sie wird in einer großen Zeremonie ins Jenseits geleitet, dort führt sie in Gemeinschaft mit ihren Ahnen ihr individuelles Dasein fort. Nach Jensen (1960) entstammen die beiden Seelenvorstellungen zwei verschiedenen Ideenkreisen. Der Lebensseele unterliegt eine Art psycho-physischer Dualismus, in der anderen offenbart sich eine mehr monistische Auffassung vom Menschen. Beide Seelenbegriffe sind unmittelbar nicht aufeinander bezogen; jede könnte für sich allein bestehen.

Aus dem indonesischen Beispiel läßt sich genau erkennen, welchen Platz die Seelenvorstellung im ganzen einer Stammesreligion einnimmt. Sie schlägt eine Brücke zwischen der sichtbaren und der transzendenten Welt, zwischen dem irdischen Dasein und dem göttlichen Geschehen: Sie ist ein Bindeglied zwischen Gottheit und Mensch. Die Seelenvorstellung im Bereich der Stammesreligion ist also genau das, was sie auch in den Weltreligionen ist, nämlich Teil der religiösen Anthropologie, d.h. sie ist der Versuch, den Menschen samt seiner Umwelt (Tiere, Pflanzen und die für den Menschen wichtigen Dinge), seine Affekte, Handlungsweisen und Traumerlebnisse sowie alle Lebensvorgänge zu verstehen und mit dem Göttlichen in Verbindung zu bringen.

Es scheint nicht angebracht, den großen Komplex der Seelenvorstellung mit dem abgegriffenen Schlagwort A. zu bezeichnen; keinesfalls darf man aber von Animisten reden. Seelenvorstellung und Ahnenverehrung (↓ Manismus) können zwar die Szene beherrschen und andere Bereiche der Stammesreligion überwuchern und verdecken; sie können zum Selbstzweck werden und keine Beziehung mehr zum Ganzen der Religion besitzen. Dieser Umstand bezeugt aber nichts anderes als Degenerations- und Auflösungstendenzen, und in einem mehr oder minder fortgeschrittenen Stadium des Verfalls befanden sich alle Stammesreligionen, als die ethnologische Forschung in intensiverem Maße einsetzte.

Annamiten (Annamesen, Vietnamesen), ein Volk im östl. Hinterindien, das ca. 85% der für 1967 auf ca. 37 Mill. geschätzten Bevölkerung des geteilten Vietnam stellt. Die Sprache der A. ist monosyllabisch und hat sechs verschiedene Tonhöhen; es lassen sich mehrere Dialekte unterscheiden. Sie gehört in ihren Grundzügen zu der Spracheinheit des ↓ Thai, enthält aber so viele Elemente der ↓ Mon-Khmer-Völker und des Chinesischen, daß sie eine Sonderstellung einnimmt. In Traditionen ist von einem legendären Königreich «Nam Viet» die Rede, histor. faßbar werden die A. aber erst mit der Eroberung ihres Kernlandes Tongking 111 v.Chr. durch das chines. Reich. Die Chinesen prägten den Ausdruck «Annam», d.h. «Pazifizierter Süden». Ihre Herrschaft dauerte bis ins 10.Jh. n.Chr.; die A. unternahmen mindestens zehn große und zahlreiche lokale Aufstände, bis es ihnen 939 gelang, als Vasallenstaat größere Unabhängigkeit vom chinesischen Reich zu erwerben. Sie nannten ihren Staat «Dai Viet» (= großes Land der Viets), und Bildungen mit Viet deuten immer auf die Unabhängigkeit des Landes. Nach anfänglicher Anarchie gewann der Staat der A. an Macht und dehnte sich nach S aus, und zwar auf Kosten der ↓ Cham, deren ehemals mächtiges Reich (Champa) sie Ende des 15.Jh. völlig zerstörten. Nach Beseitigung dieses Hindernisses besetzten sie die ganze Küstenzone bis Cochinchina (1664 Gründung von Saigon) und drängten hier die autochthonen ↓ Khmer oder Kambodschaner ins Innere zurück. So kommt die eigenartige Verbreitung der A. zustande, die sich in einem schmalen Streifen von weit über 1000 km von den Grenzen Chinas entlang der Küste nach S erstreckt. Dieser Umstand förderte die staatliche Teilung des Landes im 16.Jh. und dann im 17.Jh. ähnlich wie heute. 1802 wurden die A. unter der Nguyen-Dynastie, die offiziell bis 1955 herrschte, mit franz. Unterstützung geeint. Franz. Einfluß machte sich schon im 17.Jh. geltend. Er führte um die Mitte des 19.Jh. zur völligen Kolonialherrschaft und zur Vereinigung von Vietnam, Laos und Kambodscha zur Kolonie Franz.-Indochina. Die Ereignisse nach dem II. Weltkrieg brachten den A. zwar die Unabhängigkeit, aber auch die Teilung ihres Landes in die beiden Staaten Süd- und Nordvietnam (Vertrag von Genf 1954).

Das Problem der Ethnogenese der A. ist noch nicht geklärt; möglicherweise sind sie auch aus der in Tongking und Nordannam zur Mitte des 1.Jt. v.Chr. blühenden, bronzezeitlichen Dongson-Kultur (↓Indochinesen) erwachsen. Die A. wurden unter der langen Herrschaft Chinas weitgehend sinisiert, und sie verkörpern unter den Völkern Hinterindiens am deutlichsten das chines. Element. Noch zu Beginn des 20.Jh. benutzte man die chines. Schrift, dann erst setzte sich, obwohl schon im 17.Jh. eingeführt, das um einige diakritische Zeichen erweiterte latein. Alphabet durch. In der Religion mischen sich Konfuzianismus, Taoismus und Buddhismus, doch spielen auch röm.-kath. Christen (ca. 1,5 Mill.) und die Anhänger der synkretistischen Sekte Cao-Dai (ca. 1,5 Mill.) eine große Rolle. Im SW von Tongking lebt eine Gruppe weniger sinisierter A., die unter dem Namen Muong bekannt ist. Im Europa des 17.–18. Jh. wurden die A. auch Cochinchinesen genannt; erst unter der franz. Kolonialherrschaft galt Cochinchina nur für den S von Vietnam. Tongking und Tongkinese galt immer nur für Land und Leute im N, das Ursprungsgebiet der A. im Delta des Roten Flusses.

Apachen (Apatschen), ein Indianervolk im SW der USA und im N Mexikos, das zur großen Sprachfamilie der ↓ Athapasken gehört. Die A. zählten wegen ihrer unbändigen Kriegslust und ihrer dauernden Raubzüge im Bereich der Grenze USA/Mexiko zu den bekanntesten und berüchtigsten Indianerstämmen. Ihr Name wurde zur Bezeichnung für kriminelle Elemente in Paris, was jedoch ebenso ungerechtfertigt ist, wie das recht schmeichelhafte literarische Denkmal, das ihnen Karl May als dem Volke Winnetous gesetzt hat. Die A. bilden keine Einheit, sondern gliedern sich in einen westl. und einen östl. Zweig. Die westl. A. waren die San Carlos A., die Mescalero und Chiricahua (Ostarizona und westl. New Mexico bis Nordmexiko, 1680 ca. 5000 Köpfe, 1937 6916). Die östl. A. waren die Jicarilla (SE-Colorado, 1845 ca. 800, 1937 714), die Lipan (östl. New Mexico und Westtexas, 1845 ca. 500, 1910 28) und die Kiowa-A. (↓ Kiowa). Die westl. A. stehen sprachlich den ↓ Navaho (Navajo) nahe. Die östl. A. übernahmen Ende des 17. Jh. von span. Kolonisten das Pferd und vermittelten die Kenntnis seiner Nutzung weiter zu den späteren ↓ Prärie-Indianern. Sie selbst wurden von den ↓ Comanchen aus den südl. Plains vertrieben. Kulturell sind die A. eine Art Bindeglied zwischen den Prärie-Indianern und der Südwest-Kultur (↓ Pueblo-Indianer). Sie betrieben etwas Bodenbau, doch blieben Jagd- und Sammelwirtschaft wichtig. Die A. leisteten wohl den härtesten Widerstand aller Indianer Nordamerikas gegen die Weißen. Erst 1886 gelang es, den Stamm der Chiricahua unter dem Häuptling Geronimo zu unterwerfen. Der Stamm blieb bis 1914 in regulärer Kriegsgefangenschaft, dann erst kehrte er in seine Heimat zurück.

Araber, die Bevölkerung der arab. Halbinsel und weiterhin alle, die Arabisch als ihre Muttersprache betrachten. Der Name A. taucht 854 v. Chr. in assyrischen Feld-

Zusammenhalt und Dauer des arabischen Weltreiches beruhten nicht zuletzt auf der kulturellen Expansion. Hier ein Fayence-Brunnen in Fes (Marokko), das jahrhundertelang einer der Mittelpunkte des arabischen Nordafrikas war.

zugsberichten auf und bezieht sich auf ca. 1000 Kamelreiter aus der Gegend um Damascus, die mit den Assyrern in Kämpfe verwickelt waren. Damals muß man unter A. nur die Hirtennomaden der Wüstenzone (↓ Beduinen) verstanden haben, die Ausweitung des Namens im heutigen Sinne hat sich erst viel später vollzogen. Die Existenz ganz- oder halbnomadischer Gruppen in den Randzonen der Wüste, die z. T. als Vorfahren der A. angesehen werden, läßt sich schon früher nachweisen. Die Sprache der A. bildet zusammen mit dem Äthiopischen (↓ Amharen) den südwestl. Sprachzweig der ↓ Semiten. Sie teilte sich ursprünglich in eine Nord- und Südgruppe. Der Prophet Mohammed bediente sich des Nordarabischen (klassisches Arabisch) für den Koran. Daraus hat sich das heutige Arabisch entwickelt, das zwar in eine Unzahl von Dialekten zerfällt, aber durch die Schrift und seinen Sakralcharakter (Sprache des Islam) eine relative Einheitlichkeit bewahrt hat. Auch die Süd-A. sprechen heute nordarabische Dialekte. Der Gegensatz zwischen Nord- und Süd-A. blieb dennoch bestehen, hatte aber mehr politischen Charakter und erwies sich im Laufe der Geschichte oft als verhängnisvoll. Wichtiger noch ist der Unterschied zwischen der kulturell schöpferischen Stadtbevölkerung und den seßhaften Bauern (Fellachen) einerseits und den kulturell weitgehend sterilen Beduinen als den in Stammesverbänden organisierten Nomaden andererseits. Eine ethnische Gliederung der A. ist schwierig, denn Herkunft, Stammesbindung, Staatsangehörigkeit, Wirtschaftsform und religiöse Bekenntnisse verschlingen sich zu einem fast unentwirrbaren Knäuel.

Die Geschichte der Süd-A., die nach einer fiktiven Genealogie auch Himjariten genannt werden, ist noch in vielem unklar. Im Yemen entstehen im 1. Jt. v. Chr. die Staaten der Minäer und Sabäer, die Reiche Kataban und Hadramaut. Etwa seit dem 3. Jh. v. Chr. haben die Sabäer die Vorherrschaft. Vorher schon hatten sie (etwa ab 700 v. Chr.) Teile von NE-Afrika besetzt und dort Staaten gegründet. Später kam es sogar zu Kriegen mit dem Mutterland, was im 4. Jh. n. Chr. zu einer zeitweisen Besetzung des Yemen durch die Äthiopier (Amharen) führte. Juden- und Christentum fanden Eingang. Der letzte König der Sabäer versuchte den mosaischen (jüdischen) Glauben durchzusetzen und begann eine Christenverfolgung. Äthiop. Christen kamen ihren Brüdern zu Hilfe und besetzten ca. 521 n. Chr. nochmals den Yemen. Ihre Herrschaft wurde um 575 durch die Perser gebrochen, die sich bis zur Ausbreitung des Islams hielten. Die Kultur wird durch eine hohe Entwicklung des Ackerbaus mit Bewässerung etc. geprägt. Ihre größte Bedeutung erlangten die Süd-A. als Träger des Handels zwischen dem südasiat., ostafrikan. und mediterranen Raum. Das alte Idiom der Süd-A. ist fast ausgestorben, es hat sich nur auf der Insel Sokotra und einigen wenigen Orten Südarabiens gehalten. Als ethnisches Element haben sich die Süd-A. behauptet, denn A. im ostafrikan. und südasiat. Raum sind ihrer Abkunft. Sie drangen aber auch weit nach N vor (z. B. heutiges Israel und Jordanien) und stehen häufig zu den Nord-A. in scharfem Gegensatz. Aus politischen Gründen werden einige Gruppen nordarab. Herkunft zu den Süd-A. gerechnet, so z. B. die Bewohner von Medina und der Beduinenstamm der Kelb.

Im Bereich der Nord-A. (Ma'aditen) liegt das Kernland der Beduinen; nur entlang der Karawanenwege entstanden größere Siedlungen. Als Staatengründer treten sie erst spät ins Licht der Geschichte. Das Reich der Nabatäer (Jordanien) mit dem Zentrum Petra gehörte der Kultur und Sprache nach nicht zu den Aramäern; es verfiel mit der röm. Besetzung Syriens. Im Oasenbereich in der Mitte des Handelsweges vom Euphrat nach Damascus entstand das Reich Palmyra, das 272 n. Chr. von den Römern erobert wurde. Sprache war auch hier noch aramäisch. Berühmt waren die Kaufleute und noch mehr die Bogenschützen von Palmyra; groß war der Einfluß, den von dieser Stadt und ihren Vasallen (Emesa u. a.) auf die Religion der Spätantike ausgeübt wurde (Altheim 1957). Um Damascus wurde von Byzanz aus im 5.–6. Jh. n. Chr. der Pufferstaat der Ghassaniden gegen die Beduinen gegründet und aus gleichen Gründen von den Persern der Kleinstaat Hira der Lachmiden am Euphrat begünstigt. Unter den Karawanenstädten nahm schon in vorislamischer Zeit Mekka einen bedeutenden Platz ein. Erst mit dem Islam wurden die Nord-A. zu einem weltgeschichtlichen Faktor. Sie schufen in kurzer Zeit ein Reich, das sich von Turkestan bis Spanien erstreckte. Das politisch-kulturelle Zentrum des Staates wurde unter den Omajjaden (661–749) von Medina nach Damascus und später unter den Abbasiden (750 bis 1258) nach Bagdad verlegt. Getragen wurde die Expansion im wesentlichen von der Stadtbevölkerung; auch Mohammed war Städter. Die Beduinen hatten nur geringeren Anteil, wenn sie auch sicherlich den größten Teil des Heeres stellten. So war die Einwanderung der A. in die eroberten Gebiete relativ gering. Die zwar islamisierten und z. T. arabisierten Autochthonen blieben zumeist in der Überzahl. Wie sich in der Verlegung der Residenz zeigt, gewinnen die kulturell höherstehenden Randgebiete (vor allem Syrien und Mesopotamien) Übergewicht. Bald zeigen sich auch Tendenzen zur Eigenständigkeit, am deutlichsten in Nordafrika und Spanien, wo unter einem Angehörigen der gestürzten Omajjaden-Dynastie in Córdoba 755 n.Chr. ein selbständiges Emirat (ab 929 Kalifat) gegründet wurde (↓ Mauren). Spätere volkreiche Expansionen (etwa ab 1050 n. Chr.) von Beduinen-Stämmen hatten für die betroffenen Gebiete verheerende Folgen. Innere Wirren, die volksmäßige Erschöpfung des Kernlandes, Einfälle fremder Völker etc. führten zu unaufhaltsamem Verfall der arab. Macht. Im 18.Jh. begann eine von der religiösen Bewegung der Wahhabiten getragene politische Erneuerung. Die Stämme Innerarabiens wurden in einem Staat geeinigt, der sich als Saudi-Arabien bis heute erhalten hat. Die unmittelbar nach dem II. Weltkrieg gegründete «Arabische Liga» repräsentiert die Größe, aber auch die Gegensätze des einstigen Weltreiches.

Araukaner, ein Indianervolk in Zentral-Chile, dessen Namen auf das Epos «La Araucana» zurückgeht, in dem der Spanier Ercilla Ende des 16.Jh. das Heldentum der A. feiert. Die A. nennen sich selbst «che» (= Volk oder Leute); so gibt es die Picunche (= Nordleute) im nördl. Zentral-Chile, die Mapuche (= Volk des Landes) und die Huilliche (= Südleute) sowie auf der Insel Chiloé die Cunco oder Chilote; jede dieser Einheiten gliedert sich in viele Untergruppen. Erste histor. Nachrichten stammen von einer Invasion der ↓ Inka (um 1475) in ihr Gebiet, die aber durch erbitterten Widerstand am Río Maule zum Stehen gebracht werden konnte. Den ersten Kontakt mit den Spaniern hatten sie 1536, und damit beginnt ein jahrhundertelanger Kampf. Der Siedlungsraum der A. wurde mehr und mehr eingeengt, doch gelang den Chilenen erst 1882/83 die endgültige Pazifikation. Die präkolumbische Bevölkerungszahl wird zwischen 0,5 und 1,5 Mill. geschätzt. Durch Krankheit und Alkoholismus hatten sie vor allem im 19.Jh. starke Verluste, doch ist neuerdings ein Ansteigen der Bevölkerung zu beobachten, die heute auf ca. 200 000 Individuen geschätzt wird. Die meisten A. leben südl. des Bío-Bío; sie sprechen überwiegend den Dialekt der Mapuche, die wegen ihrer strafferen Organisation am längsten Widerstand leisteten. – Das Idiom der A. bildet eine isolierte Spracheinheit. Ursprünglich waren sie wohl Jäger und Sammler. Der reiche Wildbestand und die unermeßlichen Wälder der chilen. Pinie (Araucaria imbricata), deren Frucht sie verwerteten, boten einen ausreichenden Lebensunterhalt. Vom alten Jäger- und Sammlertum haben sich kulturell manche Spuren erhalten; sie gehörten damit ursprünglich zu den marginalen Stämmen der ↓ Südamerikanischen Indianer (Karte). Von den ↓ Andinen Hochkulturen übernahmen die A. einen intensiven Ackerbau mit teilweiser Bewässerung, der die enorme Bevölkerungszahl ermöglichte, weiterhin die Lamazucht, Töpferei, Weberei und Metalltechnik. Typisch für ihre Tracht ist ein reicher Silberschmuck. Die A. leben meist in kleinen Dörfern mit einigen großen, recht sorgfältig gebauten Häusern. Von den Spaniern übernahmen sie das Pferd als Haustier und wurden bald hervorra-

Die alte Indianerin am Webstuhl gehört zu den Mapuche, einem der Stämme der Araukaner in Zentral-Chile. Das Bild zeigt einen Webrahmen, wie er bei den Araukanern seit Jahrhunderten unverändert benutzt wird. Der Einfluß der Europäer blieb überhaupt gering, denn erst gegen Ende des 19. Jahrhunderts gelang die endgültige «Pazifikation».

gende Reiter. Einige Gruppen der A. durchzogen seit der Mitte des 17. Jh. die Anden und «araukanisierten» allmählich das an den östl. Andenabhängen lebende Volk der Pehuenche, von dessen altem Idiom nichts bekannt ist. Sie übernahmen die jägerische Reiterkultur der ↓ Puelche in den Pampas und trugen anstelle dieses bereits dezimierten Stammes den Kampf gegen die europ. Kolonisten aus. Erst 1879 vermochte das argentin. Militär die A. entscheidend zu besiegen und über den Río Negro nach Patagonien abzudrängen. In ihrer alten Volksreligion gab es den Glauben an einen Schöpfergott und «höchstes Wesen». Die Gottheit war keineswegs verborgen, sondern griff ins Leben der Menschen ein. Im Vordergrund der Religion standen aber Praktiken des ↓ Schamanen.

Die A. sind heute überwiegend missioniert, doch hat sich im Volksglauben noch manches Element der alten Religion erhalten.

Armenier, ein Volk und eigenständiger Zweig aus der Sprachfamilie der ↓ Indo-Europäer, das wahrscheinlich im 7. Jh. v. Chr. in das nach ihm benannte Bergland im Grenzraum zwischen Türkei, Iran und der UdSSR einwanderte. Der Name A. ist pers. Ursprungs und wurde von den Griechen übernommen; sie selbst nennen sich Haykh (sing. Hay). Nach griech. Quellen kamen die A. mit den Phrygern vom Balkan, doch läßt sich die These, daß sie ein phrygischer Stamm gewesen seien, weder linguistisch noch historisch beweisen. Sie assimilierten in ihrem neuen Lebensraum die chaldische oder urartäische Vorbevölkerung (Hurriter), deren Reich Urartu im Gebiet des Van-Sees von den Medern 612 v. Chr. zerschlagen worden war. Der Einfluß der Chalder auf die Sprache und die sich formende Kultur der A. war groß. Zu Beginn standen die A. unter der Herrschaft der Meder, diesen folgten die Perser, Seleukiden, Römer, Parther, Sassaniden, Araber, Byzantiner, Seldschuken, Türken und Russen. Nur selten gelangten sie zur staatlichen Selbständigkeit, fast immer nur unter fremdstämmigen Dynastien. Armenien war ein dauernder Zankapfel zwischen den großen Nationen. Trotz der turbulenten Geschichte vermochten die A. ihren sprachlichen und ethnischen Zusammenhang und die Kontinuität ihrer Kultur mit erstaunlicher Zähigkeit zu behaupten. An diesem Umstand hat ihre Kirche wohl das größte Verdienst. Sie nimmt für sich apostol. Ursprung in Anspruch; sicherlich waren die A. gegen Ende des 3. Jh. völlig christianisiert. Durch das Wirken des Bischofs Gregorius Illuminator wurde sie um 300 n. Chr. zur Staatsreligion erklärt, und man spricht seitdem auch von der gregorianischen Kirche. Die Übernahme der monophysitischen Doktrin verstärkte ihre Eigenständigkeit. Die armenisch-apostolische Kirche ist das Symbol der nationalen Einheit, und ihr Oberhaupt (Katholikos) ist der Sprecher des Volkes. 1439 verband sich ein Teil mit der röm.-kath. Kirche; unierte und schismatische Kirche standen sich seitdem oft in erbitterter Feindschaft gegenüber. Die dauernde Unterdrückung der A. durch die Türken im Osman. Reich führte Ende des 19. Jh. zu revolutionären Bestrebungen, die aber von den Türken mit grausamen Massakern und Deportierungen (1894–96, 1909 und 1915) beantwortet wurden. Hunderttausende verloren damals ihr Leben; die immer schon beachtliche Emigration wurde noch verstärkt. Die Gesamtzahl der A. wird heute auf über 3,5 Mill. geschätzt. Ca. 2,7 Mill. (1959) leben in der UdSSR, davon fast 1,7 Mill. (1961) in der Armenischen SSR mit der Hauptstadt Eriwan. Die A. in der Türkei bilden im Vergleich zu früher nur noch eine bedeutungslose Minderheit, die meisten davon leben in Istanbul. Fast jedes europäische Land hat Bürger armenischer Abstammung, in den USA schätzt man ihre Zahl auf ca. 250000.

Aromunen, eine politisch nicht anerkannte völkische Minderheit in Südjugoslawien, Südalbanien und Griechenland. Die größte Volkstumsinsel (51 Dörfer) liegt im zentralen Pindosgebirge in Griechenland; kleinere Bezirke gibt es in Albanien um Korçe, in Jugoslawien im Ovče Polje und in Westmakedonien (Kruševo). Die A. sind sprachlich und kulturell mit den Daco-Rumänen verwandt, von denen sie wahrscheinlich im Zuge der slawischen Landnahme (7./8. Jh.) getrennt wurden. Nach griechischer Auffassung sind die A. romanisierte Thraker.
Der Name A. ist eine Eindeutschungsform (durch G. Weigand 1895) des arom. Wortes «Arämâni».
Andere Namensformen sind Kutsowlachen (in Griechenland), Zinzaren (in Serbien), Arumänen in Südrumänien, Makedo-Rumänen, Pindos-Wlachen etc. (↓ Wlachen).
A. sind nachweislich seit 1000 Jahren das befähigste Viehzüchtervolk SE-Europas (Schaf- und Maultierzucht), dessen Lebens- und Wirtschaftsformen (Nomadismus) als beispielhaft von griechischen Volksgruppen (Sarakatsanen) im 17./18./19. Jh. übernommen wurden. Seit 1880 besteht eine verstärkte Tendenz zur Seßhaftwerdung: in den Städten als Handwerker (die A. haben eine besondere Begabung für Maschinentechnik und Silberfiligranarbeiten).

Aruak (Arawaken, Nu-Aruac), eine große Sprach- und Völkerfamilie der ↓ Südamerikan. Indianer (Karte), die zur Entdeckungszeit von den Bahamas und vielleicht sogar von Florida bis zum Gran Chaco und von den Ostabhängen der Anden bis zur Mündung des Amazonas reichte. Dieses riesige Verbreitungsgebiet der A. war von anderen Sprach- und Stammesgruppen vielfach unterbrochen und aufgeteilt. Als Herkunftsland und Ausstrahlungszentrum wird die Region am oberen Orinoco und dem Rio Negro, Grenzgebiet von Venezuela, Brasilien und den Guayanas, angenommen. Im Unterschied zur Ausdehnung der beiden anderen großen Völkergruppen, der kriegerisch-aggressiven ↓ Kariben und ↓ Tupí, hat sich die Expansion der A. auf eine mehr friedliche Weise vollzogen. Als hervorragende Pflanzer haben sie wohl immer weitere Gebiete dem Ackerbau erschlossen, dabei die kleineren Stämme der Jäger und Sammler assimiliert oder zurückgedrängt. Man kennt an die 200 größere und kleinere Stämme der A., die zusammen wohl nur in dem berühmten «Handbook of South American Indians» (Steward, 1946 bis 1959) erfaßt und besprochen werden. Die meisten A. leben nördl. des Amazonas. Schon durch die Ausbreitung der Kariben und Tupí hatten sie schwer gelitten, doch mußten sie besonders nach der Conquista schwere Verluste hinnehmen. Viele Stämme sind heute völlig ausgestorben oder in einer Mischlingsbevölkerung aufgegangen, so daß die folgende Aufzählung der wichtigsten Stämme fast einen histor. Charakter hat. Ganz im S ihres Verbreitungsgebietes haben die A. mit den Guaná und Chaná den Gran Chaco erreicht. Sie betreiben zwar Ackerbau, haben aber im 18.Jh. das Pferd übernommen und sich kulturell den anderen ↓ Gran Chaco-Indianern angeglichen. Ihre nächsten Verwandten waren die Stämme der Paressi im Quellgebiet des Juruena (Sierra dos Parecis) und weiter westl. in Ostbolivien die Moja und Baurè. Weitere wichtige Stämme südl. des Amazonas sind die Campa, Masco etc. in der Montaña von Peru (Oberlauf des Ucayali), die Ipuriná am Purús sowie zwischen Purús und Juruá die Arauá mit den verwandten Culino, Yamandi u.a., die eine Sonderstellung in der A.-Sprachfamilie einnehmen. Nördl. des Amazonas gibt es mehrere große zusammenhängende Siedlungszonen der A.-Stämme. Eine solche Zone ist das nördl. Hinterland des Amazonas zwischen dem Rio Negro und dem Rio Icá; das unmittelbare Ufergebiet war meist von anderen Stämmen besetzt. Die Stämme dieses Gebietes sind fast ausgestorben; die wichtigsten waren die Manao (westl. Rio Negro), die Juri und Pasé am

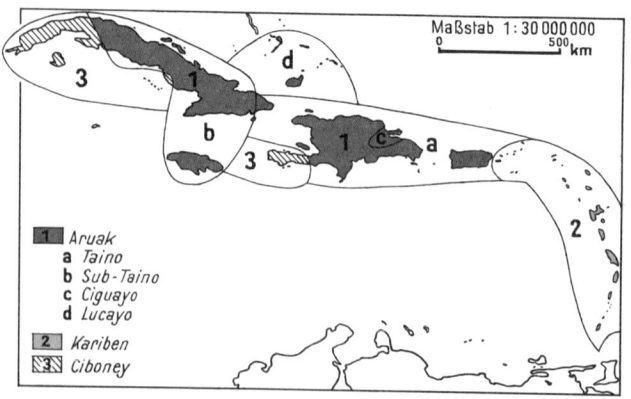

Maßstab 1:30 000 000
0   500 km

1 Aruak
  a Taino
  b Sub-Taino
  c Ciguayo
  d Lucayo
2 Kariben
Ciboney

Rio Icá. Einen fast geschlossenen Block bilden die A. zwischen den Nordanden und dem oberen Orinoco (NE-Kolumbien und Westvenezuela). Nördl. des Guaviare wohnen die Cabre, und es folgen bis zum Rio Arauca die Achagua mit vielen Unterstämmen. Bis zur Küste von Westvenezuela und den vorgelagerten Inseln (Aruba, Curaçao etc.) schließen sich die Caquetio an. In der kaum überschaubaren Vielzahl der Stämme rund um den Maracaibo-See gehörten die Goajiro u. a. auf der gleichnamigen Halbinsel und die sprachlich gesonderten Jirajara und ihre Unterstämme zur A.-Gruppe. Als Hauptgebiet der A. ist jedoch Guayana anzusehen, d. h. die Zone zwischen unterem Orinoco und unterem Amazonas. An der Küste von Guayana saßen die Arawaken (A. etc.), die der Sprach- und Völkerfamilie ihren Namen gaben; sie nahmen auch Teile des Nordufers des Amazonas bis zum Rio Negro ein. Ihnen verwandt waren die Arua im Mündungsgebiet des Amazonas und auf der Insel Marajó. Von den A. in Guayana ging wohl die Besiedlung der Antillen aus (↓ Taino), wo die Kultur der A. ihre größte Entfaltung fand. Die A. sind typische Vertreter der pflanzlichen Kultur im tropischen Waldland von Südamerika, zu deren Entstehung sie wohl die wesentlichsten Elemente beigetragen haben. Die A. auf den Antillen und an den Küstenzonen sind bis auf geringe Reste verschwunden. Die frühen Berichte und die prähistorischen Funde im Amazonas-Delta (Marajó) und bei Santarém an der Tapajoz-Mündung etc. mit ausgezeichneter Keramik lassen erkennen, daß die Kultur der A. weit höher stand als heute, d. h. daß nach der Conquista allenthalben eine kulturelle Verarmung eintrat.

Aschanti (Asante), großes Volk (ca. 700 000) der ↓ Sudan-Neger im südl. Ghana (Goldküste), das sprachlich zu der ↓ Akan-Gruppe gehört, unter dessen Stämmen es kulturell und politisch dominierte. Die A. waren Träger eines mächtigen Staates, dessen Existenz mindestens zu Beginn des 16. Jh. nachgewiesen werden kann, doch vermutlich noch weiter zurückreicht. Man nimmt an, daß der Kern der A. ursprünglich nördl. der westafrikan. Regenwaldzone in der Nachbarschaft des ↓ Mossi-Reiches von Dagomba lebte, in den Kämpfen mit diesem zu einer staatlichen Organisation gelangte und schließlich nach S in seine heutigen Wohnsitze zog. Manche Züge ihres Staatsaufbaus erinnern an die der Mossi-Staaten. Durch Bündnisse und erfolgreiche Kriege vermochten sie immer mehr Stämme in ihren Staatsverband einzugliedern. Einer ihrer stärksten Gegner war das Reich Denkera, das erst zu Beginn des 18. Jh. unterworfen und usurpiert werden konnte. Das Hauptanliegen der A. war aber die Gewinnung der Küste, um mit den Europäern in direkten Handelsaustausch treten zu können, doch konnten die Küstenvölker (Fante etc.) mit Hilfe der europ. Handelsgesellschaften ihre Unabhängigkeit bewahren. An der Küste hatten sich nacheinander Portugiesen, Engländer, Niederländer, Dänen, Schweden und auch die Brandenburger niedergelassen; erst 1872 gaben die Niederländer ihre Rechte auf, und die Engländer waren allein die Herren an der Goldküste. Nach mehreren Kriegen besetzten die Briten 1896 das Gebiet der A. In den zwanziger Jahren richteten sie die A.-Föderation unter ihrer Kontrolle wieder ein, die dann in den unabhängigen Staat Ghana aufgegangen ist. Die A. sind wohl das progressivste Element des jungen Staates. Auf ihre nach modernen wirtschaftl. Gesichtspunkten arbeitenden Kakaopflanzungen und anderen Unternehmungen gründet sich Ghanas außerordentliche Blüte und sein Wohlstand. A. war im Grunde ein Bundesstaat, und die einzelnen Regionen besaßen eine gewisse Selbstverwaltung. Die Regierung war aristokratisch. Neben dem König stand ein Kronrat, der den Herrscher bei Unfähigkeit sogar absetzen konnte. Symbol des Staates war der «Goldene Stuhl», ein mit Goldblech bezogener Holzschemel, der ebenso wie der König die Erde nicht berühren durfte. Die A. waren gefürchtete Krieger und besaßen erstaunliche strategische Fähigkeiten; sie hatten eine Art allgemeiner Wehrpflicht und vermochten in Kürze Heere bis zu 50 000 Mann aufzustellen. Das A.-Reich war aber auch ein Zentrum des Kunsthandwerks. Berühmt wurden vor allem ihre Goldgewichte, genrehafte Kleinplastiken aus Messing, die in der Technik der verlorenen Form (à cire perdue) gegossen wurden.

Asianische Sprachen (Kleinasiat. Sprachen, Alt-Kleinasiat. Sprachen), Sammelname für isolierte Sprachen in SW-Asien, der von griech. «asianos» (kleinasiatisch) abgeleitet ist. Zwischen dem einen oder anderen Idiom besteht oder kann eine Verwandtschaft bestehen, insgesamt haben sie aber keine genetische Beziehung. Sie sind alle ausgestorben, und ihre Tradition ist verloren, d. h. ihre Existenz wurde erst durch Entzifferung hinterlassener Schriftdokumente entdeckt. Man unterscheidet in eine Ostgruppe, die sich des Keilschriftsystems bedient hat, mit den Sprachen der ↓ Sumerer und Elamiter, die beide durch zahlreiche Funde gut bekannt und auch in ihren Entwicklungsphasen erkennbar sind, sowie der Kassiten, Hurriter mit den wohl verwandten Urartäern (Chalder, Alarodier) und den Hattiern (Vorbevölkerung der ↓ Hethiter in Zentral-Anatolien). Die Westgruppe, deren Schriften der griech. Zeichen entlehnt sind, umfaßt die Sprachen der Lyker, Lyder, Karer und Pisidier, doch mögen in Zukunft auch die Idiome der alten Isaurier, Lykaonier, Myser, Kilikier etc., die alle einmal in Anatolien gelebt haben, entdeckt oder klar erarbeitet werden. Neuerdings mehren sich die Stimmen, die in den meisten Sprachen der Westgruppe eindeutige Beziehungen zum indo-europ. Dialekt der Luwen (↓ Hethiter) erkennen wollen. Im weiteren Sinn gehören zur Westgruppe auch die Sprache der ↓ Etrusker, die aus SW-Anatolien stammen sollen, und die Vorbevölkerung der ↓ Griechen (Eteokreter, Pelasger, Leleger, Tyrsener), deren hinterlassene Sprachdokumente noch nicht hinreichend entziffert werden konnten bzw. für eine Bearbeitung nicht ausreichen. – Ohne Zweifel haben die isolierten Sprachen der ↓ Kaukasus-Völker Beziehungen zu einigen der A. S. (vor allem zum Urartäischen), weithin gibt es Übereinstimmungen zur Sprache der ↓ Basken. Diese Tatsachen führten z. B. zur Annahme großer Spracheinheiten, die unter dem Namen alarodische bzw. pelasgisch-alarodische bzw. ibero-kaukasische Sprachen von der Iberischen Halbinsel bis zum Kaukasus, vom Beginn der histor. Überlieferung bis zum heutigen Tage reichen. Sie sollen ein drittes ethnisches Element repräsentieren, das zwischen den ↓ Indo-Europäern und ↓ Semiten gestanden hat und in Resten noch steht. Wenn auch solche Konstruktionen manches Argument vorbringen können, so sind sie doch reine Hypothesen.

Assiniboin, Stamm der ↓ Prärie-Indianer, dessen Streifgebiet sich von North Dakota bis zum Assiniboin River in Kanada erstreckte. Der Name A. stammt aus der Sprache der benachbarten ↓ Ojibwa und bedeutet «die mit Steinen kochen». Die A. gehören zur großen Sprach- und Völkerfamilie der ↓ Sioux; wahrscheinlich haben sie sich von den Yanktonai, einem Teilstamm der ↓ Dakota, abgespalten und sind ganz zu nomadisierenden Büffeljägern geworden. Sie waren eng verbunden mit den Plains Cree (↓ Algonkin) und standen in dauernder Fehde mit ihren südl. Verwandten, den Dakota-Stämmen. Man schätzt sie für 1780 auf ca. 10000, heute leben sie ca. 4000 A. in den Reservationen der USA und Kanadas. Die A. galten auch immer als hervorragende Händler; ihr Name hat sich in mehreren Fluß- und Landschaftsbezeichnungen erhalten.

Assyrer, die staatstragende Bevölkerung Assyriens, deren Kerngebiet im oberen Mesopotamien (in alter Zeit Subartu genannt) lag. Auf eine ethnisch nicht näher bestimmbare Grundschicht (die sog. Subaräer), die sicher weit ins 4. Jt. v. Chr. zurückreicht, schob sich etwa seit 2500 v. Chr. eine Invasion der Akkader, was für die weitere kulturelle Entwicklung

▷
Die Jagd und der Krieg waren die großen Themen der assyrischen Künstler. Hier ein Ausschnitt aus einem Wandgemälde im Gouverneurspalast von Til Barsip, 9.–7. Jh. v. Chr.

A

In Ninive fand man diese 36 cm hohe Kupferplastik, die vermutlich Sargon von Akkad darstellt, den Gründer des ersten Großreiches des Alten Orients (2350 v. Chr.). Die Details der Plastik verraten eine hochentwickelte Metalltechnik.

A

entscheidend wurde. Später folgen (etwa um 2000 v. Chr.) Hurriter und dann Westsemiten (Amoriter), die zur Ausbildung des Nationalcharakters wesentlich beitrugen. Mit dem Beginn des 2. Jt. v. Chr. löst man sich aus der Abhängigkeit vom unteren Mesopotamien; es konstituiert sich ein Staat um die Stadt Assur am mittleren Tigris. Die A. kontrollierten den Handel nach Anatolien, dessen Gedeihen sich fast immer auf das politische Geschick ihres Staates auswirkte, das mehrfach vom abhängigen Kleinstaat zur Großmacht führte. So waren die A. im 15. Jh. v. Chr. dem Mitanni-Reich tributpflichtig; im 14. Jh. erwuchs aus dieser Abhängigkeit ein straff organisierter Militärstaat, der bald ganz Mesopotamien eroberte. Unter Tiglatpileser I. drang dieses «Mittelassyrische Reich» sogar bis zum Mittelmeer vor. Tiglatpileser (ca. 1116 bis 1078 v. Chr.) ist die typische Herrschergestalt der A.: brutal und grausam im Kriege, doch im Frieden Förderer der Künste und Wissenschaft. Nach seinem Tode bringen die Aramäer das Reich in große Bedrängnis; erst im 10. und 9. Jh. v. Chr. werden die A. mit dieser Gefahr fertig. Die Aramäer bleiben aber in dem nun entstandenen «Neuassyrischen Reich» ein so wichtiges Bevölkerungselement, daß der Staat offiziell zweisprachig und zweischriftig wird. Die A. erlangen nun ihre höchste Macht, Ninive wird anstelle von Assur zur Hauptstadt, und im 7. Jh. wird sogar Ägypten für kurze Zeit erobert. Besonders hervorzuheben ist die hohe Reliefkunst dieser Zeit: Kriegs- und Jagdszenen werden mit einer außerordentlichen Lebendigkeit dargestellt. 606 v. Chr. erliegt das Reich einer Koalition der ↓ Babylonier und Meder, und die A. als eigene ethnische Einheit verschwinden aus der Geschichte. Die Erforschung der altorientalischen Kulturen war zunächst auf die durch Bibel und antike Texte bekannten A. und Babylonier ausgerichtet, sie erhielt so als wissenschaftliche Diszipln den Namen Assyriologie. Heute spricht man durchweg von der «Kunde des alten Orients» bzw. von «Alt-Orientalistik», da sich der Blickwinkel mehr und mehr geweitet hat: sie umfaßt bereits mehrere sachliche und regionale Teildisziplinen. Eine ihrer wichtigsten Aufgaben ist die Erstellung einer sicheren Chronologie. Alle Daten etwa von der Mitte des 2. Jt. an haben nur Annäherungswert. Sie sind aus der Synchronisation der vielen Königslisten, astronomischen Berechnungen, Bauberichten etc. gewonnen. Nach den berühmten Funden im Staatsarchiv von Mari wurde die sog. «Lange Chronologie» allgemein von der «Kurzen Chronologie» abgelöst, die z. B. Sargon von Akkad um 2350 v. Chr. ansetzt. Neuerdings wurde diese mehrfach als zu weitgehend bezeichnet, und z. B. Parrot korrigiert sie um über 100 Jahre (Sargon von Akkad um 2470 v. Chr.) zugunsten einer «Mittleren Chronologie».

Athapasken, Völker- und Sprachfamilie der ↓ Nordamerikan. Indianer (Karte) vor allem in NW-Kanada und Alaska, die aber mit den ↓ Navaho und ↓ Apachen (Dené) nach S bis ins nördl. Mexiko vorgestoßen ist. Die A. werden von den Linguisten in größeren Einheit der sog. ↓ Na-Dené-Sprachen gerechnet. Die A. in der subarkt. Zone bestreiten ihren Lebensunterhalt vor allem durch Jagd und Fischfang. Durch die Europäer wurde die Pelztierjagd zur Basis ihrer Wirtschaft. Sie führten wahrscheinlich den Rahmenschneeschuh in Nordamerika ein, zumindest haben sie ihn am vollkommensten entwickelt; er ermöglichte den A. auch in hohem Schnee die Jagd auf Großwild. Ohne feste Stammesverfassung streifen sie in kleinen Gruppen durch die Wälder und Tundren ihrer Heimat. Was als A.-Stamm bezeichnet wird, ist im Grunde nur eine Dialektgruppe. Der bedeutendste Stamm sind die Chipewyan nördl. des Churchill-River; nach dem Unterstamm der Athabaska wurde die ganze Sprachfamilie benannt. Mehrere Stämme der A. sind unter eigenartigen Beinamen bekannt, so z. B. die Tsattine am Peace-River als Beaver-(Biber-)Indianer, die Etchaottine südl. des Sklavensees als Slave-(Sklaven-)Indianer, da sie unter der Herrschaft der Cree (↓ Algonkin) standen, die Tatsanottine als Yellow-Knife. Die Carrier in Brit. Columbia wurden so genannt, weil die Witwen die Asche ihrer Männer drei Jahre in einem Körb-

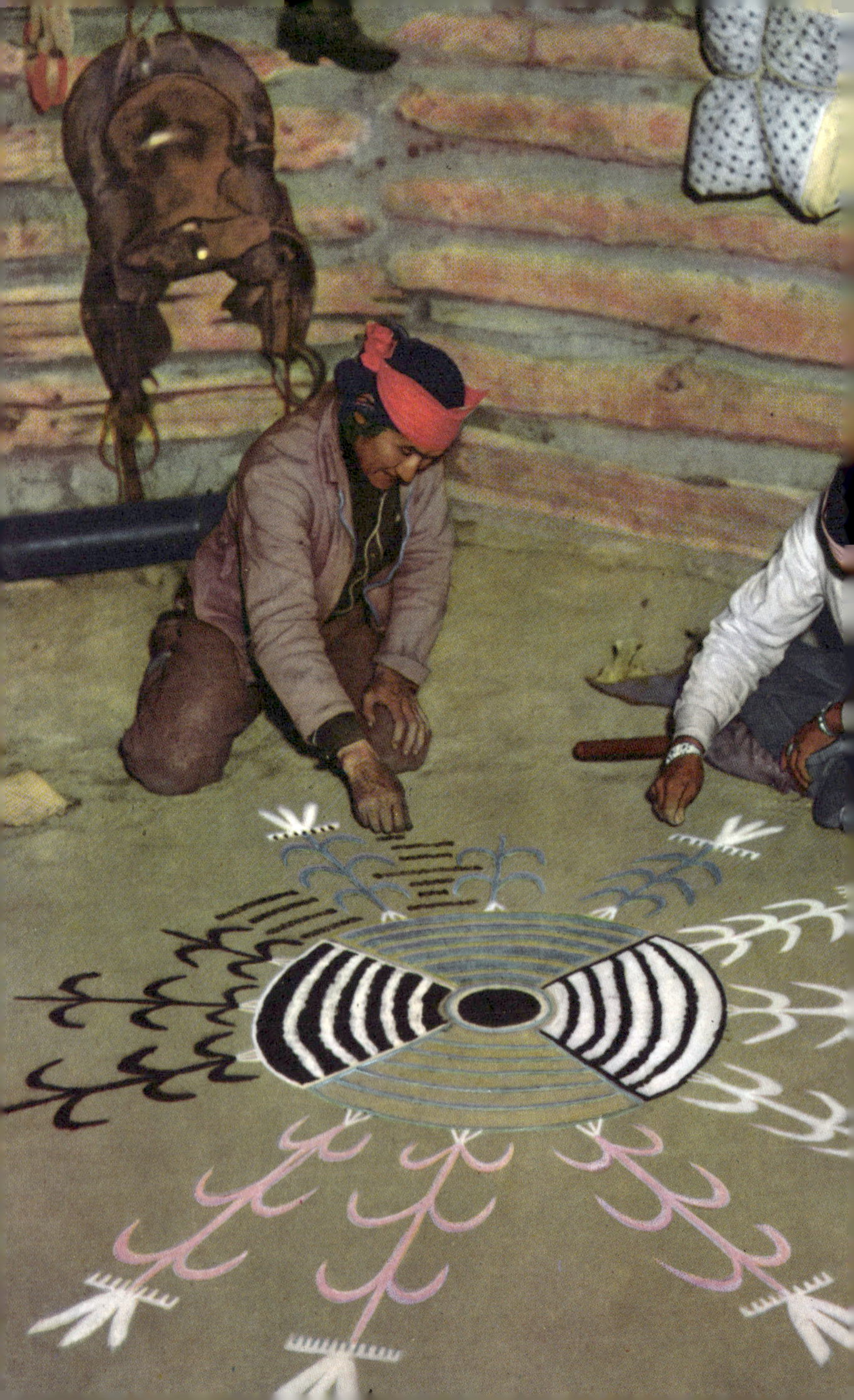

chen bei sich tragen mußten. Weitere Stämme sind die Sekani, Kaska und Tahltan in Brit. Columbia, die Tutchone im Yukon-Territorium, die Kutchin im Grenzgebiet von Kanada und Alaska sowie die Tanana, Koyukon, Ingalik etc. in Alaska. Die meisten Stämme zählen einige hundert Individuen, nur selten mehr als tausend (Chipewyan 1906: ca. 2400).

Atjeh (Atjeher, Atschinesen), Volk im Küstenland von Nordsumatra (ca. 1 Mill.), das kulturell zum sog. jungindones. Bevölkerungssubstrat des Malaiischen Archipels (↓ Indonesier) gehört. Ursprünglich war A. nur eine Hafenstadt, das heutige Kota Radja. Seit dem Beginn des 16. Jh. gewann dieser Platz durch den Gewürzhandel eine bedeutende Stellung. Mit wachsendem Reichtum dehnte sich seine Macht längs der Küsten des nördl. Sumatras aus, sie reichte zu Beginn des 17. Jh. bis Palembang. Es bildete sich die staatstragende Bevölkerung der A., an deren Ethnogenese wohl Javanen, Malaien, Batak, Inder, Araber u. a. teilhatten. Das Idiom steht dem Malaiischen nahe. Die A. gelten als die strenggläubigsten Moslems des Malaiischen Archipels. Das Verhältnis zur niederld. Kolonialmacht in Indonesien war anfänglich recht gut, so verbündeten sie sich z. B. mit den Niederländern, als diese die Portugiesen 1641 aus Malacca vertrieben. 1659 schloß die Niederld. Ostindien-Kompanie einen Monopolvertrag mit dem Staate. Gegen Ende des 17. Jh. verfiel die Macht des Sultans von A.; sein Herrschaftsanspruch bestand nur noch nominell, praktisch zerfiel das Staatsgebiet in viele kleine Teilstaaten. In schweren und von beiden Seiten mit großer Härte geführten Kämpfen (A.-Kriege) unterwarfen die Niederländer zwischen 1873 und 1910 die A. und bezogen sie in die direkte Verwaltung des Kolonialgebietes ein. Der Krieg und die Niederlage wurden von den A. nicht ver-

Die Navaho-Indianer gehören zur großen Sprach- und Völkerfamilie der Athapasken. Berühmt sind ihre aus Sand und trockener Farbe hergestellten Bilder, die mythische Themen illustrieren.

A

gessen; sie waren die erbittertsten Feinde der Niederländer in Indonesien.

Auetö (Auiti), einer der Indianerstämme aus dem Gebiet des oberen Xingú, die in der Völkerkunde Südamerikas eine besondere Stellung einnehmen. Die Xingú-Stämme sind von verschiedener Herkunft und sprachlicher Zugehörigkeit, haben aber durch zwischenstammliche Beziehungen vor allem in der materiellen Kultur eine solche Einheitlichkeit gewonnen, daß sie eine deutlich abgehobene Kulturprovinz bilden. Zu den ↓ Tupí gehörten die A., Arauti, Camayura und Manitsaua, zu den ↓ Kariben die Bakairi, Nahukwa, Guicuru und Apalakiri, zu den ↓ Aruak die Mehinacu, Yaulapiti, Custenau (Kustenau) und Waura, zu den ↓ Ge die Suya; eine eigenständige Spracheinheit bilden die Trumai. Zwischen den Stämmen bestanden relativ gute Beziehungen und ein reger Austausch von Kulturgütern, was gelegentliche Stammesfehden nicht ausschloß. Es gab sogar Heiratsverbindungen zwischen sprachverschiedenen Stämmen, so ist z.B. der Stamm der Arauti aus der Mischung von A. mit Yaulapiti entstanden. Deutlich zeigt sich die kulturelle Ähnlichkeit der Stämme in der Kunst, die durch geometrische Ornamentik und eigenartig flach-rechteckige Masken bestimmt wird. In den achtziger Jahren des 19.Jh. wurden die Xingú-Stämme von dem deutschen Völkerkundler Karl v. d. Steinen zuerst erforscht. Sie blieben relativ isoliert, so ist auch der Bevölkerungsrückgang in den letzten 60 Jahren nicht so rapide eingetreten wie in anderen Gebieten Südamerikas. Heute ist auch ihr Gebiet den Händlern und Reisenden «erschlossen», ein krasser Wandel dieser eigenartigen Kultur ist kaum zu vermeiden.

Australier, die Eingeborenen des Kontinents Australien, deren Zahl für die Zeit vor der Kolonisation auf ca. 300000 geschätzt wird. Es sind die «Aboriginals», während die «Natives» den weißen, bereits im Lande geborenen Bevölkerungsteil darstellen. Trotz der oft tiefdunklen Hautfarbe gehören die A. nicht zu den ↓Negriden, und so ist die häufig gebrauchte Bezeichnung Australneger unkorrekt. Die relativ großgewachsenen, langschädeligen und schlichthaarigen A. bilden die Altform der Australiden, die am ehesten noch dem Rassenkreis der ↓ Europiden zugeordnet werden können. Prähistor. sind Verwandte dieser Form im Homo wadjakensis auf Java erkannt worden. Es ist noch nicht ganz klar, ob diese Australiden die ersten Bewohner des Kontinents gewesen sind. Möglicherweise haben sie eine Vorbevölkerung nach SE verdrängt und z.T. assimiliert, die den heute ausgestorbenen ↓ Tasmaniern nahegestanden haben muß. Verschiedentlich findet man unter den A. Typen, deren somatische Erscheinungsform deutlich an die Tasmanier erinnern. Die angestammte Wirtschaftsform ist das ↓ Wildbeutertum. Die einzelnen Gruppen haben festumrissene Jagd- und Sammelgründe, innerhalb derer sie nomadisieren. Die materielle Ausrüstung entspricht weitgehend dieser Lebensweise. Charakteristisch ist das Bemühen, mehrere technische Funktionen in einem Gerät zu vereinigen. Jagd- und Kampfwaffe ist der Speer, dessen leichtere Typen mit der Speerschleuder geworfen werden; Pfeil und Bogen gibt es nicht. Jagdwaffen sind weiterhin die Wurfstöcke und -keulen. Berühmt wurde die sog. Kehr-Wieder-Keule (Bumerang), die aber nur eine relativ kleine Verbreitung hatte, heute nur noch als Sport- und Spielgerät dient, aber wahrscheinlich einen kultischen Ursprung besaß. Als Werkzeug dienen vor allem Steingeräte, aber auch scharfkantige Muschelstücke und angespitzte Knochen. Auch Glas, auf ähnliche Weise wie Stein zugerichtet, fand Verwendung. Die meisten Steinklingen, die auf verschiedene Weise geschäftet wurden (Harz-, Spalt- und Schlingenschäftung), erinnern in ihrer Bearbeitung an paläolithische Formen. In neuerer Zeit wurden die alten Geräte mehr und mehr durch importierte eiserne Werkzeuge verdrängt.
Die meisten A. leben in kleinen Gruppen oder Horden, die ein bestimmtes Schweifgebiet ihr eigen nennen und durchweg von alten Männern geführt werden. Die Stämme sind eigentlich mehr Dialektgruppen; nur selten finden sich größere Einheiten,

Die Ureinwohner Australiens bilden eine Altrasse der Menschheit, die trotz relativ dunkler Hautfarbe dem Rassenkreis der Europiden nahezustehen scheint. Die häufig verwendete Bezeichnung «Australneger» ist nicht korrekt. Zahlreiche Eingeborenengruppen haben ihre kulturellen Eigenarten – zum Beispiel das Tragen von Schmucknarben – bis heute bewahren können.

bei denen es eine Art Häuptlingstum gibt. Die sozialen Erscheinungen sind vor allem hinsichtlich der Verwandtschaftsrechnung und der Heiratsordnung die wohl kompliziertesten, die man im Bereich der Naturvölker feststellen konnte. Bestimmend für das sozio-religiöse Leben ist der Totemismus. Jedes Individuum gehört einem bestimmten Klan an, der über die einzelne Horde hinausgreifen und diese auch durchschneiden kann. Jeder Klan beruft sich auf einen tierischen, pflanzlichen oder immateriellen Stammvater, und seine Angehörigen sind zu einem gemeinsamen Kultleben verpflichtet. Aus SE-Australien kennt man seit langem profilierte Hochgottgestalten, doch wurden sie inzwischen auch aus anderen Gebieten bekannt. Eng mit der Religion verbunden sind die künstlerischen Äußerungen der A., deren Felsbilder und Rindenmalereien durch ihre formale Kraft großes Aufsehen erregen; vielfach werden Vergleiche zu paläolith. Höhlenmalerei gezogen.

Heute leben noch ca. 50000 A., und bei dem Stamm der Aranda z.B. wurde in letzter Zeit eine Zunahme der Kopfzahl festgestellt. Die Kultur scheint mit gewissen Einschränkungen noch recht lebenskräftig, doch spielt dabei staatliche Hilfe und Fürsorge eine Rolle; ihr Bestand ist trotz allem nur noch eine Frage der Zeit. Man kann die A. heute nach der Art und Intensität unterscheiden, mit denen sie sich der europ. Zivilisation anpassen. Wohl einige Tausend der A. haben als halbnomadische Wildbeuter ihre traditionelle Lebensweise einigermaßen be-

43

A

A

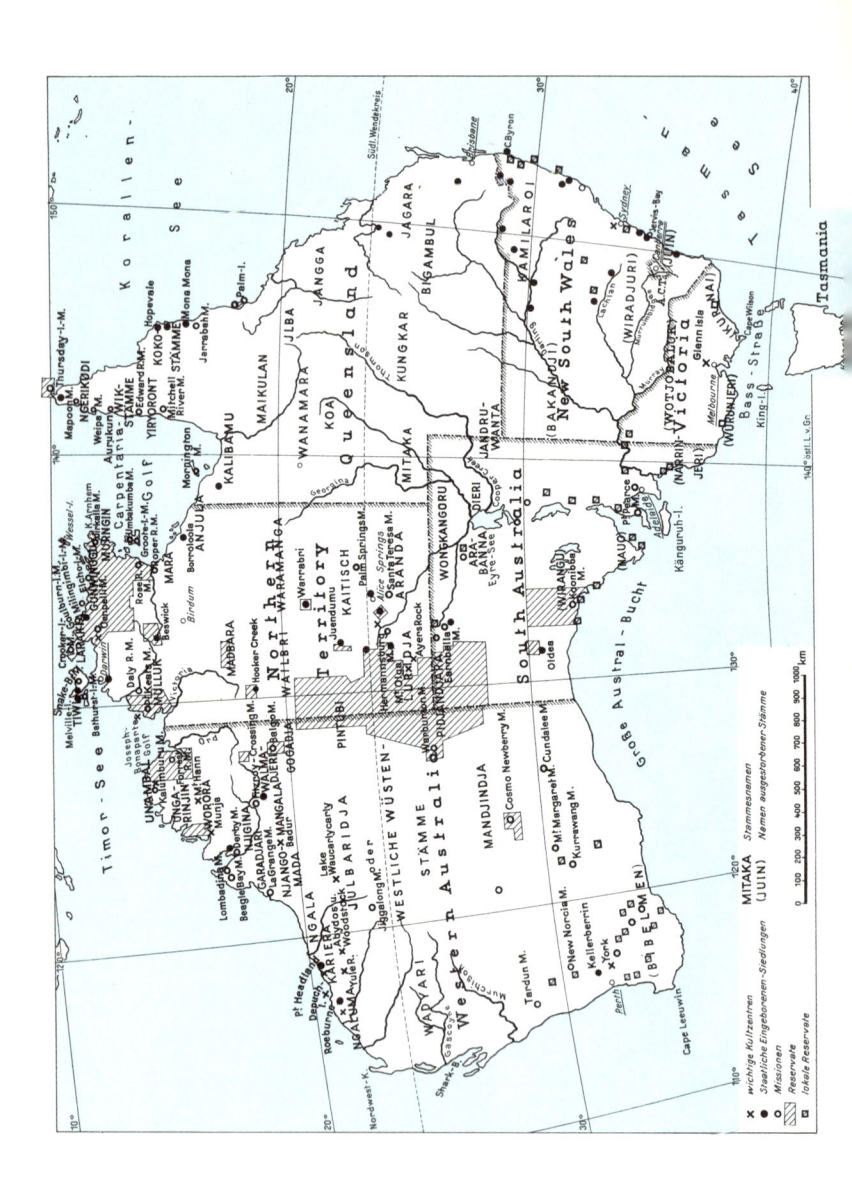

wahrt. Man findet sie in den Reservaten des NW und in den ariden Zonen des westl. Zentralaustralien. Die Mehrzahl der reinblütigen A. hat sich in der Nähe von Viehstationen, Städten und Minen angesiedelt und ist zu einer mehr oder weniger parasitären Lebensweise übergegangen. Die alte Stammesordnung ist dabei nicht aufgegeben worden, und die Belange der Religion zwingen sie, während einiger Monate das alte Stammesgebiet zu durchstreifen und die Kultstätten aufzusuchen. Den Rest der Zeit verdingt man sich als Arbeiter beim Europäer. Eine dritte Gruppe setzt sich aus reinblütigen A. und Mischlingen dunkler Hautfarbe zusammen, die aus der Stammesordnung herausgetreten sind. Sie versuchen z.T. die überkommenen sozialen Verhaltensweisen und religiösen Riten beizubehalten, und es findet sich hier eine große Breite der Anpassungsformen. Schließlich ist noch die Gruppe von Mischlingen mit heller Hautfarbe (vereinzelt auch reinblütige A.) zu nennen, die ganz entschieden die Assimilation suchen. Sie distanzieren sich vom «Aboriginal» und tun alles, um in die Gesellschaft des modernen Australiens aufgenommen zu werden. Die Aufnahme ist zwar vom Gesetz garantiert, wird ihnen aber von der weißen Bevölkerung nahezu unmöglich gemacht.

Austrische Sprachen, große Spracheinheit, die sich über weite Teile Vorder- und Hinterindiens, über Ozeanien, den Malaiischen Archipel und Madagaskar erstreckt. Erkenntnis und Terminus der A. S. stammen von P. W. Schmidt (1906), der in dieser Einheit zwei Sprachfamilien zusammenfaßte, und zwar die austroasiatischen Sprachen mit denen der ↓ Mon-Khmer-Völker und der ↓ Munda-Völker und die austronesischen (malaiopolynesischen) Sprachen mit denen der ↓ Indonesier (samt ↓ Madagassen, Karte), ↓ Melanesier (samt ↓ Mikronesier) und der ↓ Polynesier. Eine neue Auffassung geht auf Benedict (1942) zurück, der die Sprachen der ↓ Thai mit einbezieht. Er sieht in den Idiomen der ↓ Li auf Hainan, der kleinen Bergstämme Laqua und Lati im N Tongkings sowie der Kelao in Südchina eine altertümliche Zwischenform zwischen Thai und Indonesisch, die er mit dem Kunstwort «Kadai» belegt. Aus dem Kadai sollen sich sowohl Thai als auch Indonesisch entwickelt haben, so daß trotz großer Unterschiede eine Urverwandtschaft vorliegt. Die Thai-Sprachen galten bis dahin als dem Chinesischen verwandt und bildeten mit diesem den siamo-chinesischen Zweig der ↓ Sino-Tibetanischen Sprachen. Die vielen Übereinstimmungen zwischen Thai und Chinesisch erklärt Benedict aus einem sekundären Sinisierungsprozeß. Die neue Auffassung entspricht weit mehr den kulturhistor. Gegebenheiten im hinterindischen Raum (↓ Indochinesen), doch ist sicherlich noch nicht das letzte Wort über die A. S. gesprochen.

Avaren (Awaren), Volk aus der NE-Gruppe der ↓ Kaukasus-Völker, das vor allem in NW- und W-Dagestan (1964 ca. 320000) und im angrenzenden N von Aserbeidschan (ca. 40000) lebt. Der Name A. («die Unruhigen», «Wanderer») ist türk. Ursprungs. Die A. gliedern sich in vier große Dialektgruppen, und die Vielzahl der Stämme war früher politisch in zwei Föderationen organisiert; sie besaßen keine gemeinsame Selbstbezeichnung. Den A. sprachlich eng verwandt sind die einfachen Bergstämme der Andier (1954 ca. 10000) mit den zahlenmäßig noch kleineren (meist 1500–5000) der Awacher, Bagulaler, Botlicher, Godoberier, Tschamalaler, Karataer und Tindaler sowie die Didoer (1926: 3276) mit den Kaputschinern und Kohwarschinern (je ca. 1500), alle im Hochkaukasus im NW des A.-Gebietes. Sie bilden die Avaro-Andi-Dido-Gruppe innerhalb der NE-Kaukasus-Sprachen. Die A. wurden z.T. schon im 11.Jh. und völlig zwischen 1558–1606 während der Herrschaft der osman. Türken islamisiert; vorher hatte wohl von Georgien her das Christentum Fuß gefaßt. 1727 akzeptierten sie für kurze Zeit ein russ. Protektorat, leisteten dann aber den vordringenden Russen zähen Widerstand und wurden erst 1864 endgültig unterworfen. Heute bilden die A. das wichtigste Element im autonomen Vielvölkerstaat der Dagestan. ASSR; ihr Idiom ist eine der neun offiziellen Schriftsprachen, und die kleinen Bergstämme geben allmählich ihre ethnische Eigenständigkeit zugunsten einer größeren A.-Nation auf.

Aymará, großes Indianervolk im Hochland um den Titicaca-See (Peru und Bolivien), dessen Vorfahren vermutlich die Träger der bedeutenden präkolumbischen Zivilisation von Tiahuanaco waren (↓ Südamerikan. Indianer). Das Idiom der A. ist isoliert und bildet eine eigenständige Spracheinheit; häufig wird das A. mit dem ↓ Quechua zur größeren Einheit des Kechumaran oder Aymarákicua zusammengefaßt, doch ist dies noch sehr umstritten. Um 1430 wurden bereits die nördl. Gruppen der A. von den ↓ Inka abhängig, gegen Ende des 15. Jh. war das ganze Gebiet in das Imperium einverleibt, 1542 die Eingliederung in das span. Vizekönigreich Peru vollendet. Die histor. bekannten Stämme der Colla, Collagua, Ubina etc. übernahmen während der Inka- und frühen Kolonialzeit das Quechua als Sprache. Das A. dehnte sich dagegen nach E aus und assimilierte einige Stämme der Andenabhänge Boliviens (↓ Chiquito). Während der Kolonialherrschaft erlitten die A. starke Bevölkerungsverluste durch Seuchen und rücksichtslose Ausbeutung. Sie konnten sich jedoch in den letzten 100 Jahren gut erholen, so daß sie im modernen Bolivien eine große Rolle spielen. Man schätzt ihre Bevölkerungszahl heute auf ungefähr 1 Million. Die meisten A. leben in einer Höhe von 2000 bis 4000 m ü. M.; sie betreiben intensiven Ackerbau mit Terrassenanlagen und Bewässerung (vorwiegend Kartoffelanbau) sowie Lamazucht. In den Dörfern findet man immer noch die alte Sippenverfassung (Ayllu). Seit langem missioniert, haben die A. doch viele alte Traditionen und Überlieferungen erhalten und sie mit christlichem Glaubensgut verbunden.

Azande (Zande, Sande, Niam-Niam), großes Volk der ↓ Sudan-Neger im NE des Kongogebietes, im SE der Zentralafrikan. Republik (Ubangi Schari) und in den Provinzen Equatoria und Bahr el Ghasal der Republik Sudan (ca. 1 Mill.), das durch die Berichte berühmter Forschungsreisender wie G. A. Schweinfurth, W. Junker, G. Casati u. a. zum Ende des 19. Jh. breiten Kreisen bekannt wurde. Die A. sind gegen Ende des 18. Jh. von N oder NW als Eroberer in ihr heutiges Wohngebiet eingedrungen und haben die alteingesessenen Stämme verdrängt oder assimiliert. Durch ihre straffe politische Organisation waren sie fast allen Bevölkerungsgruppen des südöstl. Sudan weit überlegen, lediglich die ↓ Mangbetu vermochten sich zu behaupten. Ursprung der A. ist der Ambomu-Stamm, der unter der Führung einer völlig abgeschlossenen Adelskaste (Avongara) stand. Angehörige des Adels gründeten im Gebiet der unterworfenen Stämme kleine (unabhängige) Staaten, deren niedere Ämter von Ambomu-Leuten ausgeübt wurden. Durch geschickte Administration wurden die Unterworfenen kulturell und sprachlich assimiliert, durften nach einiger Zeit auch niedere Ämter übernehmen. Auf diese Weise entstand das recht einheitliche A.-Volk, das sich in mancher Hinsicht (Ackerbau, Kunsthandwerk, Musik etc.) vielen Nachbarn überlegen zeigt. Der Prozeß der «Azandesierung» wurde von der Völkerkunde eingehend untersucht, da er eine besonders interessante Variation der Assimilation oder Akkulturation verschiedenartiger Völker darstellt. Zwischen den A. im E und den ↓ Wute im W (Kamerun), d. h. in dem breiten Streifen der südl. Savannen und dem Nordrand der Urwaldzone, leben viele größere und kleinere Stämme, die den A. kulturell und anscheinend auch sprachlich verwandt sind. Ihr Lebensraum entspricht etwa der Zentralafrikan. Republik. Zu nennen sind von E nach W die bereits «azandesierten» Abandja und Nsakare, die Banda (über 300000) mit vielen Unterstämmen, die Mandja (über 25000) und die Baja (ca. 300000), die den größten Teil der Bevölkerung der Republik (ca. 1,2 Mill.) stellen. Murdock (1959) faßt die genannten Stämme mit den A. und den Wute (einschl. der sog. Heidenstämme von Adamawa) nach kulturellen und sprachlichen Gesichtspunkten zur großen Einheit der «Eastern Nigritic Peoples» zusammen, doch muß sich ihre Berechtigung noch erweisen.

Azteken, indian. Volk und präkolumbischer Stadtstaat im zentralen Hochland von Mexiko, mit dessen blühender Zivilisation und imperialer Machtentfaltung die ↓ Mesoamerikanischen Hochkulturen einen Höhepunkt, aber auch ihr Ende fanden (↓ Nordamerikanische Indianer, Karte). Die Sprache der A. ist das ↓ Nahua. Nach ihrer eigenen Tradition kamen sie als kriegerisches Barbarenvolk (↓ Chichimeken) von N in das Hochtal von Mexiko mit seiner blühenden Zivilisation, und zwar im 13. Jh., nachdem die ↓ Tolteken ihre Hauptstadt Tollan aufgegeben hatten. Die A. nannten sich nach ihrem mythischen Stammland «Aztlan», häufig auch Tenochca nach dem ersten Stammeshaupt «Tenoch» oder Mexica nach ihrem Stammes- und Kriegsgott «Mexitli», der meist allerdings «Huitzilopochtli» genannt wird. Die A. hatten bei ihrer Ankunft keinerlei Bedeutung, siedelten an vielen Orten, meist in Abhängigkeit anderer Gruppen, ließen sich dann am See von Tetzcoco nieder und begründeten 1325 n. Chr. die Stadt Tenochtitlan. Die Stadt lag auf einer Insel, auf deren Nordufer etwa zur gleichen Zeit die Stadt Tlatelolco entstand. Im W des Sees lagen die Städte Azcapotzalco und Tlacopan, im E Tetzcoco und im S Culhuacan und Tizapan. Zunächst hatte die Stadt Azcapotzalco die Vormacht, doch verbündeten sich die Zwillingsstädte der Insel mit Tlacopan und gewannen um 1430 die Herrschaft im ganzen Seengebiet. De facto war bald Tenochtitlan die führende Macht, 1473 erstürmten die A. die Nachbarstadt und ersetzten den König durch einen Gouverneur. Sie bauten in kurzer Zeit ein Imperium auf, das fast das ganze zentrale Mexiko vom Atlantik bis zum Pazifik und wohl zwischen 5 und 6 Mill. Untertanen umschloß. Es wäre sicherlich nur eine Frage der Zeit gewesen, bis sie auch den N und die ↓ Maya im S unterworfen hätten. Doch war das A.-Reich kein Einheitsstaat, die meisten Länder und Stadtstaaten waren nur tributpflichtig und mit Garnisonen belegt. 1519 erscheint der span. Conquistador Hernando Cortez an den Grenzen, und mit der Eroberung von Tenochtitlan (1521) nimmt das Imperium ein abruptes Ende. Der letzte König Quautemoc wurde 1525 hingerichtet. Er war seinem Bruder Montezuma II. 1520 nachgefolgt, als dieser, gefangen von den Spaniern, zwischen den kämpfenden Parteien vermitteln wollte und von seinen eigenen Untertanen getötet worden war. Auf den Trümmern der Zwillingsstädte Tenochtitlan und Tlatelolco entstand die Stadt México.

Die ursprünglich barbarischen A. hatten sich rasch der im Hochtal von Mexiko blühenden Mixteca-Puebla-Kultur (↓ Mixteken) angeglichen und dann in allen Aspekten einen durchaus eigenen Stil entwickelt. Technologisch standen sie wie ihre Nachbarn im Hochtal an der Grenze zwischen Stein- und Metallzeit; sie brauchten zwar hauptsächlich noch Steinwerkzeuge, doch gab es auch schon Werkzeuge und vor allem Schmuck aus Kupfer, Bronze und Gold. Das kulturelle Bild wird durch große architektonische Leistungen bestimmt, durch gestufte Pyramiden und Paläste, Straßen und Wasserleitungen, weiter durch eine hochentwickelte Bilderschrift, wunderbare Gold-, Edelstein- und Federarbeiten und vor allem durch eine monumentale Plastik von starkem Ausdruck und formaler Kraft. Sie holten aus allen Landesteilen (vor allem mixtekische) Kunsthandwerker in die Hauptstadt. Die Werke der Kunst stehen ganz im Banne der Religion. Im großen Pantheon spielten neben dem Stammes- und Kriegsgott «Huitzilopochtli» (Vitzliputzli) der Vegetationsgott «Xipe», der übergezogenen Menschenhaut, die Erd- und Todesgöttin «Coalicue» und der Regengott «Tlaloc» eine große Rolle. Im umfangreichen Ritual gab es u. a. auch Menschenopfer, vor allem für den Stammesgott, den man mit der Sonne identifizierte. Die Götter brauchten das Opfer, um Kosmos und irdisches Dasein erhalten zu können. Es wird immer wieder berichtet, daß die Opfersklaven ihr Schicksal als eine Auszeichnung betrachteten.

Das Fleisch der Geopferten wurde von den Versammelten als eine Form der Kommunion mit den Göttern verzehrt. Die Einbringung von Opfersklaven war ein häufiger Kriegsgrund, doch ging es den A. weit mehr um Erschließung neuer Märkte für ihren privilegierten Kaufmannsstand, der einen ausgedehnten Fernhandel trieb. Die Gesellschaft war streng gegliedert in die hohen Kasten des Adels und der Kaufleute und die niederen Kasten der Plebejer und Sklaven. Nur der Adel hatte Privatbesitz, die Plebejer besaßen z. B. nur Land über ihren Klan (calpulli), der es ihnen zur Nutzung gab, praktisch standen sie in einem dienenden Verhältnis zum Adel. Der König sollte theoretisch unter den Mitgliedern des königl. Hauses gewählt werden, doch wurde die Würde praktisch vererbt, und zwar von einem Bruder zum anderen und in der nächsten Generation den Söhnen des ältesten der Brüder in der gleichen Weise.

Nach dem Zensus von 1940 wird das Aztekische (Nahua) noch von 355 295 Individuen als einziges und von 360 071 neben Spanisch als zweites Idiom gesprochen.

Babylonier, die Bevölkerung des alten unteren Mesopotamien (Babylonien), ein

In solchen Schalen bewahrten die Azteken Blut und Herzen der den Göttern geopferten Menschen auf; das Gefäß entstand zwischen 1450 und 1521 n. Chr. Der Brauch des Menschenopfers diente den spanischen Conquistadoren oft als Alibi für ihr brutales Vorgehen.

B

Dem Kriegsgott Huitzilopochtli hatten die Azteken den Haupttempel in Tenochtitlan geweiht. Eine Reliefplatte, die an das Datum der Weihe (1487 n. Chr.) erinnern soll, zeigt Zahlenzeichen des komplizierten Kalendersystems.

Gemisch aus den ursprünglich klar geschiedenen ↓ Sumerern und Akkadern. Babylon liegt ungefähr an der Grenze beider Gebiete; dort gründeten die um 2000 v. Chr. eingewanderten Amoriter eine Dynastie. Ihr größter König war Hammurabi (1792–1750 oder 1728–1686 v. Chr.), eine der bedeutendsten Gestalten der Geschichte überhaupt, der Babylon zur Metropole des durch geschickte Kriegszüge geeinten Landes machte. Die «sumero-akkadische Mischbevölkerung» verschmolz durch seine großartige Gesetzgebung, geschickte Verwaltungstechnik und Zentralisierungspolitik zu einem einheitlichen Volkskörper, in dem das akkadisch-semitische Element dominierte. So kann man eigentlich erst seit Hammurabi von B. sprechen. Die Fremdherrschaft der Kassiten (etwa 1595–1155 v. Chr.) hat diesen Prozeß nur noch gefördert. Etwa seit 1000 v. Chr. wanderten große Scharen der Aramäer nach Babylonien ein. Unter dem Namen Chaldäer hatten sie ihr Zentrum im S des Landes, wurden allmählich das stärkste Bevölkerungselement, und ihre Sprache verdrängte das Akkadische, begünstigt durch die einfachere Buchstabenschrift. Die Chaldäer fühlten sich aber ganz als B. und waren die Träger des Neubabylonischen Reiches (625 bis 539 v. Chr.). Unter Nebukadnezar II. reichte ihre Macht von Südpalästina bis zum Pers. Golf. Nach der Eroberung Baby-

B

lons durch die Perser wird das chaldäisch-aramäische Idiom zur Verkehrs- und Amtssprache im pers. Weltreich.

Baggara (Bakkara), Sammelname für Arabisch sprechende islam. Stämme von Viehhaltern (bakar = Vieh) im östl. und mittleren Sudan (bis zum Tschad-See). Die B. gehen auf ↓ Beduinen-Stämme zurück, die im 14. Jh. nach dem Fall des letzten christl. Staates der ↓ Nubier in den Ostsudan und dann weiter nach W vorgedrungen sind. Nach einer anderen Ansicht sind sie im 17. Jh. zunächst in das Gebiet östl. des Tschad-Sees und dann erst in den Ostsudan gezogen. Sie sind, durch die Umwelt bedingt, von der Kamel- zur Rinderzucht übergegangen und betreiben auch weitgehend Ackerbau. Als Halbnomaden treiben sie das Vieh jahreszeitlich wechselnd von den südl. Flußgebieten zur nördl. Grassteppe (Transhumance). Die B. haben die alteingesessenen ↓ Sudan-Neger in Rückzugsgebiete gedrängt oder unterworfen, z.T. auch assimiliert. Dabei kam es zu einer starken Blutmischung zwischen beiden Bevölkerungsteilen. Bedeutendere Stämme sind die Kababisch und Hamar in Kordofan, die Habbania im südl. Darfur und die Tundjer (Tungur) in Darfur, Ouadai und Kanem. Viele B. haben am Madhi-Aufstand teilgenommen.

Bagirmi (Barma), ein Volk der ↓ Sudan-Neger (1954: 25300) östl. des unteren Chari (südöstl. Ft. Lamy) im SW der Rep. Tschad, das seit Anfang des 17. Jh. in einem eigenen Staatswesen zusammengefaßt ist. Die B. sind heute gegenüber den Arabern und Fulbe (zusammen ca. 100000) in ihrem Gebiet weitaus in der Minderzahl. Verwandte und Vasallen der B. waren einige kleinere Stämme am Rande ihres Staates. Sprachliche Beziehungen weisen

In der südbabylonischen Stadt Larsa entstand im 18. Jh. v. Chr. diese Steinbockgruppe aus Bronze. Die Köpfe der Tiere sind vergoldet; die Plastik ist 22 cm hoch. Larsa war zu jener Zeit Residenz einer westsemitischen Dynastie.

▷
Kunst und Kunsthandwerk der Balinesen sind hochentwickelt. Die bemalte Holzfigur, die als Kris-Ständer (der Kris ist ein indonesischer Dolch) dient, stellt den Gott Bhima dar. Er spielt eine wichtige Rolle in der Kosmologie der Balinesen.

B

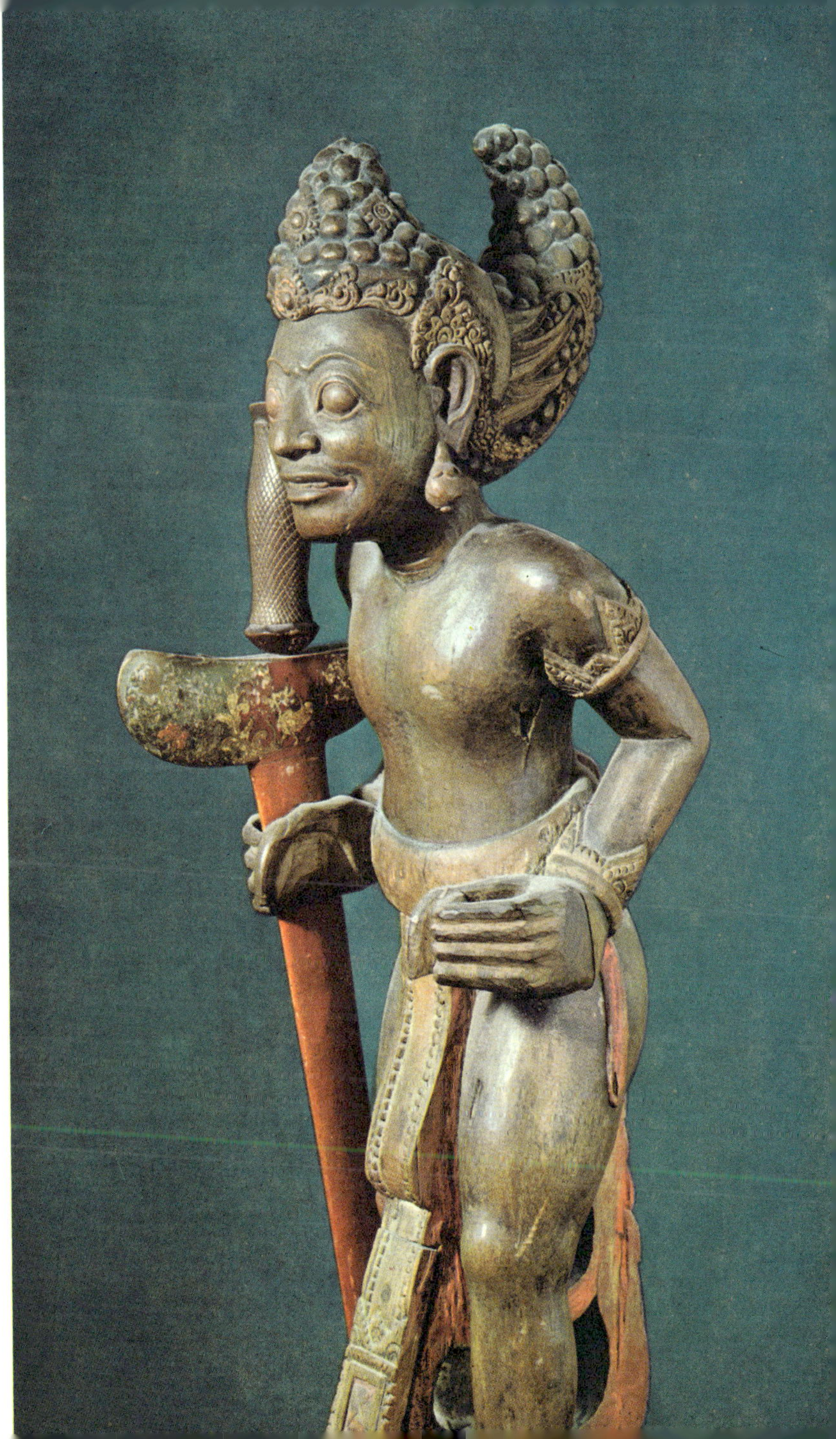

nach S zu den sog. Sara-Stämmen (↓Mangbetu). Die B. wurden um 1625 islamisiert. Das Herrscherhaus rühmt sich arabischer Herkunft. Das Schicksal des B.-Staates, der einen ausgebildeten Beamtenstand hatte, war durch die Lage zwischen dem mächtigen Ouadai (↓ Maba) und Bornu (↓ Kanuri) bestimmt; dem Bornu-Reich waren die B. schon frühzeitig tributpflichtig. Die B. betreiben vorwiegend Ackerbau; die Viehhaltung spielt nur eine geringe Rolle, wirtschaftlich bedeutender ist der Fischfang. Die B. werden überdies als geschickte Handwerker gerühmt.

Balinesen, ein Volk der ↓ Indonesier auf Bali und Lombok (ca. 1,2 Mill.), das kulturell zum sog. jungindones. Bevölkerungssubstrat des Malaiischen Archipels gehört. Die B. bekennen sich heute noch zum Hinduismus, der auf indische Kolonisation etwa Mitte des 1.Jt. n.Chr. zurückgeht; aus dem Jahre 822 n.Chr. stammt die älteste datierte Inschrift. Hinduistische, buddhistische und bodenständige Elemente verschmolzen zum sog. Hindu-Balinesentum. Auf Java hatte der gleiche Prozeß zu anderen Erscheinungen geführt, und als Mitte des 14. Jh. Bali unter die Herrschaft des Reiches Madjapahit (↓ Javanen) geriet, begann eine neue Epoche mit starker kultureller Einwirkung der Hindu-Javanen. Mit dem Untergang von Madjapahit, der zwar politische Unabhängigkeit brachte, wurde der Einfluß durch javan. Einwanderer etc. noch stärker.
Die pittoreske Kultur der B. mit ihrem hochgezüchteten Kunsthandwerk, dem Kastensystem, den prunkvollen Leichenbestattungen etc. hat dann noch in den acht verschiedenen Landschaften der Insel lokale Sonderentwicklungen gefunden. Die sog. Bali-aga sind Gruppen, die sich dem hindu-javan. Einfluß entziehen konnten und die alte hindu-balines. Kultur weitgehend bewahrten; es handelt sich nicht um prähinduistische, urtümliche Bergstämme, wie häufig behauptet wird. Im 17.–18.Jh. eroberten die B. den W von Lombok. Bali gliederte sich in mehrere selbständige Fürstenstaaten, als 1849 die niederl. Kolonialherrschaft begann, die aber im S erst um 1908 endgültig durchgesetzt werden konnte. (Bild S. 51).

Balten, eine Völkergruppe aus der Sprachfamilie der ↓ Indo-Europäer, die innerhalb dieser den ↓ Slawen recht nahesteht; möglicherweise haben beide eine gemeinsame Sprachperiode durchlebt. Man unterscheidet bei den B. drei große Gruppen: 1. Preußen (Alt-Preußen, Pruzzen, Pruthenen, Borussen) mit den Galindern, Jatwingen u.a. Stämmen. Ihre Sprache ist inzwischen erloschen, das Wohngebiet entsprach im wesentlichen Ostpreußen und dem unteren Weichsel-Gebiet. 2. Litauer, die im wesentlichen erst im 13.Jh. in ihre heutigen Wohnsitze eingewandert sind und die dort lebenden Alt-Preußen und Kuren verdrängten. Ihr Idiom wird von über 2,5 Mill. gesprochen, die im wesentlichen im Staat Litauen (einschl. Wilna) leben. 3. Letten (Letgalen), die auch etwa im 13.Jh. ihre heutigen Wohnsitze eingenommen haben. Ihr Idiom wird von etwa 1,5 Mill. gesprochen; das Sprachgebiet deckt sich fast völlig mit den Grenzen des Staates Lettland. Ihnen verwandt sind die Kuren, Zemgalen (Semgaller), Schamaiten (Schmuden) und Selen, deren Sprache und ethnische Eigenexistenz seit langem verschwunden ist. Vor der Einwanderung in ihre histor. und heutigen Wohnsitze saßen die B. wohl in dem Gebiet von Minsk bis Smolensk zwischen den ↓ Slawen und ↓ Finno-Ugriern (Karte). Älteste Schriftdenkmäler stammen aus dem 16.Jh.; die Idiome der B. sind wegen ihrer Altertümlichkeit für die Indogermanistik sehr wichtig geworden. Häufig wird der Name B. nicht korrekt für die Baltendeutschen gebraucht. Wahrscheinlich sind die von Tacitus unter anderem genannten Aesthen (Aisten) mit altpreußischen Stämmen identisch.

Bambara (Banmana), das zweitgrößte Volk (über 1 Mill.) aus der ↓ Mande-Gruppe der ↓ Sudan-Neger, das vor allem die Gebiete zwischen Niger und Bani einnimmt und zwischen dem oberen Niger und dem Senegal stark mit ↓ Fulbe gemischt ist. Die B. besitzen einige Städte, doch lebt die Masse in Dörfern und baut, dem Landschaftsraum entsprechend, vor allem Hirse und Mais sowie in den Überschwemmungsgebieten des Niger (Sommerhalbjahr) auch Reis an. Ende des 17. Jh. machten sich die B. von der Herrschaft der ↓ Malinke frei und gründeten um das Zentrum Ségou und in der Landschaft Kaarta zwei Staaten, die sich mit wechselndem Geschick gegen mächtige Feinde bis zur Besetzung des Landes durch die Franzosen (1890/91) behaupten konnten. Die meisten B. bewahrten ihre angestammte Religion, obwohl sie einigen gewaltsamen Islamisierungsversuchen ausgesetzt waren; neuerdings macht der Islam größere Fortschritte. Unter den B. lebt am Niger die eigenständige, islamische Fischerkaste der Somono.

Bamum (Mum), Volk der ↓ Sudan-Neger (etwa 75000) im nordwestl. Kamerun, südl. der ↓ Tikar rund um das Zentrum Fumban, östl. des Bambuto-Gebirges (2679 m ü. M.) lebend. Sprachlich gehören die B. zu den sog. ↓ Semi-Bantu des Kameruner Graslandes und sind ohne Zweifel die kulturell bedeutendste Gruppe dieser handwerklich und künstlerisch begabten Bevölkerung. Ihren Ruf verdanken die B. zum großen Teil dem berühmten Häuptling oder König Njoya, dessen Residenz Fumban großartige hölzerne Palastbauten aufwies. Njoya verstand nicht nur geschickt die Interessen seines Volkes gegen die deutsche und später franz. Kolonialverwaltung zu vertreten, sondern entwickelte eine eigene B.-Schrift und verfaßte einen Bericht über Geschichte und Brauchtum seines Volkes.
Nach der Tradition gehen die B. auf eine Eroberergruppe aus dem Sudan zurück, die vor etwa 250 Jahren in diesen Raum eingebrochen ist. Die Autochthonen mögen den verwandten Bamileke (etwa 450000) entsprochen haben, die etwa zwischen den B. und der Grenze von Nigeria leben und in viele Stämme und Dialektgruppen zerfallen.
Südlich der B. leben die (ca. 32000) Banen (Nen) und die (ca. 50000) Bafia (Fia) mit den Balom. Sie sind den B. zwar kulturell verwandt, leiten aber sprachlich schon zur großen Einheit der ↓ Bantu-Neger über, die an ihren südlichen Grenzen beginnt.

Bantu-Kavirondo. In der weiteren östl. und nordöstl. Uferzone des Victoria-Sees lebt eine in viele Stämme zersplitterte Bevölkerung der ↓ Bantu-Neger. Die wichtigsten Gruppen sind von S nach N die Kerewe (Bakerewe, ca. 40000) auf der Insel Ukerewe, die Kara (Wakarra, ca. 20000) auf der Insel Ukara, die Gusii (Gizii, ca. 250000), die Shashi (Washashi, ca. 20000), die Wanga (Hanga, Bahanga, ca. 300000) und die Gisu (Bageshu), ein kleiner Stamm an den Westabhängen des Mt. Elgon in Uganda. Die Wanga mit ihren vielen Unterstämmen werden häufig «B.-K.» genannt, um sie von den nilotischen Kavirondo (Jaluo), die rund um die Kavirondo-Bucht siedeln, zu unterscheiden. Ihre Zahl wird auf über 300000 geschätzt. Alle genannten Gruppen wurden von den ↓ Massai und verwandten Stämmen in diese Gebiete gedrängt. Sie sind hervorragende Ackerbauern (Hackbau); die Kara kennen überdies Stallfütterung des Viehs. Sprachlich und kulturell zeigen sie starke Beziehungen zu den Bantu-Stämmen des Zwischenseengebietes (SW-Uganda, Ruanda), wurden aber von den ↓ Hima-Staaten kaum oder gar nicht erfaßt.

Bantu-Neger, Sammelname für einige hundert Völker und Stämme Zentral-, Ost- und Südafrikas, die mit über 60 Mill. (neuerdings auf 90 Mill. geschätzt) und einem Siedlungsraum, der ca. ein Drittel des Kontinents ausmacht, die größte Sprach- und Völkerfamilie Afrikas bilden. Die Zusammenfassung der B.-N. beruht primär auf den engen sprachlichen Bindungen. Nach den kulturellen Gegebenheiten kann man sie in die N-, Mittel-, E-, SW- und SE-Bantu gliedern. Die Unterschiede zwischen den fünf Gruppen lassen sich teils auf übernommenes Kulturgut älterer Bevölkerungsteile, die assimiliert bzw. bantuisiert wurden, teils auf Überschichtung durch fremde Völker und mannigfache äußere Kultureinflüsse, vor allem aber auf die Einwirkung völlig verschiedener Lebensräume (äquatorialer Regenwald, Feucht- und Trockensteppe)

zurückführen. Die Grenzen zwischen den genannten Gruppen sind fließend; häufig besitzen sie wichtige Kulturmerkmale gemeinsam.
Die Nordbantu nehmen die äquatoriale Urwaldzone ein. Ihre Kultur ist weitgehend von den Bedingungen des Regenwaldes bestimmt (hyläische Kultur). Man nennt sie häufig «Feldbeuter», denn ihre Pflanzungen bedürfen nur geringer Pflege; angebaut werden vor allem Bananen und Knollenfrüchte (Dauerfeldbau). Die Nordbantu sind in viele kleine Stämme zersplittert, die meist nach dem Wohngebiet als Südkamerun-, Gabon-, Zentral- oder Ostkongo-Völker zusammengefaßt werden; größere ethnische Einheiten sind die ↓ Pangwe, ↓ Duala, ↓ Kota und ↓ Teke sowie die Gruppe der ↓ Mongo-Kundu.
Die Vorfahren der Nordbantu fanden ↓ Pygmäen als Vorbevölkerung vor. Die Kleinwüchsigen sind heute in Randgebiete verdrängt und wurden vielfach in eine wirtschaftliche Symbiose gezwungen. Stämme der ↓ Sudan-Neger sind gleichfalls in die Regenwaldzone vorgestoßen; ihr Verbreitungsgebiet ist mit dem der Nordbantu vielfach eng verzahnt. Rassisch gehören die Nordbantu überwiegend zum palänegriden Rassentyp der ↓ Negriden; ein Einschlag der pygmiden Vorbevölkerung ist in manchen Gruppen unverkennbar.
Als Mittelbantu wird die Bevölkerung Nordangolas, des westl. (unteren) und südl. Kongogebietes, von Zambia, Rhodesien, von Malawi und des nördl. Moçambique zusammengefaßt. Ihr Lebensraum, der sich quer über den Kontinent legt, ist die Savanne oder Feuchtsteppe. Die Masse der Mittelbantu lebt als einfache, an das Dorf gebundene Hackbauern und Kleinviehhalter. Die Großviehhaltung fehlt durchweg, vor allem wegen der verbreiteten Schlafkrankheit in diesen Landstrichen. Die heutige Bevölkerungsverteilung geht vorwiegend auf mehrere bedeutende, etwa zu Beginn des 15. Jh. n. Chr. einsetzende Staatsbildungen zurück. Der Charakter dieser Staaten war ziemlich ähnlich: sakrales Königstum, höfisches Zeremoniell, Beamtenhierarchie etc.; Frauen besaßen als Königsmutter oder -schwester bedeutende politische Funktionen, waren z. T. Mitregentinnen. Die matrilineare Gesellschaftsorganisation und das weibliche Element überhaupt spielen in der Kultur der Mittelbantu eine große Rolle. Die Staatsbildungen und alle mit ihr verbundenen Erscheinungen werden oft als «rhodesische Kultur» zusammengefaßt, da sie in Rhodesien schon früh faßbar sind (↓ Monomotapa). Sie wurden anscheinend von einer fremden Herrenschicht getragen, heute noch soll sich in der Oberschicht ein von der breiten Bevölkerung abweichender Rassentyp zeigen. Es entstanden die Staaten der ↓ Luba, ↓ Lunda und ↓ Kuba im südl. und die Reiche Loango und Kongo (↓ Vili-Kongo) im westl. Kongogebiet. Sie waren zugleich Zentren der Kunst und des Kunsthandwerks (Holz- und Elfenbeinskulptur, Schmiedearbeiten etc.), so daß diese Fertigkeiten im Bereich der Mittelbantu eine außerordentliche Blüte erfuhren. Nur wenig oder gar nicht von diesen Staatsbildungen erfaßt wurden die Stämme zwischen dem Kuango und Kuilu (↓ Yaka) im N und die sog. ↓ Nyassa-Völker im E des Verbreitungsgebietes.
Für die übrigen Bantu-Gruppen war die Übernahme der Großviehhaltung, anscheinend von kuschitischen Völkern vermittelt, von großer Bedeutung. Sie konnte sich nur dort zu einem bedeutenden wirtschaftlichen Faktor entwickeln, wo der Bestand der Herden nicht durch die Schlafkrankheit bedroht war, d. h. vor allem im Bereich der Trockensteppe. Der pflanzerische Grundcharakter der Bantu-Kultur blieb aber im wesentlichen erhalten.
Bei den meisten Stämmen der Ostbantu überwiegt er sogar eindeutig (z. B. ↓ Kamba, ↓ Nyamwezi, ↓ Chaga). Im sog. Zwischenseengebiet von Ostafrika ist die Großviehhaltung einer zwar bantuisierten, aber ursprünglich fremden Herrenschicht (↓ Hima) vorwiegend nilotischer Herkunft vorbehalten. Der Ackerbau obliegt der zahlenmäßig viel stärkeren, unterworfenen Bantu-Bevölkerung. Eine Sonderstellung nehmen die ↓ Suaheli ein, die unter arab. Einfluß verstädterte Bevölkerung der Ostküste Afrikas.

B

Unser Bild zeigt eine Bantu-Frau beim Maisstampfen. Im Hintergrund die Nebelwaldzone des Mount Meru, eines südwestlich des Kilimanjaro gelegenen Viertausenders.

B

Bei den SW-Bantu im südl. Angola, südwestl. Rhodesien und dem nördl. Südwestafrika spielt die Großviehhaltung eine wesentlich bedeutendere wirtschaftliche und soziale Rolle. Die wichtigsten Stammesgruppen sind die ↓ Ila-Tonga und die ↓ Ambo. Eine Sonderstellung nehmen die ↓ Herero ein, die sich als einziger B.-N.-Stamm zum ausgesprochenen Hirtennomadismus spezialisiert haben.

Die geschlossenste und heute eine der polit. wichtigsten Gruppen sind die SE-Bantu, die früher unter dem Namen ↓ Kaffern zusammengefaßt wurden. Die ↓ Nguni hatten ihre Wohnsitze im östl. Südafrika schon vor Beginn der europ. Kolonisation des Kaplandes eingenommen, während die ↓ Sotho-Tswana erst in den folgenden Jahrhunderten vorstießen. Die SE-Bantu, zu denen auch die ↓ Thonga gerechnet werden, haben die autochthonen ↓Khoisaniden verdrängt und ausgerottet, z.T. auch assimiliert, was sich an der Sprache und im Rassenbild erkennen läßt. Bei ihrer Einwanderung muß die Rinderhaltung eine größere Rolle gespielt haben, die relativ hohe Bevölkerungszahl von heute erfordert einfach den intensiveren Bodenbau. Die SE-Bantu sind gekennzeichnet durch ein starkes Häuptlingstum und eine strenge militärisch-politische Gliederung. Die histor. bekannten Verhältnisse sind zum großen Teil das Resultat der mächtigen Expansion der ↓ Zulu zu Beginn des

B

19. Jh., auf die z. B. auch die heutige ethnische Gliederung zurückgeht.
Die Bantu-Sprachen sind trotz der enormen, wachsenden Verbreitung eng verwandt und bilden einen zusammenhängenden Komplex, was auf eine rasche Ausbreitung vor nicht allzu langer Zeit schließen läßt. Man betrachtet die Bantu-Sprachen zumeist als eigenständige Sprachenfamilie. Nach einer neueren Klassifikation (Greenberg 1955) sollen sie nur Zweig einer größeren Spracheinheit (Niger-Kongo-Sprachen) sein. Auf diese These baut eine Theorie von Murdock (1959) zur Bantu-Expansion auf. Danach muß der Ursprung der B.-N. in der Nachbarschaft ihrer nächsten Sprachverwandten (↓ Semi-Bantu) im Grenzgebiet von Kamerun und Nigeria gesucht werden. Die «Ur-Bantu» müssen, wie die Analyse des Wortschatzes und andere Indizien nahelegen, Hackbauern und Kleinviehhalter gewesen sein, die in den Savannen ihrer Heimat Körnerfrüchte (Sorghum und andere Hirsearten) anbauten. Vermutlich erst vor ca. 2000 Jahren (nach Murdock) lernten sie den Anbau von Knollenfrüchten (Taro und Yams) und der Banane kennen, was ihnen ein Vordringen nach S und E in die Urwaldzone ermöglichte. Am Ostrand der Regenwaldzone habe man von kuschitischen Völkern erneut den Anbau von Körnerfrüchten übernommen, dessen Kenntnis sie im Re-

Diese Frauen gehören zu den Bantu-Stämmen Südostafrikas, die während der Kolonialzeit unter der Bezeichnung «Kaffern» zusammengefaßt wurden. Wir zeigen einen Gruppentanz; Tänze solcher Art spielen im Leben des Afrikaners eine wichtige Rolle. Die rhythmische Bewegung symbolisiert oder beschwört elementare Erfahrungen, aber auch Alltagserlebnisse der Stammesangehörigen.

B

genwald verloren hatten. Dies habe erst die Ausdehnung der B.-N. (um die Mitte des 1. Jt. n. Chr.) nach Ost- und Südafrika ermöglicht. Ob die Theorie Murdocks allgemeine Anerkennung finden wird, läßt sich noch nicht sagen. Sicher ist aber, daß die Expansion der B.-N. nach E und S relativ spät erfolgte und dabei im Regenwald pygmide und in den Savannen und Steppen khoisanide Vorbevölkerung verdrängt oder assimiliert wurde.
Die B.-N. wirken in ihrem somatischen Habitus recht einheitlich (abgesehen von den Nordbantu) und bilden den sog. kafriden oder bantuiden Rassentyp der ↓ Negriden. Seit langem arbeiten Missionsgesellschaften unter den B.-N., die in manchen Regionen beachtliche Erfolge erzielen konnten. Es gibt z.B. blühende Volkskirchen (↓ Chaga), aber auch ein ausgeprägtes Sektenwesen, wo sich christliches und überkommenes Glaubensgut in bunter Weise mischen. Die ursprüngliche Religion der B.-N. ist ungemein vielgestaltig und läßt sich auf keinen gemeinsamen Nenner bringen. Im Vordergrund stehen Ahnenverehrung, Fruchtbarkeitskulte, bei den Nordbantu magische Praktiken und Kannibalismus, doch nehmen die Kulte um die jeweiligen Stammes- oder Staatsgründer, denen man göttlichen Charakter und Heilbringerfunktionen zuspricht, einen breiten Raum ein.
Zur Schreibweise der Namen von Bantu-Stämmen ist zu sagen, daß im neueren wiss. Schrifttum die Präfixe Ba-, Wa-, Ama-, Ova- etc., die die Mehrzahl ausdrücken, vermieden werden: man schreibt «Yaka» statt «Bayaka», «Zulu» statt «Amazulu» und «Ambo» statt «Ovambo».

Baschkiren (Baschkurt), ein Turk-Volk (↓ Turk-Völker, Karte S. 118) im südl. Ural, zwischen oberem Ural-Fluß und der Kama, das wahrscheinlich früher auch einmal die südl. angrenzenden Steppen bis zum Kaspischen Meer eingenommen hat. Die B. werden bereits von arab. Reisenden des Mittelalters in diesem Raum erwähnt, möglicherweise beziehen sich sogar spätantike Quellen auf sie. Aus diesem Grunde wird häufig angenommen, daß die B. ursprünglich zu den ↓ Finno-Ugriern gehörten, dann aber völlig türkisiert wurden. Schon die Araber bezeugen das nomadisierende Viehzüchtertum der B., das aber in neuerer Zeit mehr und mehr zugunsten des seßhaften Ackerbaus und anderer Erwerbsmöglichkeiten aufgegeben wurde oder wegen der Beschränkung der Weideplätze aufgegeben werden mußte. Vom 10. Jh. ab standen sie in gewisser Abhängigkeit vom Wolga-Reich der ↓ Bulgaren und wurden vielleicht damals schon islamisiert (Sunniten). Zu Beginn des 13. Jh. folgte die Herrschaft der «Goldenen Horde» (↓ Kasan-Tataren). Mitte des 16. Jh. begannen die Russen in ihr Gebiet einzudringen, gegen die sie sich in vielen großen Aufständen zu wehren versuchten. Landenteignungen, Industrialisierung und Städtegründungen förderten die Denomadisierung und Tilgung der sehr begrenzten Autonomie. 1919 wurde eine Baschkirische ASSR geschaffen, der 1922 die Prov. Ufa eingegliedert wurde. So bilden die B. (1964 über 1 Million) selbst mit anderen Turk-Völkern wie den Mischstämmen der Teptiaren und Mischären (beide über 300 000) eine Minderheit in ihrem Staat. Das Idiom wurde nach 1918 zur Schriftsprache entwickelt.

Basken (Vaskonier), die alteingesessene Bevölkerung der Westpyrenäen bis zum Golf von Biscaya, deren Sprache völlig isoliert ist und sich keiner heute existierenden Spracheinheit zuordnen läßt. Die Eigenbezeichnung der B. lautet Euskualdun etc. und die ihrer Sprache Eskuara; von den Spaniern werden sie Vascos oder Vascongados genannt. Man schätzt die baskisch Sprechenden in den span. Prov. Viscaya, Alava, Guipúzcoa und Navarra auf ca. 600000, im franz. Gebiet zwischen der Grenze und Bayonne und Mauléon auf ca. 100000. Große Kontingente der B. sind nach Süd- und Zentralamerika ausgewandert und haben z. T. ihr altes Idiom bewahrt. Man unterscheidet mehrere Dialekte: 1. Biskayisch, 2. Guipuzkoanisch, 3. Laburdisch, 4. Sulisch – die alle vier literarische Verwendung gefunden haben – sowie 5. Mixain, 6. Cizain, 7. West- und 8. Ost-Navarrisch. Das Idiom der B. hat einen großen Formenreichtum, aber ist

Von wem ist die Rede, außer von Geld?

Gold ist unvorstellbar köstlich...

... wer es besitzt, vermag alles in der Welt; man kann damit sogar den armen Seelen den Zutritt zum Paradies verschaffen. Das schrieb ein Mann in verzweifelter Lage an einen König. Da ihm, dem Schreiber dieser Zeilen, das Gold fehlte, blieb ihm das Paradies auf Erden versperrt. Dabei hätte er reich sein müssen, wenn seine Vertragspartner ihn nicht übers Ohr gehauen hätten: Er hätte noch zu Lebzeiten ein Vermögen von knapp hundert Millionen Mark (in heutiger Kaufkraft) verdient. «Mit dem gegenwärtig im Amt befindlichen Gouverneur habe ich drüben in Indien gewisse ärgerliche Auseinandersetzungen gehabt», notierte er. Man wollte ihm den vertraglich zugesicherten Gewinnanteil nicht geben. «Das ist ein unerhörter Betrug», tobte er, vergebens; so «erleide ich auf meinen Eid einen Schaden von mindestens 10 Millionen Maravedi jährlich». Zum Vergleich: Don Quichotte zahlte seinem Sancho Pansa 780 Maravedi monatlich.

Der Mann, von dem hier die Rede ist, wurde in einer heute italienischen Stadt geboren und ging mit 14 Jahren zur See. Später behauptete er: «Ich bin nicht der erste Admiral meines Namens und meiner Familie», was der Wahrheit freilich nicht sehr nahekam. Er bezog sich damit auf den französischen Seeräuber Guillaume de Casenove und dessen Nachfolger, einen Griechen, der sich Georg von Bissipat genannt hatte. Beide waren allgemein bekannt unter der französischen Form des Namens, den der Mann trug, der hier gemeint ist. Verwandt waren sie nicht mit ihm.

Der Vater war ein Wollweber und Kneipier gewesen, der ständig in Schulden gelebt hatte. Der Sohn verfolgte jahrelang einen phantastischen Plan, bis er ihn ausführen konnte. Er hatte Erfolg, jedoch, wie sich später herausstellte, von anderer Art als vorausgesehen. Er wurde berühmt, wurde gar Vizekönig, starb aber später in völliger Vergessenheit. Erst 30 Jahre nach seinem Tode einigten sich seine Erben mit der Krone. Heute noch trägt der jeweilige Chef des Hauses den Titel Herzog von Veragua und darf schon als Fähnrich zur See die Admiralsuniform tragen.

Wer war's? (Alphabetische Lösung: 11—15—12—21—13—2—21—19)

Pfandbrief und Kommunalobligation

Meistgekaufte deutsche Wertpapiere - hoher Zinsertrag - bei allen Banken und Sparkassen

Verbriefte Sicherheit

kaum fähig, Abstrakta auszudrücken. Man hat in ihm Parallelen zu vielen und weit entfernten Sprachen gesehen, vor allem zu Indianer- und Kaukasus-Sprachen (↓ Asianische Sprachen), doch haben alle Versuche, das Baskische in einen größeren Zusammenhang zu bringen, mehr oder minder noch hypothetischen Charakter. Seit einer Untersuchung durch Wilhelm v. Humboldt (1821) sieht man in den B. Nachfahren der alten Iberer. Neuerdings hat sich aber die Ansicht durchgesetzt, daß die Sprache noch ältere Wurzeln haben muß. Wahrscheinlich entstanden die B. aus der Mischung einer alteingesessenen Bevölkerung, die zu den Ligurern gerechnet wird, und dem im 6. Jh. v. Chr. aus dem Gebiet des Ebro zuwandernden Stamm der wohl iberischen Vascones. Im 1. Jh. v. Chr. kommen sie unter die Herrschaft der Römer, die aber das Gebiet nie ganz erfaßt hat. Das Ende der röm. Macht in Spanien bringt ihnen zeitweilig die Unabhängigkeit, doch schon um 580 n. Chr. werden sie von den Westgoten unterworfen. Viele B. fliehen vor deren harten Unterdrückungsmaßnahmen nach SW-Frankreich, das damals den Namen Gascogne (Vascogne) erhielt; aber auch hier wurden sie kaum 100 Jahre später von den Westgoten unterworfen. Dann folgt die Herrschaft der Franken, gegen die sich die B. mehrfach erheben (Schlacht bei Roncesvalles 778). Wohl aus gotisch-baskischem Stamm bildet sich das Königtum Navarra zu Beginn des 10. Jh. in den Westpyrenäen, dessen größter Teil 1520 mit Kastilien vereint wird, während der Rest 1620 an Frankreich fällt. Häufig standen die B. später in schroffer Opposition zur Zentralregierung in Madrid. Es ist erstaunlich, daß sich Sprache und Volkstum der B. trotz aller Unterdrückung so weitgehend erhalten konnten. Die B. leben heute überwiegend als Bauern und Fischer, doch gibt es auch bedeutende Industriestädte in ihrem Bereich. Man bemüht sich eifrig, die Folklore und altes Brauchtum zu sammeln und zu pflegen.

Batak, Volk (ca. 1,5 Mill.) in den Gebieten um den Toba-See im nördl. Sumatra, das nach seiner traditionellen Kultur zum sog. altindones. Bevölkerungssubstrat des Malaiischen Archipels (↓ Indonesier) gehört. Die B. bilden keine geschlossene kulturelle und sprachliche Einheit. Die Unterschiede zwischen einer nördl. und einer südl. Dialektgruppe sind so beachtlich, daß man fast schon von zwei Sprachen reden muß. Zur Südgruppe gehören die Toba-, Angkola- und Mandailing-B., zur Nordgruppe die Dairi-, Pakpak- und Karo-B., während die östl. des Toba-Sees lebenden Timur- oder Simalungun-B. eine Übergangsposition einnehmen. Die Toba-B. (ca. 1 Mill.), seit einigen Jahrzehnten die progressivste Gruppe der B., galten als die ursprünglichsten und urtümlichsten, von denen sich die anderen Gruppen wahrscheinlich abgespalten haben; die Toba-B. sind auf jeden Fall am besten bekannt. Die B. erfuhren im Laufe ihrer Geschichte eine starke Einwirkung indischer Kultur, die wahrscheinlich schon vor über 1000 Jahren von der Ostküste Sumatras her einsetzte (↓ Malaien). Sie übernahmen den Reisanbau in Naßfeldern, den Pflug, Baumwolle und das Spinnrad, vor allem aber ein Schriftsystem und viele religiöse Vorstellungen. Man darf den Einfluß aber nicht überschätzen, denn die B. verstanden es, alle übernommenen Kulturgüter organisch aufzunehmen und ihre eigenständige Kultur zu bewahren. Viele Namen und Bezeichnungen wurden aus dem Sanskrit übernommen, doch verbergen sich oft Elemente ihrer angestammten Kultur dahinter. Das Schriftsystem fand Anwendung in ihren Wahrsagekalendern und sog. Zauberbüchern, die man als die wertvollsten Quellen der alten Stammesreligion betrachten muß. In den Mythen und Riten offenbart sich der Glaube an einen höchsten Schöpfergott, der sich auch als Ober- und Unterwelt sowie als der die beiden Welten verbindende Lebensbaum manifestiert. Von ihm geht alles aus, zu ihm fließt alles zurück. In der Schöpfungsmythe wird das eigenartige Sozialsystem der «marga» (d. h. patrilineare und exogame Sippen) und der damit verbundenen Heiratsordnung begründet. Es gab in ihrer Kultur viele Formen der Megalithkultur (Steinsarkophage etc.), doch war sie bei weitem nicht so ausgeprägt wie bei den ↓ Niassern auf den Inseln vor der Westküste von Sumatra. Bemerkenswert war vor allem die Sitte des rituellen Kannibalismus, der sich früher bei den Toba-B. und einigen anderen Gruppen fand.

Das Volk der B. bewohnt große und befestigte Dorfanlagen; die relativ niedrigen Pfahlhäuser sind sorgfältig gearbeitet und oft sehr geräumig. Die Wirtschaft beruht hauptsächlich auf dem Anbau von Reis auf Naß- und Trockenfeldern. Die B. sind ausgezeichnete Tierhalter (Pferd, Wasserbüffel, Schwein, Huhn, Hund); auf dem Hochland der Karo-B. war die Pferdehaltung von größter Bedeutung.

Mit der Islamisierung Sumatras im 13. bis 14. Jh. hörte der indische Einfluß auf, und die B. waren Jahrhunderte isoliert. In der Folge der sog. Padri-Rebellion 1815 bei den Minangkabau im zentralen Sumatra wurden die Mandailing-B. überwiegend islamisiert. Mit dem Jahre 1861 begann für die B. und vor allem die Toba-B. eine neue Epoche. Dieses Jahr gilt als der Beginn systematischer Missionsarbeit der Rhein. Missions-Gesellschaft. Trotz großer Schwierigkeiten und hartnäckigen Widerstandes vermochten die Missionare L. I. Nommensen, den man den «Apostel der B.» nennt, und P. H. Johannsen etc. allmählich Boden zu gewinnen. Ihre Leistung ist um so höher zu bewerten, als es damals den Niederländern noch nicht gelungen war, die B. in ihre Kolonialverwaltung einzubeziehen. Wohl hatte der niederld. Orientalist H. Neubronner van der Tuuk durch langjährige intensive Sprachstudien den Boden bereitet. Aus den Reihen der Missionare kamen mit J. Warneck, dem Arzt J. Winkler etc. hervorragende Kenner und Erforscher der alten Kultur und Religion. Die heute unabhängige B.-Kirche zählte bei der Hundertjahrfeier 1961 ca. 740 000 Gläubige. Die Bekehrung der B. ist eines der bestgeglückten Unternehmen der neueren Missionsgeschichte. Das Christentum erweckte in den B. neue Energien; sie gehören ohne Zweifel zu den progressivsten Bevölkerungsteilen des modernen Indonesien – und das nicht nur gemessen an ihrer Bevölkerungszahl. Sie sind durchaus in der Lage, alle praktischen und theoretischen Probleme ihrer Kirche selbst zu erkennen und zu lösen. 1956 erschien von einem gebürtigen Toba-B. ein faszinierendes Werk über die alte Stammesreligion. Ph. L. Tobing wird im Gebrauch der Quellen, der Art seiner Feldforschung bei den «Heiden» in den abgelegenen Dörfern etc. hohen wiss. Ansprüchen gerecht. Damit ist bei den B. der seltene Idealfall eingetreten, daß ein Eingeborenenvolk die Erforschung seiner alten Kultur und Geschichte in die eigene Hand nimmt. Das vitale Volk der B. hat ohne Zweifel noch eine große Zukunft vor sich. Den B. verwandt sind die Gajo und Ala in Nordsumatra, die Ende des 17. Jh. von den ↓ Atjeh unterworfen wurden, den Islam übernahmen und sich in manchem den Atjeh anglichen (zusammen ca. 50 000).

Bedja (Bedscha, Budja, Beja, Bega etc.), Name der nomadisierenden Großviehzüchter (Kamel, Rind und Schaf) zwischen nubischem Nil und Rotem Meer, die sich in die Stämme Ababda, Bischarin (Besarin), Hadendoa, Halenga und Beni-Amer gliedern. Sie sind ↓ Kuschiten (Nordgruppe), doch haben nur die Bischarin und Hadendoa die angestammte Sprache bewahrt. Die Stämme im N haben diese zugunsten des Arabischen und die im S zugunsten des semitischen Tigre (↓ Semiten) aufgegeben. Die Tigre sind den B. kulturell eng verwandt und gleichfalls Hirtennomaden; sie zählen ca. 200 000 Menschen. Die Bevölkerungszahl der kuschitischen B. dürfte 250 000 übersteigen. Die Vorfahren der B. werden bereits um 2700 v. Chr. in altägypt. Quellen vermerkt; sie waren damals bereits Hirtennomaden, und damit sind sie die ältesten bisher nachgewiesenen Hirtennomaden in Afrika. Diese Wirtschaftsform haben sie wahrscheinlich von semitischen Völkern der Sinai-Halbinsel und Arabiens übernommen. Man identifiziert die B. auch mit den Blemyern, die lange Kriege mit der röm. Besatzung Ägyptens führten. Die B. sind mindestens seit 800 n. Chr. islamisiert.

Beduinen, Sammelname für die Hirtennomaden in den Steppen und Wüsten von

Dieser nordafrikanische Beduine trägt über dem Burnus den traditionellen Turban, eine Art Kopftuch, das durch zwei straff gewickelte, ringförmige Schals gehalten wird. Das Kleidungsstück schützt während der langen Ritte durch die Wüste vor Sonne, Wind und Sand.

SW-Asien und Nordafrika, die ethnisch zu den ↓ Arabern gehören, sich aber von der Stadt- und der seßhaften Landbevölkerung (Fellachen) bemerkenswert unterscheiden. Der Name B. leitet sich her von «Badw», was etwa Wüsten- und Steppenbewohner bedeutet; er dient nicht als Eigenbezeichnung. Die B. nennen sich einzig nach dem Namen ihres Stammes. Die B. sind vor allem Kamelzüchter, die als Vollnomaden mit ihren Herden in der Wüstensteppe von einem kärglichen Weideplatz zum anderen ziehen. Zur Zeit der größten Sommerhitze ziehen sie meist in die Zone zwischen Steppe und Kulturland und schlagen dort ihre großen schwarzen Zelte aus Ziegenhaar auf. Futter- und Wasserstellen, Sommerquartiere und auch Wanderwege sind durch Gewohnheitsrecht für die einzelnen Stämme festgelegt, bieten dennoch Grund zu dauernden Reibereien und Kriegen. Der Ertrag der Viehzucht reicht als Lebensgrundlage kaum aus, er muß durch andere Einkünfte ergänzt werden, sei es durch Kontrolle der Karawanenwege, durch «Protektion» bestimmter Oasen oder durch gelegentliche Raubzüge («ghazwa», aus dem sich das Wort «Razzia» gebildet hat), die wie bei den Raubrittern des Mittelalters einen festen Bestandteil des Wirtschaftslebens ausmachen. Daneben gibt es auch Halbnomaden, d. h. Stämme mit festem Wohnsitz am Rande der Steppe oder in kleineren Oasen, die ein wenig Ackerbau betreiben oder Dattelpalmen pflanzen und vorwiegend Schafe und Ziegen züchten. Entweder wandert nur ein Teil der Gruppe dauernd mit den Herden, oder die ganze in der Zeit, die Feldbestellung und Ernte übriglassen. Auch diese Halbnomaden sind B.; sie sind verarmt oder durch stärkere Stämme von den Weideplätzen in der Steppe verdrängt worden, haben ihre Sozialordnung aber behauptet. Sie sind minder geachtet und stehen häufig in Abhängigkeit vollnomadischer Stämme.

Die politisch-soziale Einheit ist der Stamm, der sich, infolge wirtschaftlicher Gegebenheiten, in Unter- und Zweigstämme gliedert. Die Stämme bauen sich nach einem genealogischen Prinzip auf, d. h. man rechnet nach der wirklichen oder fiktiven Abstammung von einem gemeinsamen Ahnherrn. So tragen sie auch vor ihrem Namen z. B. die Worte «Beni» (Söhne) oder «Ulad» (Nachkommen in der männlichen Linie). Die Genealogie ist dem einzelnen Stammesangehörigen meist bis ins letzte bekannt und umfaßt eine Unmenge von Namen. Es war immer schwierig, die B. in eine Staatsordnung zu zwingen. Größere Stammesverbände (z. B. die Schammar) haben mehr ideelle als praktische Bedeutung, doch gibt es staatsähnliche Zusammenschlüsse auf religiöser Basis, so z. B. der Orden der Senussi (Sanusi) in Nordafrika und ursprüngl. auch das Reich der Wahhabiten (Saudi-Arabien). Innerhalb des Stammes sind Großfamilie und Sippenverband die sozialen Einheiten. Die B. haben eine straffe soziale Hierarchie und gliedern sich oft in sechs und mehr kastenähnliche Gruppen, deren Ansehen auf Abstammung und Reichtum beruht. An der Spitze der Sozialordnung stehen die Stammeshäupter (Scheich oder Schech) mit ihren Familien; das Haupt eines großen Stammesverban-

B

des hat fast den Rang eines Fürsten oder Monarchen. Am Ende der Wertskala stehen die Abhängigen und Sklaven, deren Behandlung durchweg als gut geschildert wird. Unter den B. lebt die Pariakaste der Sleb (Sulaba), die als Jäger und Handwerker ihr Leben fristen und mit ihren Eseln durch Arabien nomadisieren. Der Charakter der B. wird meist auf eine schwärmerische Weise gepriesen (Freiheitsliebe, Gastfreundschaft, Tapferkeit etc.), manchmal auch sehr negativ beurteilt (Raublust, Verschlagenheit etc.). Die religiöse Bindung soll nicht sehr stark

Halbnomadische Beduinen haben feste Wohnsitze, die sie nur vorübergehend verlassen. Die Existenzgrundlage dieser Stämme ist der Besitz von Schaf- und Ziegenherden. Wir zeigen eine Gruppe; die Frauen (rechts) haben sich mit Nasenringen geschmückt.

B

sein. In ihrer reichen Poesie haben sich Erinnerungen an die vorislamische Zeit erhalten.

Die Entstehung der B. ist eng verknüpft mit der Domestikation des Kamels, die sich bisher nicht früher als für das 11.Jh. v. Chr. histor. nachweisen läßt. Halbnomadische Erscheinungen mit der jahreszeitlich bedingten Fluktuation von Schaf- und Ziegenherden (Transhumance) gehen dagegen bis ins Neolithikum zurück, vermutlich sind sie parallel zur Seßhaftwerdung und dem Beginn des Ackerbaus in SW-Asien (↓ Sumerer) entstanden. Das Entstehungszentrum der vollnomadischen B. scheint der syrisch-nordarab. Raum gewesen zu sein. Im Laufe des 1.Jt. v. Chr. dringen die B. nach S und SW vor, so daß von einer allmählichen «Beduinisierung» Arabiens gesprochen werden kann. Möglicherweise wurde dieser Vorgang durch Klimaverschlechterung (Austrocknung) und Versteppung der fraglichen Gebiete gefördert; andererseits bringt die Ausbreitung vollnomadischer Viehzüchter, wie sich an vielen Beispielen aus allen Teilen der Erde zeigen läßt, eine Deterioration der Landschaft mit sich, so daß zwangsläufig immer mehr seßhafte oder halbnomadische Gruppen B. werden mußten. Die Vorgänge sind ungemein kompliziert und bei weitem noch nicht ausreichend erforscht, doch wurden gerade um die Mitte des 20.Jh. zu diesen Fragen wichtige Erkenntnisse gewonnen.

Die B. gliedern sich in eine Vielzahl von Stämmen und Stammesverbänden; bekannte Namen sind die Schammar, Aneze, Tamin, Hanifa, Beni Chaled, Kelb (Kalb), Fadl u.a., doch lassen die verwickelten genealogischen Beziehungen oft keine klare Scheidung zu. Die Ausbreitung des Islam wurde vorwiegend von der Stadtbevölkerung getragen (auch der Prophet war Städter), doch stellten die B. wohl die Masse der Heeresverbände. Die folgenschwerste eigenständige Expansion der B. ging von den Stämmen Beni Hilal und Beni Sulaim aus. Aus Zentral-Arabien waren sie schon relativ früh nach Ägypten gelangt und stießen von dort etwa 1050 n. Chr. nach Tripolitanien und Tunesien vor. Sie verwandelten das blühende Kulturland in eine Steppe. Mit der sog. «hilalischen Expansion» begann ein kultureller Niedergang für ganz NW-Afrika. Auf die beiden Stämme gehen die meisten B. in Nordafrika zurück; die bedeutendsten sind die Chaamba, Uled Nail und Hamama. Manche Stämme in der NW-Sahara sind stark mit ↓ Berbern vermischt (↓ Mauren). Die B. im Sudan, die starke Blutsmischung mit ↓ Negriden aufweisen, werden ↓ Baggara genannt. Von den Völkern, die von den B. in ihrer Wirtschafts- und Lebensweise stark beeinflußt worden sind, müssen für Afrika besonders die ↓ Tuareg, ↓ Teda und ↓ Bedja genannt werden.

Belutschen, ein Volk der ↓ Iranier (ca. 1 Mill.) in Baluchistan (Pakistan) und Südiran, kleine Gruppen in der Prov. Sistan und in Turkmenistan (UdSSR), dessen Idiom viele altertümliche Züge aufweist und wohl an die mitteliran. Sprachen anzuschließen ist. Die B. lebten früher im Raum der Provinzen Kerman und Seistan, wurden aber von den Seldschuken (↓ Turk-Völker) und von den ↓ Mongolen in ihre heutigen Gebiete gedrängt. Sie sind dort nie zu staatlicher Organisation gelangt, die zahlreichen Stämme blieben im wesentlichen autonom; die Kämpfe zwischen ihnen waren sehr häufig. Die B. sind Hirtennomaden; sie treiben im Sommer ihr Vieh hoch in die Berge und halten sich im Winter in den Tälern auf (Transhumance). Der Ackerbau spielt keine nennenswerte Rolle. Sie sind islam. Sunniten, doch haben sich bemerkenswert viele Elemente der vorislamischen Religion erhalten. In Baluchistan leben auch die Brahui, eine völlig isolierte, relativ große Gruppe der ↓ Dravida. Sie teilen ungefähr das Gebiet der B., was wohl der Grund für den bedeutenden Dialektunterschied innerhalb der Sprache der B. ist.

Bemba (Wemba, Bawemba), bedeutender Stamm (ca. 150000) der ↓ Bantu-Neger (Mittel-Bantu) im nordöstlichen Zambia. Zusammen mit den verwandten Lamba (Balamba), Ushi (Aushi, Baoussi), Bisa (Bawisa), Lala (Balala) und einigen kleineren Stämmen bilden sie eine große

Stammesgruppe, die den Raum zwischen den ↓ Luba- und ↓ Nyassa-Völkern einnimmt. Der Ackerbau steht im Vordergrund der Wirtschaft (Hackbau). Die B. haben eine gewisse staatliche Organisation; die Herrenschicht stammt durchweg von Luba- und ↓ Lunda-Leuten ab.

Benin, das bekannteste und wohl auch bemerkenswerteste aller Staatswesen der ↓ Sudan-Neger, dessen Zentrum das heutige Benin City westl. des unteren Niger war. Möglicherweise schon im 12. Jh. gegründet, konnte es sich bis 1897 behaupten, in gewissem Sinne besteht es innerhalb der Republik Nigeria heute noch. Träger des Staates waren die (über 200000) Edo (Bini). Sie bilden mit den nahe verwandten (ca. 200000) Ishan (Esa) und den (ca. 190000) Kukuruku, beide westl. des Nigers ober- und unterhalb von Idah, sowie den (fast 450000) Sobo mit den Urhobo, Isoko und kleineren Stämmen westl. der Nigermündung linguistisch einen Zweig (Edo oder Ed sprechende Völker) der großen Familie der ↓ Kwa-Sprachen. Die den Edo vorgelagerte Küstenzone westl. des Niger-Deltas wird von den (ca. 35000) Itseriki (Jekri, Owerri) eingenommen, einer Fischerbevölkerung, die sprachlich zu den ↓ Yoruba gehört.
Über die Ausdehnung des B.-Reiches liegen keine sicheren Nachrichten vor, doch vermochte es anscheinend nie, seine Herrschaft über alle diese genannten Völker auszudehnen. Nach der Tradition stammt die Dynastie, die bis heute das Amt des Oba (König) innehat, aus Ife (Yoruba): Der Herrscher von Ife galt für B. immer als das geistig-religiöse Oberhaupt. Auch Stil und Technik der frühen B.-Kunst zeigen deutlich Einflüsse aus Ife. Berühmt wurden die Porträtköpfe, reliefartige Platten u.a., die in vollendeter Bronzegußtechnik in verlorener Form (à cire perdue) gefertigt wurden. Nicht minder hervorragend waren die Elfenbein- und Holzschnitzereien. Die B.-Kunst erreichte im 15.–16. Jh. ihren Höhepunkt. Ab 1472 beginnt der Kontakt und der Handel mit den Portugiesen, ein Ereignis, das sich in zahlreichen Europäerdarstellungen auf den Bronzeplatten widerspiegelt. Der Herrscher hatte absolute Macht und führte einen prächtigen Hofstaat, wie es sich aus den künstlerischen Darstellungen und zeitgenössischen Schilderungen erkennen läßt. Doch gab es neben der hochgezüchteten Kunst und der höfischen und städtischen Zivilisation viele dunkle und grausame Züge, so die große Zahl der Menschenopfer bei Bestattungen und Gedenkfeiern für verstorbene Herrscher. Seit dem Beginn des 18. Jh. verfiel die Kultur, die Kunstwerke wurden zunehmend konventioneller und gröber.
1897 wurden die Mitglieder einer brit. Handelsmission ermordet. Im Verlaufe einer Strafexpedition wurde die Stadt Benin erobert. In den königl. Lagerhäusern fand man Unmengen von Kunstwerken aus vielen Jahrhunderten. Ihre Bedeutung und ihr Zweck waren längst vergessen, heute sind sie der Stolz vieler Museen und Sammlungen. Die alte Dynastie von B. wurde 1914 in beschränktem Umfang unter brit. Oberhoheit wieder in ihre Funktionen eingesetzt.

Beothuk, ein kleiner Stamm der ↓ Nordamerikanischen Indianer (1600: ca. 500), der im Gebiet des Exploits River im nördl. Neufundland lebte. Die B. wurden erstmals von dem brit. Seefahrer John Cabot 1497 entdeckt, er beschreibt sie als «redpainted». Sie hatten die eigenartige Sitte, den ganzen Körper und auch ihren geringen materiellen Besitz mit Ocker zu bemalen. Es ist durchaus möglich, daß die Bezeichnung «Rothäute» für Indianer bei den B. ihren Ausgang nahm, doch waren sie nicht der einzige Stamm, der eine solche Bemalung hatte. Durch Kämpfe mit dem ↓ Algonkin-Stamm der Micmac und durch die von Weißen eingeschleppten Krankheiten wurden die B. rasch dezimiert. Man gründete 1810 eine Hilfs-

▷
Dieses Bronzerelief, das 1897 in Benin entdeckt wurde, stellt einen portugiesischen Soldaten zu Beginn des 16. Jh. dar. Die Details der Arbeit ermöglichen Datierung und Identifikation.

B

organisation für die B., doch war es bereits zu spät, 1827 konnte kein Überlebender des Stammes mehr gefunden werden. – Die B. repräsentierten ein altertümliches Element unter den Indianern, das sich in der Randlage Neufundlands behaupten konnte. Man betrachtet ihr Idiom als eigene Spracheinheit, stellt es häufig in die Nähe des Algonkin, doch reichen die Sprachunterlagen für eine genauere Klassifizierung nicht aus.

Beraber, große Stammesgruppe der ↓ Berber im Gebiet des Mittleren Atlas von Zentral-Marokko. Der Name stammt aus dem Arabischen, leitet sich jedoch vermutlich vom latein. «barbarus» ab und war Vorbild für das Wort «Berber» in den europ. Sprachen. Die etwa 450000 B. bilden sprachlich keine geschlossene Gruppe; einige Dialekte tendieren zur Gruppe der ↓ Rifkabylen, andere zu der der ↓ Schlöch. Sie unterscheiden sich von beiden Gruppen durch das Überwiegen der Viehzucht (Transhumance), doch gibt es noch völlig seßhafte Ackerbauern. Zu den B. wird die Gruppe der Atta (Ait Atta) gerechnet (ca. 50000). Eine Zwischenstellung zu den Rifkabylen nehmen die Warain (Beni Ouarain), Zekara (Sekkara), Beni Snassem und Beni Snous (Snous leben auch auf algerischem Gebiet) ein. In ihnen sieht man direkte Nachkommen des alten, von Ibn Khaldun genannten Stammes der Senata.

Berber, Sammelname für einen Bevölkerungsteil des nördl. Afrika, der bis zu der im 7.Jh. beginnenden arab. Invasion als geschlossener Block das Gebiet von Marokko (einschl. Kanar. Inseln) bis zu den Grenzen Ägyptens einnahm, heute aber in viele kleinere und größere Einheiten zersprengt ist. Die nordafrikan. Bevölkerung von angeblich arabischer Herkunft stammt ohne Zweifel größtenteils von den alteingesessenen B. ab. Häufig finden sich zudem ethnische Übergangserscheinungen und Zweisprachigkeit, und manchmal ist es ungemein schwierig, die eine oder andere Gruppe einem der beiden Bevölkerungsteile zuzuweisen. Man spricht auch oft von «Arabo-B.» bzw. von «Berberophonen», d.h. B. mit ihrer angestammten Sprache, und «Arabophonen», d.h. B. mit arab. Sprache. Für die folgende Aufzählung der heutigen B.-Gruppen ist einzig das linguistische Kriterium entscheidend. Die B.-Sprachen sind überaus eng verwandt. Sie sind im Grunde nur Dialekte des gleichen Idioms das als eigenständiger Zweig den großen ↓ Afro-Asiatischen Sprachen angehört. Die ↓ Tuareg und die ↓ Guanchen, Urbevölkerung der Kanarischen Inseln, heben sich als geschlossene ethnisch-kulturelle Einheit von den übrigen B. ab, die man am besten zunächst nach der staatlichen Zugehörigkeit einteilt. In Marokko haben sich die B. mit ca. 45% Bevölkerungsanteil am besten erhalten. Man unterscheidet die Rifkabylen (Rif) im N, die ↓ Beraber im Zentrum, die ↓ Schlöch (Shluh) im Zentrum und SW des Landes, die Filala der Oasengruppe des Tafilalt und die Uregu (Ait Oureggou) am Moulouya-Fluß im E Marokkos. In Algerien gliedert man in die ↓ Kabylen, die Menasser (Beni Menasser) im Gebiet von Cherchell an der Küste, die Shawia (Chaouia) im Djebel Aurès, die Mzab (Mozabiten) der Oasengruppe um Ghardaia, die Wargla (Ouargla) der gleichnamigen Oase, die Figuig (Figig) der Oasen des Zousfana-Flusses an der algerisch-marokkanischen Grenze und die Tuat (Touat) der Oasen Touat, Gourara und Tidikelt. Die Mzab und Wargala gehören der fanatisch islam. Sekte der Ibaditen an, die zwar auf die schon im 7.Jh. entstandene Sekte der Charidschije zurückgeht, sich jedoch in Nordafrika mit dem Selbstbehauptungswillen der B. gegen das Arabertum verband. In Tunesien leben nur relativ unbedeutende B.-Gruppen, und zwar die Matmata ganz im S des Landes und die Djerba (Jerba) auf der gleichnamigen Insel, die ebenfalls Anhänger der schismatischen Ibaditen-Sekte sind. Im Grenzgebiet zwischen Tunis und Tripolitanien leben die Nefusa (Nefousi), die z. T. gleichfalls Ibaditen sind. In Libyen und Ägypten werden die Bewohner der Oasen Ghadames, Sokna, Tmessa, Kufra, Aujila, Jaghbub (Giarabub) und Siwa ganz oder überwiegend zu den B. gerechnet. In

Ein Berber-Dorf im Hohen Atlas. Bauform und Anlage der festungsartigen Siedlungen haben sich seit der Römerzeit kaum verändert.

B

Berber vor ihrer Wohnhöhle in Marokko: Manche Stämme, speziell im gebirgigen Süden, haben archaische Wohnformen beibehalten. Sie leben in Felshöhlen, die jedoch, im Gegensatz zu prähistorischen Höhlen, häufig künstlich geschaffen wurden.

Mauretanien lebt im Gebiet östl. des Senegal der stark arabisierte Stamm der Zenega, der aber mit den Idauisch (Duaish) eine rein berberisch sprechende Gruppe einschließt. Die Bevölkerungszahl der B. wird insgesamt auf ca. 6–7 Mill. geschätzt; sie bekennen sich fast ausnahmslos zum Islam.

Der nordafrikan. Raum scheint seit dem Oberen Paläolithikum von Menschen europider Rasse eingenommen worden zu sein, deren Typus sich in den heutigen B. gut erhalten hat; man findet sogar hin und wieder blonde und blauäugige Menschen. Somatische und sprachliche Beziehungen weisen nach NE-Afrika (↓ Hamiten, ↓ Kuschiten), doch ist die Entwicklung zumeist seit dem Aufkommen der altägypt. Zivilisation völlig eigene Wege gegangen; bestimmte kulturelle Übereinstimmungen beider Zonen beruhen wahrscheinlich auf gemeinsamer Beeinflussung von Ägypten her.

Aus dem Nilgebiet übernahmen die B. in der mesolith. Periode des Capsien etwa um 4000 v. Chr. den Ackerbau und die Haustierhaltung, und es begann die neolith. Phase der Kultur. Aus der gleichen Quelle kam im 2. Jt. v. Chr. auch die Kenntnis der Metallurgie. Schon vor 3000 v. Chr. werden in ägypt. Berichten Kriege mit den westwärts lebenden ↓ Libyern

B

gemeldet, die damit das älteste histor. bekannte B.-Volk sind.

Von besonderer Bedeutung sind die sog. «Libyschen Inschriften», die allerdings wesentlich später (frühestens 200 v.Chr.) zu datieren sind. Sie gelten als die ältesten Schriftdenkmäler einer B.-Sprache; Vorbild war die phönizische Schrift. Die Zeichen haben z. T. eine überraschende Ähnlichkeit mit der heutigen Tuareg-Schrift.

Auf B.-Gruppen beziehen sich vermutlich die in antiken Quellen genanten Numidier, Garamanten, Gätuler und Nasomonen. Der Name «Libyer» wurde zu dieser Zeit unterschiedslos auf alle nordafrikan. Völker westl. Ägyptens angewandt. Ein anderer antiker Sammelname «Maxyes» (Mazikes) wurzelt wahrscheinlich in der weitverbreiteten Eigenbezeichnung Imazighen (sing. Amazigh) oder ähnlich (↓ Tuareg). Der Name «B.» hingegen wurde in die europ. Sprachen aus dem Arab. übernommen, stammt aber ursprünglich vom latein. «barbarus» und wurde wahrscheinlich von den Arabern im gleichen Sinne gebraucht. Die Kultur der B. wird primär vom Islam und vom Einfluß der Araber bestimmt, doch zeigt sie manche eigenständige Züge. Einige soziale und polit. Verhaltensweisen, die festungsartigen Siedlungen, aber auch die Wirtschaftsweise unterscheiden die freiheitsliebenden und ungemein kriegerischen B. von der arab. oder der arabisierten Bevölkerung. Die Wirtschaft beruht auf einem ausgewogenen Verhältnis zwischen Ackerbau und Viehzucht; welches Moment vorherrschend ist, bestimmt der jeweilige Landschaftsraum. Ausgesprochener Nomadismus ist indessen selten; die meisten Gruppen mit überwiegender Viehzucht bevorzugen die jahreszeitlich bedingte Transhumance und haben feste Siedlungen, wo der größere Teil der Gruppe lebt und den Boden bestellt.

Bergdama, Negervolk in den Bergen des zentralen und nördl. Südwestafrika. Die B. sind von rätselhafter Herkunft und spiegeln die komplizierten ethnischen und kulturellen Verhältnisse ihres weiteren Siedlungsraums wider. Rassisch stellen sie ein altertümliches Element der ↓ Negriden dar, das somatisch vorwiegend den ↓ Bantu-Negern gleicht. Ihr eigenes Idiom haben sie zugunsten einer ↓ Hottentotten-Sprache aufgegeben. Ihre Kultur ist ein Konglomerat verschiedenartiger Einflüsse ihrer Nachbarn. Früher glichen sie in ihrer Jagd- und Sammelwirtschaft am meisten den ↓ Buschmännern. Nur wenige der weit über 25000 zählenden B. sind heute noch reine Wildbeuter; durch Mission und Kolonialverwaltung wurden sie seßhaft, übernahmen die Ziegenzucht und z. T. auch den Ackerbau.

Blackfeet (Schwarzfuß-Indianer, Siksika), ein großer Stamm aus der Sprach- und Völkerfamilie der ↓ Algonkin, der auf der Höhe seiner Macht die Plains zwischen dem nördl. Saskatchewan und dem oberen Missouri (Montana) einnahm. Die B. waren nomadisierende Reiterkrieger und Büffeljäger und gehören zu den typischen ↓ Prärie-Indianern Nordamerikas. Die Entstehung des Namens ist nicht ganz geklärt; er bezieht sich auf die Farbe der Mokassins, die entweder durch die Asche des Präriefeuers oder durch Farbe schwarz gefärbt waren. Sie waren nicht die einzigen Träger dieses Namens, so nannte man z.B. auch einen Unterstamm der Teton (↓ Dakota) Blackfoot (nicht -feet). Sie gliederten sich in drei Abteilungen: die Siksika oder B. im engeren Sinne saßen im N, die Kainah oder Bloods im Zentrum und im S die Piegan. Verbunden oder abhängig waren im N die Sarsi oder Sarcee am oberen Saskatchewan, die zu den ↓ Athapasken gehören, und die Plains Cree sowie im S die Atsina oder Gros Ventres des Plaines (Montana). Die letzteren dürfen nicht mit den Gros Ventres de la Rivière oder ↓ Hidatsa verwechselt werden. Man schätzt die B. für 1780 auf ca. 15.000, für die Mitte des 19.Jh. auf ca. 7000; sie hatten in der Zwischenzeit durch Pockenepidemien starke Verluste. Sie bewohnten ein Gebiet, das mindestens doppelt so groß war wie die Bundesrepublik Deutschland. 1950 gab es in der Reservation von Montana ca. 10000 B., die Zahl der B. in Kanada wird nicht wesentlich geringer sein.

Bodo (Katschari), Volk in Zentral-Assam, spricht eine der ↓ Tibeto-Burmanischen Sprachen. Ihnen nahe verwandt sind die Metsch, Kotsch, Tippera, Rabha, Lalung, Moran, Dimasa, Tschutija und Garo, die mit den B. meist unter dem Begriff «B.-Völker» in der Literatur zusammengefaßt werden. Sie bewohnten früher fast das gesamte Tal des Brahmaputra und andere Teile Assams und hatten ihr Siedlungsgebiet bis ins östl. Bengalen vorgeschoben. Die B. gründeten zu Beginn des 13.Jh. n.Chr. in Zentral-Assam ein starkes hinduistisches Reich, das aber schon Ende des 13.Jh. vordringenden indischen Völkerschaften, vor allem aber dem aus Burma eindringenden ↓ Thai-Volk der Ahom zum Opfer fiel. Die B.-Völker wurden in dieser Zeit in mehrere isoliert lebende Gruppen zersprengt und große Teile von der indischen Bevölkerung assimiliert; auch die Ahom leben heute nur als eine hinduistische Kaste. Selbst die noch existierenden B.-Völker sind stark von der indischen Kultur beeinflußt. Nur die Garo in den sog. Garo Hills südöstl. des Knies des Brahmaputra haben sich einigermaßen behaupten können. Sie leben als einfache Bergbauern und haben viele Züge ihrer angestammten Kultur und Religion bewahrt.

Bororo, Indianervolk im südl. Mato Grosso nördl. der Grenze gegen Paraguay, das mit dem Stamm der Otuké in Ostbolivien eine eigenständige Sprachfamilie bildet. Die B. gliedern sich in mehrere Untergruppen und Stämme. Einer der ersten, der eine der B.-Gruppen besuchte und erforschte, war der deutsche Ethnologe Karl v. den Steinen (1888). Die B. sind typische Vertreter der sog. marginalen Stämme der ↓ Südamerikanischen Indianer (Karte). Sie sind Wildbeuter. Den extensiven Ackerbau, den einige Gruppen betreiben, scheint man erst nach dem Kontakt mit den Europäern übernommen zu haben, doch sind die Jagd und das Sammeln von Vegetabilien Grundlage der Wirtschaft. Die B. unterscheiden sich somatisch deutlich von ihren Nachbarn; die Männer sind untersetzt und kräftig gebaut, die Backenknochen treten stark hervor. Genauere Unterlagen über die Bevölkerungszahl fehlen. Südl. der B. am Paraguay und an einigen Nebenflüssen sitzen die Guató, um deren Erforschung sich der deutsche Ethnologe Max Schmidt auf mehreren Expeditionen in den letzten Jahrzehnten verdient gemacht hat. Die Guató sind Wildbeuter. Der Fischfang spielt die größte Rolle, und sie verbringen die meiste Zeit ihres Lebens in Booten. Das Idiom bildet eine isolierte und eigenständige Spracheinheit.

Botokuden (Borun, Aimboré, Aimoré etc.), Indianervolk in den küstennahen Gebirgen (Serra dos Aimorés) der brasilian. Staaten Bahia, Espírito Santo und Minas Gerais, das früher sprachlich zu den ↓ Ge gerechnet wurde, dessen Sprache heute aber als selbständige Spracheinheit betrachtet wird. Die B. trugen große, runde Lippen- und Ohrenpflöcke, ansonsten hatten sie kaum Schmuck und gingen völlig nackt. Ihr Name leitet sich von dem portug. Wort botoque (Faßspund) her.
Der Stamm wurde frühzeitig bekannt, und sein Name galt bald als Schlagwort für Primitivität und Wildheit. Vieles an den Berichten über die B. ist übertrieben und wurde von den Kolonisten verbreitet, die an der Vernichtung der B. interessiert waren. Um die Mitte des 19.Jh. gab es noch mehrere tausend B., dann wurden sie rücksichtslos gejagt, heute gibt es nur noch wenige direkte Nachkommen. Die B. bestritten ihren Lebensunterhalt vor allem durch die Jagd, etwas Fischfang und das Sammeln von Vegetabilien, Insektenlarven und Honig. Zu Beginn des 19.Jh. haben einige Gruppen einen extensiven Bodenbau übernommen. Bootsbau, Flechten, Töpfern etc. war ihnen unbekannt. Von den unmittelbar an der Küste lebenden ↓ Tupinamba erwarben sie aber Gefäße u.a. Kulturgut. Anschauliche Szenen aus ihrem Leben liefern die Bilder im Reisewerk des Prinzen zu Wied. Von der Religion und den Mythen der B. ist einiges bekannt. So hatten sie den Glauben, der Mond würde auf die Erde stürzen und alle Menschen töten. Häufig wird ihnen Kannibalismus nachgesagt,

doch ist dies nicht bewiesen. Sie lebten im Verband der erweiterten Familie von 50 bis 200 Individuen. Der Häuptling einer solchen Horde qualifizierte sich durch seine natürliche und übernatürliche Kraft. Die häufigen Konflikte zwischen den Banden wurden zumeist durch eigenartige Duelle zwischen den Hauptbeteiligten beigelegt: die Gegner schlugen sich wechselseitig mit einem derben Stock auf den Kopf, gleichzeitig verprügelten sich ihre Frauen. Solch ein Duell zeigt ein prachtvolles Bild des Prinzen zu Wied, auf dem auch eine typische, aus Gras und Zweigen gefertigte Rundhütte der B. zu sehen ist. – Zwischen den B. und den Tupinamba der Küste (Espírito Santo) saßen die wohl sprachl. verwandten Guaitacá, die im 16.Jh. wegen ihrer Kämpfe mit den Portugiesen häufig genannt werden. Südl. der B. lebten die Puri und Coroado (Grenzzone zwischen Rio de Janeiro und Minas

Der Naturforscher Maximilian Prinz zu Wied hielt sich 1815–1817 in Brasilien auf. Sein bebilderter Reisebericht («Reise nach Brasilien in den Jahren 1815–1817», 2 Bde, 1819 bis 1822) zeigt diese Botokuden-Familie, die einen Fluß überquert.

B

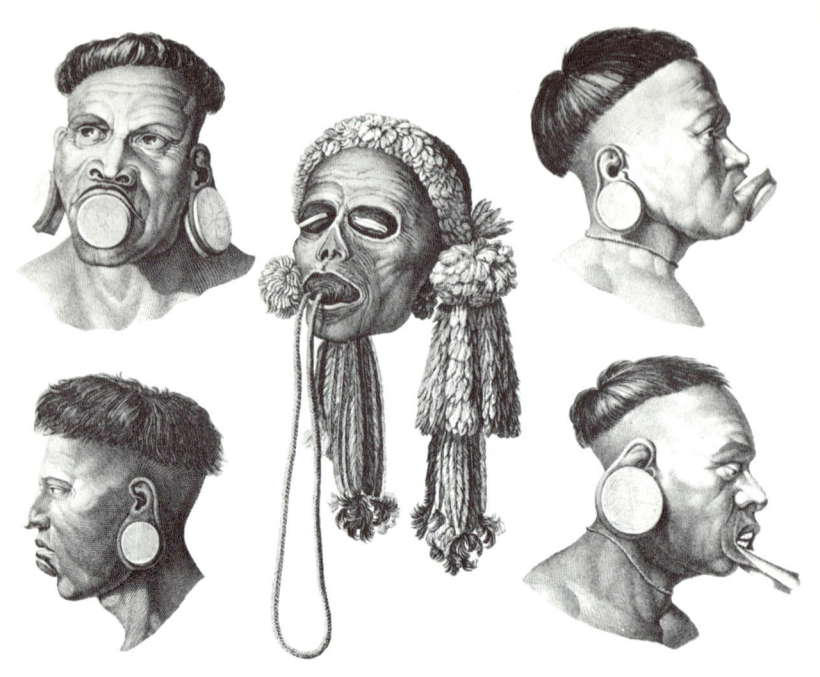

Zeichnung aus dem Reisebericht des Prinzen zu Wied: Botokuden mit Lippen- und Ohrenpflöcken. In der Mitte als Kriegstrophäe ein geschmückter Schrumpfkopf. Die vom Schädel gelöste Haut wurde mit heißen Steinen, Sand, Wasser und Pflanzensäften behandelt.

Gerais), die eine selbständige Spracheinheit bildeten. Diese Stämme waren recht primitive Wildbeuter. Die nördl. der B. sitzenden Mashakalí, Patashó, Malalí und Camacan (küstennahes Bergland des südl. Bahia) sollen dagegen Ackerbau betrieben haben; sie bilden jeweils eigene Sprachfamilien und haben viele Unterstämme. Die genannten Gruppen sind ausgestorben oder in der Mestizen-Bevölkerung aufgegangen.

Die B. und ihre Nachbarn gehören zu den marginalen Stämmen der ↓ Südamerikanischen Indianer (Karte). Ihr Lebensraum wurde von den progressiveren Tupinamba eingeengt. Diese prägten für die B. und ihre Nachbarn den Sammelnamen «Tapuya», der soviel wie Westleute oder Feinde bedeutete.

Buginesen (Bugi), ein Volk der ↓ Indonesier, das mit den nahe verwandten Makassaren, deren Brauchtum nur geringfügig abweicht, den ganzen SW-Teil von Celebes einnimmt; ihre Gesamtzahl beträgt über 2,5 Mill. Die B. und die Makassaren gehören zum sog. jungindones. Bevölkerungssubstrat des Malaiischen Archipels. Sie bekennen sich seit Anfang des 17. Jh. zum Islam. In ihrem Bereich gab es mehrere kleine Fürstentümer mit Adel und Lehnswesen, deren Entstehung auf hindujavanische Kolonisation (↓ Javanen) zurückgeht. Landwirtschaft und Schiffahrt sind die Grundlagen ihrer Wirtschaft. Seereisen brachten die B. bis nach NE-Australien, wodurch indones. Kulturgut zu den ↓ Australiern getragen wurde. Sie haben sich auch an der Ostküste von Borneo und

B

anderen Plätzen des Archipels niedergelassen. Die alte Schrift beider Völker geht auf die Tagala-Schrift der ↓ Philippinos zurück, die ihrerseits im 8.Jh. n.Chr. aus Bengalen eingeführt worden sein soll; vor allem bei den B. entstand eine ausgedehnte Literatur.

Bukidnon, ein Stamm in Zentral-Mindanao (Philippinen), der kulturell zum sog. altindones. Bevölkerungssubstrat des Malaiischen Archipels (↓ Indonesier) gehört. Den B. (1939: 40539) eng verwandt sind die Manobo (73115), Mangguangan (1792), Mandaya (ca. 1000?) und Ata (7906), alle im zentralen und nordöstl. Mindanao, sowie die Bagobo (2237), Tiruray (15919), Bilaan (50666), Kulaman (ca. 200) und Tagakaolo (20252) im S und die Subanum (72970) im W der Insel. Die B. und ihre Verwandten unterscheiden sich von den christl. ↓ Philippinos und von den islam. ↓ Moros vor allem durch die Behauptung ihrer Stammesreligion, wenn auch seit längerem Missionare in ihrem Gebiet arbeiten.

Grundlage der Wirtschaft ist der Reisanbau auf Brandrodungsfeldern. Die wichtigste politisch-soziale Einheit ist das Dorf. Ganz im N von Mindanao hat sich eine kleine Gruppe der ↓ Negritos bis in unsere Zeit halten können; diese Mamanua zählten 1939 noch 614 Individuen. Ein negritider Rasseneinschlag ist bei allen Stämmen (vor allem bei den Ata) festzustellen, doch überwiegt der palämongolide Rassentyp. Mannigfache kulturelle Beziehungen zu anderen Bevölkerungsteilen des Malaiischen Archipels lassen sich feststellen. Überraschend sind die Übereinstimmungen mit der ostindones. Inselwelt, doch besteht vom Golf von Davao über die Molukken-See eine recht gute Seeverbindung zu diesen Gebieten, so daß man mit einem alten Wanderweg der Kulturen und Völker rechnen kann.

Bulgaren, Volk in SE-Europa. Es kann seine Tradition auf Stämme von Hirtennomaden und Reiterkriegern zurückführen, die mit den ↓ Hunnen in den Raum nördl. des Schwarzen Meeres gekommen sein müssen. Nach dem Ende des Hunnenreiches lebte hier eine ethnisch nicht näher bestimmbare Mischbevölkerung, deren Stämme (Onoguren, Oguren, Hunnuguren, Sadaguren etc.) z.T. von Byzanz zu Kriegsdiensten gegen Persien angeworben wurden. Ende des 5.Jh. werden die B. histor. faßbar; sie gründen ein Staatswesen nördl. des Kuban, dessen Macht zeitweilig bis zur Donau reichte. Sie müssen nach den spärlichen Sprachresten zu den ↓ Turk-Völkern gerechnet werden, und zwar zu dem älteren Sprachzweig der Lir-Türken. Die Herrschaft der B. wurde anscheinend von dem Durchzug der Awaren nicht betroffen, doch zerbrach sie Mitte des 7.Jh. unter dem Druck der verwandten Chasaren. Die B. wurden versprengt, nur ein kleiner Teil (Schwarze B.) hielt sich am Kuban bis zum 10.Jh. und wurde dann von anderen Völkern assimiliert. Der größte Teil der B. zog in den Raum des heutigen Bulgarien und gründete unter den kurz zuvor eingewanderten ↓ Slawen-Stämmen einen Staat (678 n.Chr.). Sie wurden in relativ kurzer Zeit von den zahlenmäßig stärkeren Slawen völlig assimiliert. Durch die Herrschaft der B. wuchsen die Stämme zu einem slaw. Volk zusammen, das sich trotz aller Bedrängnisse bis heute behaupten konnte (Bulgarien).

865 traten diese Balkan-B. zum orthodoxen Christentum über und erlangten schon nach wenigen Jahrzehnten die Unabhängigkeit ihrer Kirche (Autokephalie). 1393 kamen sie unter die Herrschaft der osman. Türken und erlangten erst 1878 nach dem russ.-türk. Krieg mit russ. Unterstützung (Friede von S.Stefano) ihre Unabhängigkeit zurück.

Ein anderer Teil der B. zog Mitte des 7.Jh. die Wolga aufwärts und gründete an dem Mündungsgebiet der Kama unter den dort lebenden ↓ Finno-Ugriern ein Reich. Zunächst standen die Wolga-B. noch unter der Oberhoheit der Chasaren, 965 erlangten sie aber völlige Unabhängigkeit. Schon im 8.Jh. müssen sie sich zum Islam bekehrt haben; das Wolga-Reich der B. war damit das nördlichste islam. Staat. Nach den Berichten arab. Reisender muß der Hirtennomadismus die Grundlage ihrer Wirtschaft geblieben sein. Doch hatten sie auch einen ausgedehnten Handel und ein

B

hochstehendes Handwerkertum. Ihr kultureller Einfluß auf die slaw. und finno-ugrischen Völker Osteuropas war groß. Man nimmt an, daß das Idiom der ↓Tschuwaschen auf ihre Sprache zurückgeht. Trotz heftigen Widerstandes wurde das Wolga-Reich 1237 von den ↓Mongolen erobert, die Hauptstadt «Bulgar» völlig zerstört. Die B. müssen aber auch innerhalb der «Goldenen Horde» noch eine große Rolle gespielt haben. Die Hauptstadt wurde nach kurzer Zeit wieder aufgebaut, verlor dann aber ihre Bedeutung an das neu gegründete Kasan (auch Neu-Bulgar genannt). Der Name B. blieb bis in das 19. Jh. die Selbstbezeichnung der ↓Kasan-Tataren.
Im heutigen Bulgarien stellen die B. ca. 88% der Bevölkerung (1961 auf 7,87 Mill. geschätzt); einschließlich der Minderheiten in den Nachbarländern dürfte die Zahl der B. ca. 7,5 Mill. betragen. Die kleine Gruppe der seit dem 17. Jh. islamisierten B. werden Pomaken (in Bulgarien 1950 ca. 100000) genannt; sie leben verstreut in Südbulgarien und Südjugoslawien. Den B. verwandt sind die slawisch sprechenden Makedonen in SW-Bulgarien und dem jugoslawischen Bundesstaat Makedonien.

Buren (Boeren), der «Afrikaans»-sprachige Teil der weißen Bevölkerung Südafrikas, der aus den drei Hauptelementen der mit der Landung Jan van Riebeecks 1652 einsetzenden Einwanderung am Kap allmählich zu einer neuen sprachlichen und kulturellen Einheit zusammenwuchs: vorwiegend Niederländer, zu etwa ein Drittel Deutsche (aus allen Teilen Deutschlands) und zum kleineren, aber dennoch sehr bedeutungsvollen Teil auch französische Hugenotten (1688). Die zweite Hälfte des 17. und das 18. Jh. können als die Zeit der Volkwerdung der mehr und mehr im Gebiet des Kaplandes sich ausbreitenden B. bezeichnet werden. Hier entwickelte sich auch das trotz der Verwandtschaft zum Niederländischen doch starke Unterschiede aufweisende «Afrikaans» als neue Sprache. Paarl in der Kapprovinz war vor allem das Zentrum der afrikaansen Sprachbewegung, die zunächst zur Bibel-Übersetzung, heute aber auch zu einer bedeutenden Dichtkunst, Literatur und Presse führte. Neben diesem burischen Element tritt erst seit der brit. Okkupation des Kaplandes (1806) in stärkerem Maße auch die brit. Einwanderung in Südafrika in Erscheinung (z. B. «1820-settlers»). Für deren schnelle Zunahme wird auch die Gründung der Natal-Kolonie und dann in besonderem Maße die Erschließung der Diamanten-(Kimberley) und Gold-Felder (Johannesburg) von Bedeutung.
Schon vorher hatten zwar die «großen Trecks» (1836–38) zu einer Schwächung des burischen Bevölkerungsanteils in der brit. gewordenen Cape Colony geführt, zugleich aber durch die Gründung und allmähliche Festigung der B.-Republiken (Oranje-Freistaat und Transvaalische Republik) eine bedeutende Ausweitung des «burischen» Lebensbereiches und seine feste Verankerung auf dem Binnenhochland Südafrikas bewirkt. Trotz des unter dieser Rivalität und dem Hoheitsanspruch Großbritanniens über die burischen Freistaaten entstandenen brit.-burischen Krieges (Burenkrieg) 1899–1902 nahm der burische Einfluß in der 1910 dann begründeten «Union von Südafrika» schnell wieder zu. In der 1961 unabhängig gewordenen «Republik von Südafrika» steht heute unter den weißen Südafrikanern das Burentum an erster Stelle, wie z. B. aus der «home language»-Erhebung von 1963 hervorgeht, nach der von der weißen Bevölkerung zu Hause 58% Afrikaans, 37,3% Englisch und 1,4% beide Sprachen sprechen.

Burjäten, ein Volk der ↓Mongolen zu beiden Seiten des Baikal-Sees, das z. T. in einer eigenen burjätisch-mongolischen ASSR bzw. zwei autonomen Regionen in der Prov. Irkutsk und Tschita sowie mit dem Stamm der Barguten in der Mandschurei lebt. Die ursprünglichen Wohnsitze der B. lagen in der NE-Mongolei, aus der sie etwa seit dem 13. Jh. n. Chr. verdrängt wurden. Anscheinend haben sie an der allgemeinen Mongolen-Expansion nicht teilgenommen. 1644 gerieten sie unter die Herrschaft der Russen. Die transbaikalischen B. sind Hirtennomaden und bekennen sich zum Lamaismus (Buddhismus). Die Irkutsker B. dagegen sind seßhafte Ackerbauern geworden. Sie haben die Filzjurte fast völlig zu Gunsten des russ. Blockhauses aufgegeben, doch haben sich bei ihnen deutliche Reste der alten Volksreligion und des Schamanismus erhalten. Die Russifizierung ist bei den Irkutsker B. recht weit fortgeschritten, so daß es schwierig ist, eine Gesamtzahl der B. anzugeben; für 1963 wurde ihre Gesamtzahl auf 310000 geschätzt, davon 280000 in der Sowjetunion. (Karte S. 118).

Burmanen (Birmanen), das staatstragende Volk Burmas, das über zwei Drittel der Bevölkerung stellt. Die B. gehören sprachlich wie die meisten anderen Völker und Stämme Burmas zu der großen Familie der ↓ Tibeto-Burmanischen Sprachen. Zu Beginn der histor. Überlieferung saßen in der Irrawaddy-Ebene die Pyu und in SE-Burma die ↓ Mon. Beide Völker gerieten in der 1. Hälfte des 1. Jt. n. Chr. unter starken indischen Kultureinfluß und übernahmen den Hinayana-Buddhismus. Die ethnische Zugehörigkeit der Pyu ist nicht bekannt; sie sind völlig verschwunden, anscheinend wurden sie von den in der zweiten Hälfte des 1. Jt. n. Chr. einwandernden B. assimiliert und verdrängt. Die B. kamen aus dem östl. Tibets gelegenen Bergland. Die unterworfenen Pyu und auch die Mon wurden ihre Lehrmeister, sie vermittelten ihnen die kolonialindische Hochkultur und den Hinayana-Buddhismus, der bis heute die herrschende Religionsform geblieben ist. Die B. begründeten bald das Königreich Arakan mit der Hauptstadt Pagan, dessen Blüte seit 1044 n. Chr. den Höhepunkt ihrer Kultur überhaupt darstellt. 1287 wurde Pagan von einem chines.-mongol. Heer erobert, und in der Folge herrschten die Schan (↓ Thai), die in NE-Burma beheimatet sind, über fast ganz Burma. Erst 1531 mit einer neuen Dynastie

Die burmanischen Bauern benutzen auch heute noch hölzerne Karren, die von Rindern oder Wasserbüffeln gezogen werden. Sehr große Scheibenräder erleichtern das Fahren im unwegsamen Gelände.

B

konnten die B. zu ihrer früheren Macht zurückfinden. Nach wechselvollen Kämpfen mit den benachbarten Thai und Mon errichteten sie unter der neuen Alaungpaya-Dynastie (1752–1885) in der Mitte des 18. Jh. ein Großreich, das große Teile Thailands und Assams unterwirft. Als sie zu Beginn des 19. Jh. selbst nach Bengalen übergriffen, kam es zu Kämpfen mit den Briten (1824–26 1. burman. Krieg), die Teil für Teil den burman. Herrschaftsbereich ihrem indischen Kolonialreich einverleiben; 1885 wurde ganz Burma zur Kolonie. Seit 1947 sind die B. unabhängig, hatten aber in den folgenden Jahren harte Auseinandersetzungen mit einigen ethnischen Minderheiten, vor allem den ↓ Karen, die dann eine gewisse Autonomie erhielten.

Buschmänner, Sammelbezeichnung (nach einem burischen Spottnamen) für eine Anzahl kleinwüchsiger Jäger- und Sammler-Stämme in Botswana (Betschuanaland), Südwestafrika und Südangola, die sprachlich und rassisch (↓ Khoisanide, Karte) eng mit den ↓ Hottentotten verwandt sind. Die B. hatten noch vor wenigen Jahrhunderten einen wesentlich größeren Siedlungsraum, wurden aber von den aus NE vordringenden Bantuneger-Stämmen und weißen Siedlern aus SW in das Rückzugsgebiet der Kalahari und deren Randgebiete gedrängt. Sie sind Repräsentanten einer steinzeitlichen «Steppenjäger-Kultur», die ursprünglich – wie sich aus prähistor. Zeugnissen und einigen Restgruppen erkennen läßt – weite Teile Süd- und Ostafrikas eingenommen hat. Der materielle Kulturbesitz der B. ist überaus dürftig und ganz auf die wildbeuterisch-nomadische Lebensweise ausgerichtet, für die Jagd ist er außerordentlich spezialisiert. So gibt es z.B. für die Hetzjagd Laufsandalen mit nach unten gebogener Spitze, für die Pirschjagd Tierverkleidung, weiterhin Pfeilgift und verschiedenartige Fallen. Hauptwaffe sind Pfeil und Bogen. Das Sammeln der vegetabilischen Nahrung obliegt durchweg den Frauen. Zum Ausgraben von Wurzeln, Knollen und Zwiebeln benutzen sie einen Grabstock, der mit einem runden, durchbohrten Beschwerstein versehen ist. Als Behausung dienen halbkreisförmige Windschirme, z.T. kuppelförmige Grashütten, auch Höhlen und Felsnischen. Gekleidet sind die B. in Schamschurze und Umhänge aus Wildtierfellen. Die politisch-soziale Einheit ist die exogame Jagdgruppe, die durchweg aus Blutsverwandten und Angeheirateten besteht. Jede Gruppe hat festgelegte Jagd- und Sammelreviere, deren Grenzen peinlich beachtet werden. Eine stammliche Organisation fehlt, die sog. Stämme sind nur linguistische Einheiten. Das religiöse Leben ist nicht institutionalisiert, gewisse rituelle und magische Handlungen sollen vor allem den Lebensunterhalt sichern. Aus der Mythologie läßt sich jedoch mehr oder weniger deutlich der Glaube an einen Hochgott, Schöpfer und höchstes Wesen erkennen. Die harten Lebensbedingungen in den kargen Rückzugsgebieten waren es wohl, die zu einer kulturellen Verarmung führten. Ein Rückschluß auf die ursprüngliche B.-Kultur, der auch die hochstehende prähistor. Felsbildkunst Südafrikas zugeschrieben wird, ist nicht ohne weiteres möglich. In neuerer Zeit leben manche B.-Gruppen einen Teil des Jahres in der Nähe oder auf den Farmen der Weißen und arbeiten dort für ihren Lebensunterhalt. Nur noch zu bestimmten Zeiten ziehen sie in ihre alten Jagd- und Sammelreviere hinaus, um ihr früheres unstetnomadisches Leben wieder zu führen. Die Zahl der B. wird auf etwa 50000 geschätzt.

Buschneger (Maronneger, Maroons, Djuka), Sammelname für die entlaufenen Negerklaven Surinams (Niederl. Guayana), die in den Urwäldern des Hinterlandes eine neue Heimat fanden und sich zu funktionierenden Stammesverbänden zusammenschlossen. Zwischen 1650 und 1826 sollen ca. 300000 Negerklaven nach Surinam gebracht worden sein. Von den ca. 237000 E. Surinams sind aber höchstens 100000 afrikanischen Ursprungs, und man kann danach ermessen, welch mörderischer Behandlung die Sklaven in den Plantagen der weißen Kolonisten ausgesetzt waren. Als 1667 (Frieden zu Breda) Surinam von England an die Niederlande

abgegeben wurde, konnte eine größere Zahl Sklaven in die Urwälder entkommen; sie wurden in den nächsten 100 Jahren durch weitere Flüchtlingsgruppen ergänzt. Die B. wurden zu einer Gefahr für die vorgeschobenen Plantagen. Man versuchte sie während des 18.Jh. in mehreren Feldzügen, die von beiden Seiten mit großer Grausamkeit geführt wurden, zu vernichten. 1761 kam es zu einem förmlichen Friedensschluß in Ouca; wahrscheinlich leitet sich die Selbstbezeichnung «Djuka» der B. von diesem Ort her. Nach neuen Kämpfen 1773–78 endeten die Feindseligkeiten. Man fand sich mit der Existenz der B. ab, und diese konnten praktisch ihre Unabhängigkeit bis in unsere Zeit behaupten. Sie ordneten sich im Laufe der Zeit formell der niederl. Verwaltung unter, doch brauchten sie keine Steuern zu zahlen.
Die B. weisen keine nennenswerte Blutsbeimischung auf und können als reine ↓ Negride bezeichnet werden. Sie gliedern sich in die beiden großen Stämme der Saramaccaner (ca. 14000) und der Aucaner (ca. 6000) sowie die Boni (ca. 900), die bereits in Franz. Guayana leben, ferner die Matawaais und Paramaccaner (ca. 500). Jedes Dorf hat seinen Häuptling, dessen Amt matrilinear vererbt wird. Die Verwaltung bestimmte einen von ihnen als Stammeshaupt (Gran Man). Die Stämme leben isoliert, es kam gelegentlich sogar zu Stammesfehden. In der Religion, in Sitte und Brauchtum glaubt man viele westafrikanische Elemente erkennen zu können. Die Sprache ist ein Gemisch aus niederl., franz., engl., port. und afrikanischen Elementen (Pidgin-English). Sie wird zumeist «talkee-talkee» genannt und in ähnlicher Form auch von den Negern der Küste gesprochen; nur die Saramaccaner haben ein eigenes Idiom («deepi-takhi» oder Saramacca tongo). Bemerkenswert ist die Tatsache, daß die B., obwohl die Bindung mit der afrikanischen Tradition völlig abgerissen war, ein reizvolles Kunsthandwerk entwickelten. Der Stil (vor allem die Ornamentik) ist einzigartig, und er läßt sich weder afrikanischen noch indianischen Vorbildern zuweisen. Die Kunst der B. ist ein Beleg für das Entstehen neuer primitiver Kunst, ohne daß es dabei zu Wiederbelebungsversuchen durch die Europäer gekommen ist.
Die B. (in Surinam 1966: etwa 28000) sind wohl das älteste freie Gemeinwesen der Neger in Amerika. Die Unabhängigkeitskämpfe der Haitianer beginnen viel später (seit 1801); auch nahm in Haiti die Entwicklung ganz andere Formen an. Im 18.Jh. gelang es Gruppen von Negersklaven, an mehreren Plätzen Westindiens zu entkommen und zeitweilig ihre Freiheit zu behaupten. Man nannte sie im allgemeinen Maroons oder Maronneger (auch die B. Surinams), was sich vom span. «negro cimarrón» (entlaufener und verwilderter Negersklave) herleitet. Besonders interessant ist das Schicksal der Maronneger in Jamaica (Dallas 1803). Sie wurden gegen Ende des 18.Jh. von den Briten unterworfen und zum größten Teil nach Sierra Leone deportiert, wo sie den Grundstock der dortigen Mischbevölkerung stellen. An die Vergangenheit erinnert das Patois oder Krio, die eigenartige Mischsprache Sierra Leones mit engl., franz., span. und afrikanischen Elementen.
Durch den Sklavenhandel, der im 18.Jh. seinen Höhepunkt erreichte, wurden mindestens 15 Mill. Neger nach Amerika gebracht, nicht einbegriffen die Millionen, die auf den unmenschlichen Transporten starben. Die Neger machten 1790 in den USA 19,3% der Gesamtbevölkerung aus; 1960 lag ihr Anteil mit ca. 18,9 Mill. bei 10,5%. Auf den meisten westindischen Inseln und in Teilen des nördl. Südamerika stellen Neger und Mischlinge den weitaus stärksten Bevölkerungsanteil. Obwohl sie durch die politischen Verhältnisse in mehrere Spracheinheiten getrennt sind, erscheinen sie in ihrer Kultur und Lebensweise relativ einheitlich, und zwar vor allem durch ihre spezifisch rhythmische Musik und ihr pittoreskes Brauchtum. Interessant sind die religiösen Bewegungen, in denen Christliches und Altafrikanisches verschmolzen sind. Besondere Bedeutung haben die mit vielen Zauberpraktiken verbundenen Obeah- (vor allem auf Jamaica) und Voodoo-Kulte (Haiti), die weit über Westindien und das nördl. Südamerika verbreitet sind.

Caddo (Kaddo), eine Sprach- und Völkerfamilie der ↓ Nordamerikanischen Indianer, deren Namen sich von der Kadohadocho-Konföderation herleitet. Die wichtigsten ethnischen Einheiten der C. waren der Kadohadocho-Bund in NE-Texas und SW-Arkansas und der Hasinai-Bund in NE-Texas, die zusammen mit einigen wenig bedeutenden Einzelstämmen auf ca. 8000 (1690) geschätzt wurden (1937: 967), sowie die Wichita in NW-Texas und Westoklahoma (1780: 3200; 1937: 385) mit vielen Unterstämmen, die Pawnee im zentralen Nebraska mit Ausläufern bis Nordkansas (1780: ca. 1000; 1937: 959) und die Arikara am Mississippi des südl. North Dakota (1780: ca. 3000; 1937: 616). Die C.-Sprachen haben engere Beziehungen zu denen der ↓ Irokesen; beide Gruppen werden mit weiteren Sprachfamilien zu einer übergeordneten Einheit (↓ Hoka-Sprachen) verbunden, doch hat dies keine allgemeine Zustimmung gefunden.

Die C. nahmen im wesentlichen das Gebiet zwischen dem südöstl. Waldland und den Prärien Nordamerikas ein. Sie wurzeln eindeutig in der prähistor. ↓ Mound-Kultur. Sie betrieben intensiven Bodenbau, lebten in großen befestigten Siedlungen, hatten Töpferei etc., und ihr Religionsmuster zeigt deutliche Einflüsse der ↓ Mesoamerikanischen Hochkulturen. Die Pawnee saßen zumindest seit dem Kontakt mit den Europäern (Mitte 16. Jh.) in der zentralen Prärie, doch sind sie möglicherweise aus dem Gebiet ihrer Verwandten im S dorthin eingewandert. Sie waren hervorragende Reiter und betrieben ausgedehnte Büffeljagd, doch kann man sie nur eingeschränkt zu den ↓ Prärie-Indianern rechnen, denn sie waren seßhaft und behielten immer den Ackerbau (Mais, Bohnen, Kürbis etc.) bei. Sie bauten warme und dauerhafte Erdhäuser, hatten gute Textilien, Keramik und Flechtwerk. Besondere Aufmerksamkeit erregte die Religion der Pawnee. Sie personifizierten alle Naturerscheinungen wie den Wind, Sturm und alle Elemente und betrachteten diese als Boten und Begleiter des Tirawa, des Großen Vaters. Neben einem reichen Mythenschatz gab es ein kompliziertes und pittoreskes Zeremonial mit vielen Geheimbünden, dem eine mächtige Priesterkaste vorstand. Die Pawnee hatten ein gutes Verhältnis zu den weißen Kolonisten und rühmten sich, nie einen Krieg gegen die US-Administration geführt zu haben. Dennoch wurden sie 1879 aus ihrer Heimat Nebraska vertrieben und in die Indianer-Territorien von Oklahoma gezwungen. Schwere Seuchen und die Folgen der Austreibung dezimierten die Pawnee sehr stark; die Reste erwarben 1892 die US-Bürgerschaft. Die Arikara sind ein Teilstamm, der noch weiter nach N vorgestoßen war. Sie waren Nachbarn der berühmten ↓ Mandan, mit denen sie ein gutes Verhältnis hatten. Nach schweren Pockenepidemien vor der Mitte des 19. Jh. ging ihre Bevölkerungszahl stark zurück.

Caingang, Sammelname für Indianerstämme in den südöstl. Staaten Brasiliens, in Westparaguay und NE-Argentinien, die in viele Gruppen verstreut und isoliert unter den ↓ Guaraní leben (↓ Südamerikan. Indianer, Karte). Wahrscheinlich hatten sie einmal das ganze Gebiet eingenommen, wurden dann aber von den progressiveren Guaraní zersprengt, ihr Lebensraum immer mehr eingeengt. Wie die Guaraní wurden auch die C. nach der Entdeckung mehr und mehr dezimiert, so daß heute nur noch Reste der C. zu finden sind. Als erster wurde der Stamm der Guayaná bekannt, der im gebirgigen Hinterland der Küste des Staates São Paulo lebte: sein Name galt einmal für die ganze Stammesgruppe. Die ↓ Tupinamba der Küstenzone bedrängten die Guayaná hart. Beide Gruppen sind heute verschwunden. Die C.-Gruppen sollen alle einen extensiven Ackerbau betrieben haben; sie haben ihn vermutlich erst von den Guaraní übernommen, denn das Sammeln von Vegetabilien und die Jagd waren die Grundlage ihrer Wirtschaft. Fraglich ist die Stellung der Guayakí in Ostparaguay. Diese überaus scheuen Menschen lebten in dichten und unzugänglichen Wäldern, wurden verfolgt und gejagt von den umwohnenden Indianern und Kolonisten, und es gelang darum nur selten, Kontakt mit ihnen zu bekommen. Sie waren reine

Wildbeuter; ob sie sprachlich zu den C. gehören, läßt sich nicht sagen. 1920 sollen noch ca. 500 G. gelebt haben.

Carajá, ein Indianervolk an beiden Seiten des Rio Araguaia (Zentral-Brasilien) mit dem Zentrum auf der Insel Bananal, das zugleich auch eine isolierte und eigenständige Spracheinheit bildet, die keinerlei Ähnlichkeiten zu anderen Indianersprachen Südamerikas zeigt. Die C. sitzen wie ein Keil im Wohngebiet der ↓ Ge (↓ Südamerikan. Indianer, Karte), die zu den primitiveren marginalen Stämmen gehören, während die C. zu den progressiveren bodenbautreibenden Stämmen des trop. Waldlandes von Südamerika gerechnet werden. Die überaus kriegerischen C. sind, soweit man zurückblicken kann, immer in Kämpfe mit den Ge-Stämmen und den gleichfalls benachbarten ↓ Tupí-Stämmen der Tapirapé und Canoeiro verwickelt gewesen. Das Verhältnis zu den Brasilianern war relativ gut und ist es wohl immer noch. Sie werden häufig von Händlern und Reisenden besucht, was das zahlreiche Auftauchen kleiner und plumper Tonpüppchen der C. erklärt; sie sind praktisch zu Reiseandenken geworden. 1939 schätzte man die C. auf ca. 1500 Individuen, frühere Schätzungen liegen wesentlich höher (1908: 10000).

Catukina, eine indian. Sprach- und Völkerfamilie im SW des brasilian. Staates Amazonas, die als eine der wichtigsten Gruppen im großen Gebiet zwischen den Flüssen Juruá und Purús anzusprechen ist. Bedeutende Stämme sind die C. im engeren Sinne, die Catawishi, Canamari, Tucun-Dyapi, Parawa und Tawari. Die C. sind nicht die einzigen der Juruá-Purús-stämme: im NW der C., vor allem am Jutai, sitzen die Mayoruna und Curina (Kulino), die sprachlich Untergruppen der ↓ Pano bilden. Ebenfalls zu den Pano gehören die vielen Stämme im W der C., d. h. die Capanawa, Yaminawa, Yura Sacuya etc. sowie ein Stamm der Pano, der gleichfalls C. genannt wird. Sie leiten über vom Juruá-Purús-Gebiet zum Ucayali der Montaña von Ostperu. Südl. der C. sitzt ein kleiner Stamm zwischen Embira und Embyrasú (ca. 9°S und 70°W), der ebenfalls C. heißt und vielleicht zu den ↓ Tupí gehört; er ist bekannt wegen seiner unterirdischen Nachrichtenvermittlung durch Trommeln über weite Strecken, die durch die eigenartige geologische Struktur ihres Gebietes ermöglicht wird. Im S leben aber vor allem die Culino, Arauá, Yamamandí, Paumary, Yuberí und am Oberlauf des Purús und südl. davon die Ipuriná, Canamari, Maniteneri etc., die alle als Sondergruppe zur Sprachfamilie der ↓ Aruak gerechnet werden. Östl. der C. wohnen die ↓ Mura, die aber nicht mehr zur Kulturprovinz des Juruá-Purús-Gebietes gerechnet werden. – Das Gebiet zwischen Juruá und Purús bildet kulturell eine gewisse Einheit. Die meisten Stämme sind typische Vertreter der Ackerbau treibenden Stämme des trop. Waldlandes (↓ Südamerikanische Indianer, Karte). Einige Stämme betreiben Ackerbau recht extensiv und ergänzen die Nahrung durch Jagd, Fischfang und Sammeln von Vegetabilien. Ausgesprochen seminomadische Wildbeuter sind die genannten Mayoruna in den Sümpfen des Jutai. Sie repräsentieren wohl eine ältere Bevölkerungsschicht des Juruá-Purús-Gebietes und der Montaña von Ostperu.

Chaga (Djaga, Dschagga, Wadschagga), bedeutender ostafrikan. Stamm der ↓ Bantu-Neger im Gebiet des Kilimanjaro-Massivs. Die C. sind ein Musterbeispiel für neuzeitliche Entwicklung in Afrika und für eine geglückte Übernahme westlich-abendländischen Denkens und Verhaltens. Sie hatten von jeher den Ruf, hervorragende Ackerbauern zu sein (Bewässerungsanlagen, Terrassenbau, Düngung). Die Viehzucht dagegen hat nur untergeordnete Bedeutung. Das Vieh wurde bzw. wird z.T. im Stall gehalten und gefüttert, damit der wertvolle tierische Dünger nicht verlorengeht. Die C. begannen nach Vorbild der Europäer mit Unterstützung der Missionare Kaffeebäume zu pflanzen; 1920 zählte man bereits 14000, 1957 aber schon fast 13 Mill. Bäume. Zum Schutz gegen Übervorteilung schlossen die Pflanzer sich zu einer Kooperation zusammen. Diese übernahm nicht nur den ganzen Verkauf, sondern baute Klubhäuser, landwirtschaftliche Schulen, Versuchsfarmen etc. Parallel zu dieser Entwicklung hat sich die Bevölkerungszahl (heute ca. 260000) mehr als verdoppelt. Unter den C. haben vor allem deutsche Missionare (z. B. B. Gutmann) hervorragende Arbeit geleistet; es gibt z. B. heute eine selbständige luth. Volkskirche. Den C. verwandt sind die ↓ Kamba und ↓ Kikuyu (Kenya).

Cham (Tscham), Volk im zentralen Südvietnam (ca. 120000), das sprachlich zu den ↓ Indonesiern gehört, hist.-kulturell aber in den Bereich der Völker Hinterindiens. Die C. gründeten bereits im 2.–3. Jh. n. Chr. das Reich Champa (Tschampa) unter kolonialindischem Einfluß und vermochten sich gegen die an der Küste Annams vordringenden Chinesen zu behaupten (↓ Annamiten). Die Kultur wurde weitgehend von dem kolonialindischen Reich Funan (↓ Khmer) bestimmt, doch gerieten sie in dauernde Kämpfe mit dem nachfolgenden Khmer-Reich von Angkor. Dieser Gefahr aus dem S standen im N die Annamiten gegenüber. Dennoch konnte sich das Reich Champa mit wechselndem Geschick bis ins 16. Jh. behaupten, dann wurde es endgültig von den Annamiten erobert. Vom Meer durch die Annamiten abgeschnitten, leben die C. heute als einfache Reisbauern (Naßfeld). Sprachlich verwandt sind ihnen die Bergstämme der Jarai (Dscharai), Rhade, Raglai, Churu (Tschuru) in der annamitischen Kordillere, die kulturell zu den sog. ↓ Moi gerechnet werden.

Chancay, Flußtal an der peruan. Küste nördl. von Lima mit wichtigen Fundstätten der präkolumbischen Zivilisation der Indianer, aus verschiedenen Epochen der ↓ Andinen Hochkulturen. Mit C. bezeichnet man eine Stilprovinz oder Lokalkultur, die zwischen 1200 n. Chr. bis zur Herrschaft der ↓ Inka (Mitte des 15. Jh.) die ganze mittlere Küste einnahm. Sie wird gekennzeichnet durch eine einfache, fast grobe Keramik (Schalen, Figurengefäße etc.), die ein schwarzes oder dunkelbraunes Dekor auf einem grau-weißen Grund zeigt. In Traditionen wird ein Königreich Cuismancu genannt, das vom Reich der ↓ Chimú erobert oder in Abhängigkeit gebracht wurde. Seine Grenzen fallen in etwa mit denjenigen der C.-Kultur zusammen. – Die präkolumbische Kultur der mittleren Küste von Peru ist weniger profiliert als die ihrer Nachbargebiete, unter deren Einfluß sie auch häufig stand. Die ältesten Funde gehören zu der von N kommenden Kultur des ↓ Chavín (Küsten-Chavín). Wohl gegen 500 v. Chr. zeigen sich in der Keramik eigenständige Formen, die man nach dem Dekor bezeichnet hat. Am ältesten ist der sog. «Weiß-auf-Rot-Stil» (rötliche Keramik mit weißen Mustern), dem der sog. «Interlocking-Stil» folgt, d. h. meist dreifarbiges Dekor aus ineinandergreifenden («interlocking») geometrisch-stilisierten Mustern. Verschiedene Elemente mischen sich in dem sog. «Früh-Lima-Stil», der zur Mitte des 1. Jt. n. Chr. von der ↓ Tiahuanaco-Kultur mehr und mehr durchsetzt wird. Bis zum Einsetzen der C.-Kultur herrscht das «Küsten-Tiahuanaco», dem überwiegend das Fundinventar der großen Nekropolen von Ancón und Pachacamac zugehört. In Pachacamac südl. Lima stand ein großer Tempel, der 1903 ausgegraben wurde; er war noch zur Zeit der Inka-Herrschaft ein berühmtes Wallfahrtszentrum.

Chapacura, Stammesgruppe und zugleich eigenständige Sprachfamilie unter den Indianern nordöstl. des Guaporé, der die Grenze zwischen Bolivien und Brasilien bildet (↓ Südamerikan. Indianer, Karte). Die Guaporé-Stämme werden oft als zusammenhängende Kulturprovinz betrachtet. Neben den C. leben die Tupí-Cawahib und andere zur Sprachfamilie der ↓ Tupí gehörende Stämme; viele Stämme konnten bisher sprachlich nicht identifiziert werden. Die C. und ihre Nachbarn sind Ackerbauern, kulturell aber weniger differenziert als die Mojo-Chiquito-Stämme (↓ Chiquito), die durch den Guaporé getrennt in Ostbolivien leben. Einzelne C.-Gruppen saßen unter ihren südl. Nachbarn in Ostbolivien. Die Guaporé-Stämme sind nur wenig bekannt; Unterlagen über die

Bevölkerungszahl fehlen, sie scheint sehr gering zu sein.

Charrua, südamerikan. Indianervolk mit mehreren Stämmen nördl. des Río de la Plata, dessen Gebiet in etwa mit den Grenzen des heutigen Uruguay markiert ist. Ihre Wirtschaft beruhte auf dem Sammeln von Vegetabilien und vor allem auf der Jagd des reichlich vorhandenen Großwildes. Die C. sind im 18.Jh. verschwunden, wohl in der Mischlingsbevölkerung Uruguays aufgegangen. Nur 70 Worte ihrer Sprache sind bekannt, so daß eine Zuordnung sehr schwierig ist; vermutlich war ihr Idiom eine eigenständige Spracheinheit. An den Küsten Uruguays, auf den Inseln im Río de la Plata und auch am Uruguay-Fluß saßen vereinzelt ↓ Guaraní, so daß sie von diesem progressiveren Indianervolk förmlich eingeschlossen waren.

Südl. des La Plata und des Paraná-Deltas lebten die Querandí. Auf sie traf zu Beginn des 16.Jh. der Stoß der span. Kolonisten, so daß sie bald dezimiert und dann ganz verschwunden waren. Sie leisteten aber harten Widerstand. Mit ihren Brandpfeilen legten sie die erste Ansiedlung Buenos Aires in Schutt und Asche; sie mußte aus diesem Grunde 1541 zunächst aufgegeben werden. Im Paraná-Delta selbst lebten mehrere kleine Stämme. Die Minuané, Yaró, Timbú, Corondá, Colastiné, Quiloazá etc. hatten das gleiche Schicksal wie die Querandí. Ihre Namen werden in den Berichten aus der frühen Kolonialzeit häufig erwähnt, sonst weiß man nur wenig über sie. Die Querandí und die Stämme des Paraná-Deltas waren wie die C. einfache Jäger und Sammler. Von ihren Sprachen ist fast nichts bekannt. Möglicherweise bildeten die Idiome der Stämme um den Río de la Plata eine zusammenhängende Sprachfamilie.

Chavín, die älteste präkolumbische Hochkultur der Indianer in den Zentral-Anden, die nach einer großen Tempelanlage bei dem kleinen Ort Chavín de Huantar benannt wurde. Die C.-Kultur prägt somit die erste große Epoche der ↓ Andinen Hochkulturen, die etwa zwischen der Mitte des 2.Jt. v.Chr. und der Mitte des 1. Jt. v.Chr. angesetzt werden muß; die chronolog. Probleme sind aber gerade hier sehr schwierig, und neuere Forschung kann beachtliche Zeitverschiebungen erbringen. Kerngebiet des C. ist das nördl. Hochland von Peru. Es war aber auch im nördl. Küstengebiet vertreten (Cupisnique, Cerro Sechín) und wird dort «Küsten-C.» genannt. Ohne Zweifel gehören aber auch die ältesten Funde im mittleren Küstengebiet von Peru zum Bereich dieser Kultur. Selbst ganz im S ist sie spürbar: die Frühstufe der Kultur von ↓ Paracas zeigt deutlich C.-Einflüsse. Im mittleren und südl. Hochland läßt sich ein C.-Einfluß nicht direkt nachweisen. Auf jeden Fall nahm C. bzw. seine Einflußzone wesentliche Teile der Zentral-Anden ein. Dabei ist aber festzustellen, daß es sich bei C. um keine festumrissene Zivilisation oder gar um ein politisch-staatliches Gebilde handelt: es war vielmehr ein Stil, getragen von einer gemeinsamen Religion oder einem gemeinsamen Lebensgefühl, und man hat nicht ohne Grund diesen Beginn der andinen Hochkultur die «kultische Epoche» genannt.

Der Maisanbau, durch Bewässerung intensiviert, tritt überall stärker hervor. Inmitten der verstreut liegenden Dörfer erheben sich mächtige Tempelanlagen, für die Chavín de Huantar typisch ist. In die Außenmauern sind rundplastische Raubtierköpfe eingelassen. Typisch sind Relieffriese, die in einfachen Linien oder auch in bizarren Darstellungen felide Gottheiten (Jaguar) wiedergeben. Die dunkle monochrome Keramik ist relativ dickwandig und bei niedrigen Temperaturen gebrannt. Die Gefäße, die den Toten mitgegeben wurden, zeigen meist kurvenlineare Einritzungen als Verzierung, doch gibt es auch vollplastisch zu Tierköpfen, Früchten oder dämonischen Masken ausgearbeitete Bügelgefäße. Von den Textilien ist nur sehr wenig erhalten; an einigen Plätzen fanden sich kalt gehämmerte Goldarbeiten. – Die Kultur des C. ist bereits in ihren ältesten Funden so fortgeschritten, daß zu ihrer Entwicklung sicherlich eine größere Zeitspanne nötig war, doch hat man bisher keine unmittelbaren

Vorstufen, die man annehmen muß, feststellen können.

Cherokee (Tscherokesen), eines der bekanntesten und bedeutendsten Völker der ↓ Nordamerikanischen Indianer, das zur großen Sprach- und Völkerfamilie der ↓ Irokesen gehört, jedoch sprachlich und kulturell eine Sonderstellung einnimmt. Soweit sich zurückverfolgen läßt, saßen die C. an den südl. Ausläufern der Appalachen (vor allem in Tennessee und North Carolina). Traditionen weisen allerdings auf eine Einwanderung aus dem NE hin; möglicherweise wurden sie von Stämmen der ↓ Algonkin, die entlang der Atlantikküste nach S vorgedrungen waren, von der irokesischen Hauptgruppe abgespalten und abgedrängt. Die C. werden für 1650 auf ca. 22 000 geschätzt. Sie lebten in etwa 50 festen Siedlungen, die eine lose Föderation bildeten; nach Dialektunterschieden teilt man das Volk in drei Gruppen. Der östl. Dialekt sprach ein «r», wo der mittlere und westl. ein «l» hatte, so ist es zu erklären, daß die Spanier, die vor allem mit der westl. und mittleren Gruppe Kontakt hatten, den Stammesnamen «Chalaque» nennen. Aus dem westl. Dialekt entstand die spätere Schrift- und Literatursprache. Die C. wurzeln kulturell in der prähistor. ↓ Mound-Kultur. Sie betrieben intensiven Ackerbau (Mais, Bohnen, Kürbis und Tabak), der durch eine strikte Arbeitsteilung der Geschlechter charakterisiert war: Die Frauen besorgten das Pflanzen und alle Pflegearbeiten, während die Männer alle Rodungs- und Aufbereitungsarbeiten übernahmen. Das Sammeln von Beeren, Nüssen und Grassamen diente zur Ergänzung der Nahrung; auch spielte die Jagd in ihrem wildreichen Lebensraum eine große wirtschaftliche Rolle. Die Sozialordnung beruht auf sieben matrilinearen Klans. Sie hatten totemistischen Charakter (Wolf, Vogel, Hirsch etc.) und waren strikt exogam. Die Frauen hatten ein hohes Ansehen und eine starke Stellung in der Gesellschaft. Die polit. Organisation des C.-Bundes beruhte auf zwei Parteien: die «Roten» bzw. ihre Anführer bestimmten während eines Krieges und die «Weißen» in Friedenszeiten. Die C. kamen erst zu Beginn des 18. Jh. in näheren Kontakt mit den engl. Kolonisten, als diese bereits Virginia dicht besiedelt hatten. Zunächst war das Verhältnis recht gut, dann kam es aber im Laufe des 18. Jh. zu einigen schweren Auseinandersetzungen, bei denen sich die C. recht gut behaupteten. Die Pocken dezimierten die C. in dieser Zeit um fast 50 %. Um 1800 begann mit beachtlichem Erfolg die Missionierung. Sie stellten sich in kurzer Zeit weitgehend auf die Lebensweise der weißen Siedler um, hatten wie diese bald große Güter, kauften Negersklaven etc., schließlich schufen sie sich eine den USA ähnliche Regierungsform. Der Mischling Sequoya entwickelte eine alphabetische C.-Schrift, die in wenigen Monaten von fast allen C. gelesen werden konnte. Höhepunkt der Entwicklung war die Herausgabe des «Cherokee Phoenix», einer Zeitung in ihrer Sprache. Der Druck der Kolonisten verstärkte sich aber immer mehr, und als schließlich in ihrem Gebiet Gold gefunden wurde, vertrieb man sie unter widerwärtigsten Umständen und rücksichtslosen Vertragsbrüchen (1838/39). Sie mußten nach Oklahoma übersiedeln; fast ein Viertel der C. erlag den Entbehrungen der Austreibung. Ein Teil verbarg sich in den Bergen und erhielt später einen geringen Teil des Landes zurück. Sie haben sich erstaunlich gut erholt: man kann heute mit ca. 50 000 C. rechnen, doch nur wenige sind reinblütige Indianer. Seit 1906 sind sie Bürger der USA.

Cheyenne, Stamm der ↓ Prärie-Indianer, der sprachlich zur großen Einheit der ↓ Algonkin gehört. Vor 1700 lebten die C. in Minnesota, verlegten dann aber ihr Streifgebiet nach W in die Gegend des C. River und der Black Hills (South Dakota). Sie gliederten sich in mehrere Unterstämme, die sich im Dialekt unterscheidenden Sutaio waren wohl einmal ein selbständiger Stamm. Die C. führten das unstet-nomadische Leben des typischen Büffeljägers der Great Plains und waren überaus kriegerisch. Sie waren besonders hochgewachsen und die größten unter den Prärie-Indianern. 1832 begann sich der Stamm mehr und mehr in einen nördl. und südl. Zweig zu teilen; 1851 war die Trennung endgültig. Der nördl. Zweig schloß sich den ↓ Dakota an und nahm u. a. an der Schlacht am Little Bighorn (1876) teil. Der südl. Zweig hatte bald enge Verbindung mit den Arapaho, gleichfalls ein typischer Stamm der Prärie-Indianer, dessen Hauptstreifgebiet in NE-Wyoming lag. Obwohl beide Stämme zur Algonkin-Sprachfamilie gehörten, waren ihre Idiome so verschieden, daß sie sich zur Verständigung einer Zeichensprache bedienten. Beide gelten als die Meister einer solchen Verständigungsform. Die südl. C. wurden 1868-75 in einem der härtesten Indianerkriege unterworfen. Einige tausend C. und Arapaho leben heute in den Reservationen; mehrere Orte und Flüsse in den nordwestl. USA tragen ihre Namen.

Chibcha (Tschibtscha), eine der größten Sprachfamilien der ↓ Südamerikanischen Indianer (Karte), die nicht nur über Kolumbien und große Teile Ecuadors verbreitet war, sondern auch noch weit nach Zentralamerika hineinreichte. Das Verbreitungsgebiet der C.-Sprachen war aber nicht zusammenhängend; es wurde vielmehr durchbrochen und geteilt von Sprachen anderer Zugehörigkeit. Ebenso wenig bildeten die Träger dieser Sprachen kulturell oder gar politisch eine Einheit. Manche C.-Sprachen sind gut erforscht, andere sind nur fragmentarisch bekannt. Im letzten Jahrzehnt wurden ihnen weitere Sprachgruppen zugeordnet und damit eine große Spracheinheit mit dem Namen Macro-Chibchan aufgestellt. Die Sprachfamilie wurde nach dem größten und bedeutendsten Volk so benannt. Die eigentlichen C. saßen östl. des oberen Magdalena im Hochland von Bogotá der östl. Kordillere; ihre Nachfahren leben heute noch dort. Der Name C. geht wohl auf span. Missionare zurück, die dieses Volk nach seiner Hauptgottheit, «Chibchachum», benannten. Die Selbstbezeichnung lautet «Muisca» (etwa Menschen, Leute). Die Zahl der Muisca zur Zeit der Conquista wird auf ca. 300 000 geschätzt. Ihr Siedlungsgebiet wies die höchste Bevölkerungsdichte zwischen dem Hochtal von Mexiko und Peru auf. Es soll 42 große und befestigte Siedlungen gegeben haben. Die Muisca waren hervorragende Ackerbauern, die vor allem Mais, verschiedene Kartoffelsorten, Bohnen, Tomaten etc. sowie Coca und Tabak anbauten. Sie besaßen ein reges Marktwesen und trieben ausgedehnten Handel mit fremden Völkern. In ihrem Gebiet gab es die besten Lagerstätten des Smaragd, und sie tauschten die schon in präkolumbischer Zeit sehr wertvollen Edelsteine vor allem gegen Gold, das in ihrem Lande kaum gefunden, aber von den Muisca sehr geschätzt wurde. Eine schroffe soziale Gliederung teilte die Muisca in mehrere kastenähnliche Gebilde, deren höchste von der weiteren Familie der Kaziken (Priesterfürsten) gebildet wurde. Die Macht des Kaziken war überaus groß, denn er war zugleich der höchste Priester und hatte sakralen Charakter. Man trug ihn in goldbeschlagenen Sänften, durfte ihm nicht ins Gesicht schauen und bestattete ihn auf eine besondere Weise. Seine Stellung erinnert an die eines Inka-Herrschers. Ein ausgeklügeltes Steuersystem sorgte für den Reichtum der herrschenden Schicht. Es gab bei der Ankunft der Spanier mehrere Kleinstaaten der Muisca; es wäre wohl nur eine Frage der Zeit gewesen, bis sich eine der Dynastien durchgesetzt hätte.

Die Muisca waren hervorragende Metallhandwerker, beherrschten den Guß in verlorener Form (à cire perdue) und andere Techniken. Typisch und auffallend sind die sog. «Tunjos», d. h. länglich schmale, blechartig flach gegossene Figuren mit aufgesetzten drahtförmigen Gliedmaßen und Schmuck (meist zwischen 10 und 20 cm lang), die wohl als Votivgaben gedient haben. Möglicherweise gelang ihnen die Erfindung des Tumbaga oder Guanin, einer Gold-Kupfer-Legierung, die nicht nur Gold sparte, sondern auch technische Vorteile im Gußverfahren mit sich brachte. Die Muisca verstanden es auch, die Tumbaga-Stücke mit Säuren so zu behandeln (mise en couleur), daß sie von Gold kaum zu unterscheiden waren. Selbst die ausgezeichnete Keramik (vor allem Götter- und Ahnenfiguren) ist von der

Typisch für die Kunst der Chibcha sind flach gegossene, metallene Figuren mit aufgelöteten Details. Auch die Keramik wird von dieser Technik geprägt.

C

Metalltechnik geprägt; der Stil ist gekennzeichnet durch scharfe Kanten und gerade Flächen.

Über die Religion der Muisca ist man fragmentarisch durch span. Missionare unterrichtet. Es finden sich gerade hier Elemente, die nach Alt-Mexiko weisen, so vor allem die große Verehrung einer Sonnengottheit, der auch Menschenopfer dargebracht wurden. Sie besaßen ein großes Pantheon, viele Tempelstätten, einen ausgebildeten Priesterstand etc., auch spielte der Totenkult eine große Rolle. In einem Ritual der Muisca hat die Legende vom «El Dorado», dem «vergoldeten Mann», ihren Ursprung. Im Jahre 1538 erscheinen die Conquistadoren, und es ist erstaunlich, wie rasch das große Volk niedergeworfen wurde. Heute leben im Hochland von Bogotá noch etwa 50 000 Menschen, die man als Nachfahren der Muisca ansehen muß. Ihre angestammte Sprache war schon im 18. Jh. fast ausgestorben.

Die Muisca waren ohne Zweifel die bedeutendste Volksgruppe in den nördl. Anden. Dieses Randgebiet der ↓ Andinen Hochkulturen deckt sich in etwa mit der Hochgebirgszone des heutigen Kolumbien. Obwohl auch hier die archäolog. Forschung in den letzten Jahrzehnten große Fortschritte gemacht hat, ist eine genauere Datierung der einzelnen Funde und Fundgruppen noch nicht möglich. Auch können die bisher entdeckten Kulturen und Stilprovinzen nur selten mit histor. bekannten Stämmen und Völkern in Verbindung gebracht werden, und so haben sie meist nur eine geogr. Bezeichnung. Die Fundgruppen im langgestreckten mittleren und z. T. auch unteren Tal des Río Magdalena werden z. B. zur sog. «Magdalenatal-Kultur» zusammengefaßt. Gekennzeichnet wird sie durch große Urnen, deren Deckel in eindrucksvoller Weise figürlich ausgestaltet sind. Ob die zur Zeit der Conquista dort lebenden Pijao, Panche und andere Stämme sprachlich zu den ↓ Kariben gehörten, ist mehr als fraglich. Im Quellgebiet des Magdalena findet sich die nach einer kleinen Ortschaft benannte «San-Agustín-Kultur». Auf engem Gebiet entdeckte man bisher weit über 300 mächtige Steinskulpturen (bis zu 4,25 m Höhe) und viele andere megalithische Denkmäler. Diese prähistor. Kultur läßt sich mit keinem bekannten Volk der Nordanden unmittelbar in Verbindung bringen. Ebenfalls ungeklärt ist die ethnische Zugehörigkeit der «Tierradentro-Kultur» in der gleichnamigen Landschaft westl. des oberen Río Magdalena. Es fanden sich vor allem in den Fels geschlagene Grabkammern, die mit geometrischen Mustern bemalt waren sowie einige Dutzend Steinfiguren, die sich allerdings nicht mit denen von San Agustín messen können. Die Vorfahren der heute dort lebenden Indianer (Páez) waren wohl kaum die Träger der Tierradentro-Kultur. Neben dem Hochland von Bogotá mit den Muisca und dem Magdalena-Tal lassen sich in den Nordanden noch drei weitere Kulturzonen unterscheiden. Eine solche wird durch Ecuador und das südl. Kolumbien gebildet. Diese Gebiete wurden im 15. Jh. n. Chr. von den ↓ Inka erobert, deren Herrschaft zwar nur kurz, aber sehr intensiv war. Sie setzten nicht nur weitgehend ihre Sprache (↓ Quechua) durch, sondern prägten auch die Kultur. Überdies ist gerade diese Zone die wohl am wenigsten erforschte in den ganzen Anden. Die präinkaischen Lokalkulturen wurden zumeist nach den Provinzen benannt. So kennt man eine «Guayas-Kultur» an der südl. Küste von Ecuador mit hervorragenden Goldarbeiten und inkrustierten Scheiben aus roter Muschelschale und Türkis sowie die «Manibí-Kultur», die durch eigenartige U-förmige Steinsessel mit figürlich gearbeitetem Fuß charakterisiert wird. In beiden Kulturen findet sich auch keramische Kleinplastik, die in der nördl. angrenzenden «Esmaraldas-Kultur» bzw. «Tumaco-Kultur» (SW-Kolumbien) von besonderer künstlerischer Qualität ist. Zu nennen ist noch die «Nariño-Kultur» im gleichnamigen kolumbian. Departement an der Grenze zu Ecuador, deren Keramik durch polychrome Figuren (z. T. Negativmalerei) hervorsticht. Von den vielen Stämmen, die heute noch existieren oder nur histor. bekannt sind, leben die Pijao, Páez, Coconuco, Andaqui, Guachicón etc. im südl.

C

Kolumbien, die Cara, Panzaleo, Puruhá, Colorado, Cayapa etc. im Hochland von Ecuador und die Manta, Esmaralda etc. an der Küste Ecuadors. Die ursprünglichen kulturellen und sozialen Verhältnisse werden in etwa denen der ↓ Quimbaya geähnelt haben, der wichtigsten Gruppe unter den vielen Stämmen Westkolumbiens, die eine weitere Kulturzone bilden. Eine vierte Zone bildet das sich zum Karib. Meer hin öffnende Nordkolumbien; das bedeutendste Volk waren hier die ↓ Tairona in der Sierra Nevada de Santa Marta. Die Bevölkerung der Nordanden gehörte wohl zunächst vorwiegend zur C.-Sprachfamilie: eindringende Stämme der Kariben waren es, die die große ethnische und sprachliche Zersplitterung verursachten.

Chichimeken, aztekischer Name für die barbarischen Indianerstämme im N Mexikos, deren Gegensatz in den ↓ Tolteken gesehen wurde, dem Inbegriff der hochzivilisierten Stadtbewohner. Die C. haben in der Geschichte der ↓ Mesoamerikanischen Hochkulturen eine bedeutende Rolle gespielt. Den ↓ Azteken war durchaus bewußt, daß auch sie ursprünglich ein C.-Stamm gewesen waren, und selbst die Tolteken waren es einmal, denn auch sie stammen aus dem N und sprechen ↓ Nahua, die C.-Sprache. Mit einem gewissen Stolz führten die Azteken ihre kriegerischen Tugenden auf diesen Ursprung zurück. – Der Name C. bezeichnet aber drei kulturell verschiedene Gruppen: 1. einfache unstet-nomadische Jäger- und Sammler-Stämme, 2. seßhafte Ackerbauern im N, die allerdings den Zivilisationen im S weit nachstanden, und 3. kleine Kolonien der südl. Völker, die sich vor allem im NW Mexikos niedergelassen hatten. Die indian. Tradition nennt mehr die Jägerstämme, doch ist es weitaus wahrscheinlicher, daß von den beiden anderen die Invasion ins Hochland Zentral-Mexikos ausging, zumindest standen die Jägerstämme unter ihrer Führung. Eine größere Invasion der C. fand im 13. Jh. n. Chr. statt; sie begründeten kleine Stadtstaaten (Tetzcoco, Azcapotzalco, Tlaxcala, Chollolan oder Cholula) und übernahmen die Kultur der Nachbarn

Diese aus Goldblech getriebene Mumienmaske, die noch Spuren roter und grüner Bemalung erkennen läßt, entstand in der Chimú-Zeit (1000–1400 n. Chr.). Sie ist 64 cm breit; Ohren und Nase waren vermutlich mit kleinen Schmuckstücken behängt. Solche Masken standen in engem Zusammenhang mit dem Totenkult, der in den meisten Kulturen des Andenraumes von zentraler Bedeutung war. Sie wurden den Mumienbündeln als «Scheinköpfe» aufgesetzt, um die Verstorbenen zu ehren und gnädig zu stimmen.

oder der Unterworfenen. Zusammen mit den ↓ Mixteken und ↓ Otomi bildeten sie die sog. «Mixteca-Puebla-Kultur». Unter diesen Städten im Hochland gewann allmählich das aztekische Tenochtitlan die Vormacht; neben den Azteken waren die Tepanec der bedeutendste C.-Stamm.

Chimú, präkolumbisches Reich an der nördl. Küste von Peru, das sich nach dem Verfall der Kultur von ↓ Tiahuanaco zu Beginn des 2. Jt. n. Chr. allmählich bildete. Zusammen mit den Lokalkulturen von ↓ Chancay und ↓ Icá prägte C. die fünfte Epoche der ↓ Andinen Hochkulturen, die man auch die «urbanistische» oder die «Zeit der Städtebauer» nennt. Das Reich von C., von dem man sogar wichtige histor. Nachrichten hat, war aber ohne Zweifel das bedeutendste. Seine Blüte und höchste Machtentfaltung (13. bis 14. Jh.) fiel mit dem allmählichen Erstarken der Macht der ↓ Inka zusammen. Um 1450 n. Chr. geriet C. mit dem Inka-Reich in Konflikt und wurde schließlich erobert, doch blieb es als Teil des Imperiums unter der Statthalterschaft eigener Fürsten bestehen.

Pizarro landete in ihrem Gebiet bei Tumbez, und auch unter span. Herrschaft verblieben eine Zeitlang eigene Fürsten als Statthalter. Metropole des C.-Reiches war die Stadt Chanchan in der Nähe des heutigen Trujillo. Sie erstreckte sich über 18 km² und umschloß Pyramidentempel, Paläste, große Wasserreservoire, Gärten und Friedhöfe in ihren Mauern. Chanchan war in zehn durch Mauern geschiedene Quartiere eingeteilt, die Rückschlüsse auf den sozialen Aufbau des Reiches erlauben. Es heißt sogar, daß die Inka wesentliche Elemente des sozialen und verwaltungstechnischen Staatsaufbaus von C. übernommen hätten. Reiche Goldschätze machten C. bekannt. Die Metalltechniken waren hoch entwickelt. Die Keramik knüpft in ihrer Form eindeutig an die Taditionen von ↓Moche an; sie ist jedoch einfarbig schwarz und ebenso wie die Textilien durch eine Art Massenproduktion in der Qualität sehr beeinträchtigt worden. Man kann mit einiger Sicherheit annehmen, daß die Bevölkerung von C. direkte Nachfahren der Menschen der berühmten

C

Moche-Zivilisation waren. Die Sprache des C.-Reiches ist durch eine 1644 aufgezeichnete Grammatik ziemlich gut bekannt. Sie hat den Namen Yunca (Yunga) und war wohl nicht nur auf C. beschränkt, sondern reichte über die mittlere Küstenzone bis Lima und vielleicht sogar weiter nach S. Das Yunca ist heute praktisch von ↓ Quechua bzw. Spanisch verdrängt. Einzelne Ausdrücke haben sich im Idiom der peruan. Küstenfischer erhalten. Die Küstenfischer fahren heute noch mit ihren zusammengeschnürten Binsen-Booten (Balsa) weit aufs Meer hinaus, so wie es auf den Gefäßen von C. und Moche künstlerisch dargestellt ist.

Chinesen, größte ethnische Einheit der Menschheit, deren Gesamtzahl heute (einschließlich der C. außerhalb von China) 700 Mill. überschritten hat. Der Name C. leitet sich nach allgemeiner Ansicht von dem zentralasiatischen Reiche «Kitai» (↓ Mongolen) her und wurde fälschlicherweise auf die C. übertragen; nach einer anderen Version kommt der Name von der Dynastie der «Ts'in» (Ch'in), die China Ende des 3.Jh. v.Chr. in einen straffen Einheitsstaat umformten. Der in antiken Quellen mehrfach erwähnte Name «Seres» (Seidenleute), hat die C. wohl nicht betroffen. Eine direkte Selbstbezeichnung hatten die C. in ihrer Geschichte nie. Sie waren eben das Volk aus dem «Reich der Mitte» im Gegensatz zu den umwohnenden Barbaren. Zeitweilig nannten sie sich nach einer mächtigen Dynastie «Volk von Han». Die Sprache der C. ist durch Tonhöhen als Bedeutungselement, Einsilbigkeit der Wörter und das Fehlen von Ableitungs- und Beugungsaffixen gekennzeichnet. Sie hat ihre nächsten Verwandten in den ↓ Thai-Sprachen und bildet mit diesen den siamochinesischen Zweig (Sino-Thai-Sprachen) der großen ↓ Sino-Tibetanischen Sprachen. Das Chinesische zerfällt in viele Dialekte, die man in folgende große Gruppen zusammenfaßt: 1. das Kuan-hua oder Mandarin in Nordchina, den zentralen, westl. und südwestl. Provinzen, 2. das Wu vor allem in Chekiang und im S von Kiangsu, 3. das Min oder Fu-kien in der Prov. Fukien, 4. das Yue oder Kwan-tung (Kantonesisch) in der Prov. Kwantung und 5. das Hakka im Hinterland von Canton (Prov. Kwantung und Nachbargebiete, auch Taiwan). Es fällt auf, daß besonders die südl. Küstenprovinzen sprachlich abgehoben sind; vielleicht war der Hauptgrund die Verkehrsfeindlichkeit der Gebirgszonen im Hinterland. Die Dialekte sind selbst in den größeren Gruppen so verschieden, daß oft große Verständigungsschwierigkeiten auftreten. Bei der chines. Begriffsschrift spielen sie keine Rolle; es steht jedoch hinter der Tendenz, eine auf dem latein. Alphabet aufbauende Lautschrift einzuführen, auch der Wunsch, zu einer weitgehend einheitlichen Sprache zu kommen.

Nach dem somatischen Erscheinungsbild gehören die C. überwiegend zur Rasse der Siniden (↓ Mongolide), die man in eine nördl. und eine südl. Subrasse unterscheidet. Am Volkstum der C. haben aber auch tungide und andere mongolide Rassen einen gewissen Anteil.

Die Prähistorie reicht in China bis ins mittlere Pleistozän (ca. vor 300000 bis 400000 Jahren). Bekannt sind die Funde in den Höhlen von Chou Kou Tien südwestl. Peking. Sie erbrachten z.B. die Fossilien einer Altmenschen-Spezies (Sinanthropus pekinensis). Man fand hier auch die ältesten Spuren des Feuergebrauchs, die bisher nachgewiesen werden konnten. Die These, daß der Sinanthropus schon entscheidende Rassenmerkmale der Mongoliden aufweise, gewissermaßen der «Ur-Chinese» sei, ist völlig haltlos. Für die Zeit nach dem Paläolithikum besteht für Nordchina z.Z. noch eine Fundlücke, was aber nicht unbedingt bedeutet, daß jegliche Besiedlung gefehlt hat; einzig in den Randzonen (Gobi, Kwangsi etc.) lassen sich mesolith. Kulturen nachweisen. Ziemlich unvermittelt erscheinen dann um 2000 v.Chr. in Nordchina, dem Kernland der C., spätneolith. Kulturen, deren Träger ohne Zweifel eine pflanzerisch-produzierende Wirtschaftsform besaßen und in größeren Dorfschaften lebten. Man unterscheidet zumeist die Yang-shao-Kultur mit einer bemalten und die Lung-shan-Kultur mit einer schwarzen Keramik.

Die bemalten Gefäße finden sich besonders reichlich in Honan und Kansu: das Dekor erinnert sehr an neolithische Keramik in SW-Asien und SE-Europa (Bandkeramik). Die Lung-shan-Kultur hat ihr Zentrum in Shantung. Auch sie zeigt gewisse Beziehungen nach W, kannte bereits die Töpferscheibe und das Pferd als Haustier. Sie ist überdies zeitlich ein wenig später anzusetzen (ca. 1900 v.Chr.) und hat die Yang-shao-Kultur in vielen Gebieten überlagert. Sehr wahrscheinlich wurden die neuen kulturellen Errungenschaften von SW-Asien von Volk zu Volk übertragen. Die Verhältnisse des Neolithikums in Nordchina sind aber heute noch so unübersichtlich, daß keine konkreten Aussagen möglich sind. Nach den Skelettresten darf man die Menschen dieser Epoche als Vorfahren der heutigen C. ansehen. Sie besaßen bereits eine bäuerliche Kultur, während der periphere Raum noch im ↓ Wildbeutertum verharrte. Die Ethnogenese scheint sich in dieser Zeit durch Verschmelzen verschiedener Lokalkulturen vollzogen zu haben. Die C. können sich also mit einigem Recht auf eine über 4000jährige Kontinuität in ihrem Kernland berufen. Ohne bisher erkennbare Übergangsstufe beginnt auch die Bronzezeit. Ausgrabungen in der Nähe des heutigen Anyang (Nordhonan) brachten Bronzegeräte, die bereits eine hochentwickelte Bronzetechnik voraussetzen. Die Kultwaffen und vor allem die großen Sakralgefäße gehören schon zu den vollendetsten Werken der Kunst Chinas. Zahllose Orakelknochen mit Schriftzeichen wurden geborgen. Die Inschriften beweisen, daß die sog. Anyang-Kultur (ca. 1300–1050 v. Chr.) bereits in die histor. Epoche gehört. Anyang war eine der Hauptstädte des ersten großen Herrschergeschlechtes von China gewesen. In der sog. Shang-Dynastie (ca. 1500–1050 v.Chr.) gelangten die C. zu einer nationalen Einheit. Die legendäre Hsia-Dynastie (ca. 1800–1500 v.Chr.) gehört wahrscheinlich noch in die Zeit des Neolithikums. Das Shang-Reich besaß alle Merkmale einer archaischen Hochkultur: Straffe soziale Gliederung, Auftreten städtischer Gebilde, eine Schrift mit mehr als 2000 Zeichen, die schon alle wichtigen Elemente der späteren Schrift zeigen, Deichbau und Bewässerungsanlagen, hochstehendes Kunsthandwerk sind wohl die wichtigsten Erscheinungen. Zentrum des noch relativ kleinen Staates war das Gebiet am mittleren Hunho (westl. des heutigen Peking), doch beherrschte das Shang-Reich mit seinen Streitwagen das ganze östl. Tiefland Nordchinas und hielt die umwohnenden Stämme in Abhängigkeit. Da die Zeit vor der Anyang-Periode sich archäologisch noch nicht fassen läßt, sind Aussagen über das Entstehen der Shang-Kultur (Eindringen fremder Eroberer etc.) nur von hypothischem Charakter. Der letzte Shang-Herrscher wird als grausamer Despot geschildert. Er wird von einem seiner Lehnsfürsten gestürzt, der nach 1050 v.Chr. die sog. Tschou-Dynastie begründete. Alle histor. Daten der frühen Zeit haben nur Annäherungswert, die absolute Chronologie in der Geschichte Chinas beginnt erst 841 v.Chr., da für dieses Jahr von einer datierbaren Mondfinsternis berichtet wird, die einen Fixpunkt liefert. Während der fast 800jährigen Herrschaft der Tschou (bis 250 v.Chr.) bildeten oder zeigten sich fast alle jene Phänomene, die für die weitere Geschichte Chinas bestimmend wurden: Die andauernden Auseinandersetzungen zwischen der Zentralgewalt und den Unabhängigkeitsbestrebungen der Lehnsstaaten oder späteren Provinzen, die Bedrohung durch die Reiterkrieger und Hirtennomaden in den nördl. Steppengebieten und deren Abwehr, die Ausdehnung des Reiches vor allem nach S, die zur Unterwerfung, Vertreibung oder Sinisierung der sog. «Barbarenvölker» Südchinas (↓ Lolo, ↓ Thai, ↓ Miao) führte. In diese Zeit fiel auch das Wirken des Konfuzius (551–479 v.Chr.), dessen Ethik und Staatsmoral als Gegenpol der Sublimierung der überkommenen Religion im Taoismus des Laotse (6. oder 4.Jh. v.Chr.) entgegensteht.
Die Familien- und Sippenordnung der C. war zu jener Zeit bereits ausgebildet; gemeinsame Grundbesitz, die Ausrichtung der individuellen Interessen etc. werden häufig unter dem Namen «Gentry-System» zusammengefaßt. Die Ansicht, daß

C

dieses System Grundlage des Staates gewesen sei, ist irrig, denn die großen Sippen stellten ihre Interessen immer über die des Staates oder versuchten, ihn für ihre Interessen zu usurpieren. Gegen Ende der Tschou-Dynastie zerfiel das Reich in mehrere selbständige und einander bekämpfende Staaten. 221 v. Chr. hatte der Herrscher des Staates Ch'in im N und NW des Landes fast ganz China erobert. Als Shih Huang-ti erhob er sich dann zum ersten Kaiser Chinas und verwandelte

C

Drei Bilder zum Stichwort «Chinesen»: Links eine als Grabbeigabe verwendete Tonfigur aus der T'ang-Zeit (618 bis 906 n. Chr.). Rechts oben chinesische Mädchen in alter Tracht beim Frühlingsfest. Rechts unten eine Szene im heutigen Peking; am Straßenrand wird Tee angeboten.

C

den feudalen Lehnsstaat in ein striktes Einheitsreich. Der Adel wurde völlig entmachtet, eine große Bücherverbrennung sollte alle Erinnerungen an die feudale Tradition löschen. Das Reich wurde in Provinzen aufgeteilt, die Verwaltung von Beamten übernommen. Shih Huang-ti ließ Erdwälle an den Nordgrenzen des Reiches aufwerfen, die Vorläufer der Großen Mauer, die Schutz gegen die Reitervölker der Steppe bieten sollten. Nach seinem Tode (210 v. Chr.) wurde die Ch'in-Dynastie (Ts'in-Dynastie) bald gestürzt. Das Erbe trat die Han-Dynastie (206 v. Chr.) an, und mit ihr beginnt eine neue Epoche in der Geschichte Chinas, die man allgemein als Mittelalter bezeichnet. Das Eisen beginnt zu dieser Zeit mehr und mehr die Bronze zu verdrängen. Mit der Han-Dynastie, die mit einer Unterbrechung (9–23 n. Chr.) bis 220 n. Chr. regiert hat, erlebt China eine große imperiale Ausdehnung. Im NE wurden Korea, im S die Küstenprovinzen, das Tongking-Delta und sogar Cochinchina erobert, und die Macht des Reiches rückte weit nach Zentralasien vor. Im 1. Jh. n. Chr. wurde der Buddhismus nach China eingeführt und fand bald weite Verbreitung. Das Ende der Han-Dynastie brachte zugleich einen Niedergang des Reiches. Viele kurzlebige Dynastien regierten nacheinander oder nebeneinander. Erst mit der T'ang-Dynastie (618–906) gewann China seine Ordnung und Macht zurück, dann begann wieder eine Zeit politischer Wirren. Bis 970 gab es fünf Dynastien und im N die Liao-Dynastie (907–1123) der mongol. Kitan. Die Sung-Dynastie (970–1279) konnte das Reich zunächst wieder stärken, geriet dann mehr und mehr in die Abhängigkeit der Kitan, und als die tungusischen Jurchen (↓ Mandschuren) nach Nordchina einbrachen und dort die Kin-Dynastie (1115–1237) begründeten, mußten die Sung nach S ausweichen. Trotz der polit. Schwäche bedeutet das Reich der S-Sung den kulturellen Höhepunkt des mittelalterlichen China. Die Sung fanden in den ↓ Mongolen einen fragwürdigen Verbündeten. Sie eroberten unter Dschingis Khan (1189–1227) das Kin-Reich, wenden sich dann aber nach S und erobern bis 1280 ganz China. Der Enkel Kublai Khan begründet die Yüan-Dynastie (1280 bis 1368). An seinem Hofe weilte Marco Polo, der zum ersten beredten Zeugen der Kultur und Größe Chinas in Europa wurde. Erstaunlich rasch wurden die verhaßten Mongolen wieder vertrieben. Ein einfacher Rebellenführer wurde zum Begründer der Ming-Dynastie (1368–1644). Unter den Ming erlebte China eine polit. und kulturelle Blüte. Gegen die Gefahr der Steppenvölker wurde zu Beginn des 15. Jh. die Große Mauer errichtet, das seither größte Befestigungswerk in der Geschichte. Jedoch vermochte auch dieses nicht den Mandschuren Einhalt zu gebieten, die Mitte des 17. Jh. bis auf Formosa, wo sich die Ming bis 1683 halten konnten, ganz China unterwarfen und die Mandschu-Dynastie bzw. Ts'ing oder Ch'ing-Dynastie (1644 bis zur Revolution 1911) errichteten. Die Mandschu suchten die Versöhnung, ihre härteste Maßnahme war wohl die Einführung des «Chinesenzopfes» nach ihrer eigenen Haartracht. Durch gute Verwaltung kam es zu einem sprunghaften Anstieg der Bevölkerungszahl, und China erreichte seine größte Ausdehnung (u. a. Tibet und Burma). Die damit verbundene Kraftanstrengung des Volkes, das Verharren in mittelalterlichen Traditionen und die Einmischung der Europäer vor allem seit dem Opiumkrieg (1840–42) waren die Hauptgründe für den Niedergang Chinas im 19. Jh. und den Ausbruch der Revolution 1911. – Der engere Kontakt der Europäer mit den C. datiert seit Beginn des 16. Jh. Der Eindruck war so groß, daß es im Europa des 17.–18. Jh. eine regelrechte China-Mode gab (Chinoiserie). Zahlreiche Kulturgüter der C. wurden übernommen oder nachempfunden. Das Studium der chines. Kultur und Geschichte obliegt mit der Sinologie einer eigenen wiss. Disziplin, die sich bei dem unbeschreiblichen Reichtum ihres Studienobjektes notwendig in mehrere große Sachgebiete gliedert.

Chiquito, größere Stammesgruppen in Ostbolivien (Provinzen Santa Cruz und

Beni), die zugleich eine selbständige Sprachfamilie bilden (↓ Südamerikan. Indianer, Karte). Die C. gliedern sich in die C. im engeren Sinne, die Manasí, Penoki, Pinyoca und andere Stämme und Sprachen. Ostbolivien wird zumeist als zusammenhängende Kulturprovinz behandelt, obwohl eine außerordentliche Sprachen- und Völkervielfalt vorliegt. Unter den C. lebten z. B. die Otuke, die sprachlich den ↓ Bororo verwandt sind, und Stämme der Chapacura. Nördl. der C. sitzen die Mojo, Bauré und Paiconeca, die zu den ↓ Aruak gehören. Die Stämme der Chanichana, Movimá, Cayuvava und Itonama (alle im Gebiet des Mamoré der Prov. Beni) sind jeweils isolierte Spracheinheiten. In der Kultur sind Einflüsse der zentral-andinen Hochkultur zu erkennen; bekannt wurden die riesigen Panpfeifen der Mojo bzw. ihrer Nachfolger. Das Kulturgut der ↓ Andinen Hochkulturen vermittelten die Yuracare (etwa zwischen der Stadt Santa Cruz im E bis Cochabamba im W), die Mosetene und den Chimanue (etwa zwischen 15°–17° S und 66°–67° W) sowie die Leco (ca. 16° S und 68° W), die wiederum drei selbständige Spracheinheiten bilden. Es finden sich in Ostbolivien aber auch primitiv-wildbeuterische Gruppen (↓ Sirionó). – Genauere Angaben über die Bevölkerungszahl der genannten Gruppen liegen nur vereinzelt vor oder stammen aus weit zurückliegender Zeit. Die meisten sind ganz oder fast ganz verschwunden. Seit dem 16.–17. Jh. besteht der Kontakt mit Spaniern, und um diese Zeit setzt auch die Missionsarbeit ein, was den Übergang in die bolivian. Mischbevölkerung sehr förderte. Im wesentlichen muß man von den meisten Gruppen in der Vergangenheit sprechen. Auch führten Epidemien und Ausbeutung im 19. Jh. zu starken Bevölkerungsverlusten.

Chiriguano, südamerikan. Indianervolk in SE-Bolivien etwa zwischen oberem Pilcomayo und oberem Río Grande, das sich aus verschiedenen Gruppen der ↓ Guaraní gebildet hat, die aus kultischen Gründen ihre Wohnsitze im westl. Paraguay verließen. Diese C. mußten den Gran Chaco durchqueren, zogen den Pilcomayo aufwärts und ließen sich in den Vorbergen der mittleren Anden nieder. Sieben Wanderungen sind seit 1471 (oder 1476) bezeugt. Sie bedrohten mehrfach die Grenzen des Inka-Reiches, und an einer solchen Invasion nahmen einige schiffbrüchige Spanier teil (1521–26), so daß kurioserweise der erste Spanier von E kommend das Inka-Reich betrat. Wie den ↓ Inka machten die ungemein kriegerischen C. auch den nachfolgenden Spaniern große Schwierigkeiten; noch 1886 kam es zu einem großen Aufstand gegen den bolivianischen Staat. Auf dem Wege in ihre neuen Wohnsitze unterwarfen sie das zu den ↓'Aruak gehörende Volk der Chané, versklavten und assimilierten es weitgehend. Im 16. Jh. sollen die C. nach verläßlichen Berichten 60000 Chané getötet und verzehrt haben; sie waren gefürchtete Kannibalen. – 1927 schätzte man die Zahl der C. auf 20000, doch wird sich diese durch den Chaco-Krieg vermindert haben. Sie sind heute zum großen Teil missioniert und haben sich den neuen Verhältnissen angepaßt. Ursprünglich glichen sie kulturell den Guaraní, doch hatten sie viele Kulturgüter von den Anden-Völkern übernommen. Einige Gruppen der C., die Guarayú und Pauserna, sind noch weiter nach N vorgestoßen und haben z. T. den Mato Grosso erreicht (↓ Sirionó).

Chokwe, bedeutender Stamm mit weit über 600000 Menschen der ↓ Bantu-Neger (Mittel-Bantu) in NE-Angola, dem südl. Kongogebiet und Teilen von Zambia, für den es weit über 20 Synonyme gibt (Aioko, Badjok, Bakioko, Batschockwe, Chiboque, Kioko, Cokwe, Tschokwe, Tsokwe, Watschiokwe etc.). Sie sind vor allem bekannt wegen ihrer Geheimbünde und des damit verbundenen Maskenwesens. Die C. standen lange unter der Oberhoheit des ↓ Lunda-Reiches, konnten aber Ende des 19. Jh. dessen Herrschaft abschütteln und ihrerseits das Reich erobern.

Chuncho, Sammelbezeichnung der indian. Andenbevölkerung für ihre weniger zivilisierten Nachbarn, die in der Montaña (östl. Anden-Abdachung) von Peru und Ecuador leben. Die Montaña-Stämme gehören zur großen Einheit der Stämme des trop. Waldlandes (↓ Südamerikanische Indianer), bilden aber innerhalb dieser – trotz sprachlich-ethnischer Vielfalt, die auch in Südamerika ohne Beispiel ist – eine eigene Kulturprovinz. Die Grenze zu den Anden-Völkern verläuft ziemlich scharf entlang der Urwaldzone in ca. 1000–1200 m ü. M., dann folgt ein menschenleerer Streifen. Die überaus kriegerischen C. haben sich bis heute relativ gut behauptet. Selbst das mächtige Imperium der ↓ Inka vermochte seine Herrschaft kaum nennenswert in die Montaña auszudehnen. Der eine oder andere Grenzstamm mag damals das ↓ Quechua übernommen haben. Die Sprache des Hochlandes wurde wesentlich stärker durch die etwa 1630 beginnende Mission in die Montaña getragen. Auch ist beinahe der Montaña zum Opfer gefallen, denn als sie um 1830 mit der Unabhängigkeit Perus und Ecuadors von Spanien eingeschränkt und z.T. unterbrochen wurde, war ihr Erfolg im Vergleich zu den Anstrengungen und Opfern gering. Starke Bevölkerungsverluste brachte den C. der Kautschuk-Boom gegen Ende des 19. Jh. Den südl. Eckpfeiler der C. bilden Stämme aus der Sprachfamilie der ↓ Aruak, die sich relativ gut behauptet haben: die Campa (1940: ca. 20 000, vielleicht sogar mehr), Amuesha (1940: ca. 4000), Piro (1940: ca. 5000), Masco mit Unterstämmen (ca. 5000), Machiguenga, Sirineri, Tuyuneri (alle um 1000) etc.; sie leben im Gebiet des Urubamba und Apurímac sowie anderer Oberläufe des Ucayali. Das Zentrum der C. bilden die Stämme der ↓ Pano im Gebiet des Ucayali und seiner Nebenflüsse sowie die Unzahl von Stämmen im Tal des Huallaga und seinen zahlreichen Nebentälern. Unter den Huallaga-Stämmen des 17. Jh. gab es mehrere isolierte Sprachfamilien, doch ist man über diese nur ungenügend informiert, da hier durch die Mission etc. das Quechua eingeführt wurde, zudem auch eine Angleichung an die Kultur des Hochlandes erfolgte. Im N der Montaña, um den nun von W nach E fließenden Marañon und seine nördl. Nebenflüsse (Pastaza, Tigre, Morona, Santiago etc.), sitzen die ↓ Jívaro, die Canelo und die Zápora mit den Andoa, Iquito, Maina, den sehr kriegerischen Awishira (Aucas) und anderen Stämmen. Auch hier im N der Montaña haben sich einige Gruppen gut behauptet und wesentliche Elemente ihrer alten Kultur bewahrt (z.B. die Jívaro). Der Montaña von Peru und Ecuador entspricht das Gebiet der Yungas in Bolivien, doch liegen hier andere Verhältnisse vor. Die Grenze zwischen Yungas und Hochland war zwar auch ziemlich scharf, z.T. von den Inka durch Festungen gesichert (↓ Chiriguano), doch erstreckte sich hier der kulturelle Einfluß der ↓ Andinen Hochkulturen viel weiter nach E und läßt sich unter den Yunga-Stämmen oder den sog. Mojo-Chiquito-Stämmen (↓ Chiquito) recht gut feststellen.

Comanchen (Komantschen), bedeutender Stamm der ↓ Prärie-Indianer, dessen Streifgebiet vor allem in NW-Texas lag. Die C. lebten ursprünglich im Felsengebirge von Wyoming in unmittelbarer Nachbarschaft der heute noch dort sitzenden ↓ Schoschonen, deren direkte Sprachverwandte sie sind. Ende des 17. Jh. übernahmen die C. das Pferd als Reittier von den Spaniern und spezialisierten sich als einer der ersten Indianerstämme ganz auf die Büffeljagd. Sie drangen in die südl. Plains vor und verdrängten die dort lebenden ↓ Apachen, die auch in späterer Zeit ihre Erbfeinde blieben. Die C. galten als hervorragende Pferdehalter; über ihre Vermittlung sollen viele andere Stämme erst das Pferd erhalten haben. Sie führten das unstet-nomadische Leben des typischen Büffeljägers und unternahmen Raub- und Streifzüge bis nach Mexiko. Vor allem hatte der junge (noch unabhängige) Staat Texas unter den C. zu leiden; die berühmten «Texas Rangers» wurden speziell zum Schutz gegen sie geschaffen. 1937 gab es in den Reservationen noch über 2000 C.; die ursprüngliche Zahl wird auf ca. 7000 geschätzt.

Cuna, Indianer in Panamá, die westl. und östl. der Kanalzone und in Kolumbien bis ins Mündungsgebiet des Río Atrato leben. Die C. waren Träger zweier präkolumbischer, nach ihren Fundprovinzen genannten Kulturen. Die «Coclé-Kultur» im W und die «Darién-Kultur» im E des Kanals hatten polychrome Keramik mit reichem Dekor und viele Goldobjekte. Es wird z.B. berichtet, daß man 1519 in einem Häuptlingsgrab über 300 Pfund an Goldschmuck fand. Die C. traf schon sehr früh der Stoß der goldhungrigen Conquistadoren. Nur Reste überstanden in den Bergen diese Zeit. Die heutigen Indianer sind ein typisches Beispiel für kulturelle Verarmung. Nichts erinnert mehr an die fast staatsähnliche Lebensordnung, an die Goldschmiedekunst und die hervorragende Keramik. Eine größere Gruppe der C. lebt in einer Art Reservation auf den Inseln der karibischen Küste östl. vom Golf San Blas (San Blas-C.). Sie werden wohl in absehbarer Zeit ganz in der Mischlingsbevölkerung aufgehen. Westl. der C. sitzen die vielfach verstreuten Guaymí, dann folgen im W Panamás und E Costa Ricas die Talamanca mit den Boruca, Bribri, Terraba und anderen Stämmen sowie im nördl. Costa Rica die Guetar, Suerre, Corobici und Rama. Auch hier gab es bedeutende präkolumbische Kulturen, wie die «Veraguas»- und «Chiriquí»-Kultur; man fand z.B. Steinkugeln bis zu einem Durchmesser von 2,4 m, die wahrscheinlich Kult- oder Begräbnisplätze markierten. Alle genannten Stämme gehören zur großen Sprachfamilie der ↓ Chibcha, die in der Hauptsache im nordwestl. Südamerika verbreitet ist.

Dajak (Dyak), Sammelname für die Inland-Bevölkerung der Insel Borneo, die kulturell zum sog. altindones. Bevölkerungssubstrat des Malaiischen Archipels (↓ Indonesier) gehört. Die ca. 2 Mill. D. gliedern sich in einige Dutzend kulturell und sprachlich divergierende Völker und Stammesgruppen, die sich insgesamt aus über 300 eigenständigen Stämmen zusammensetzen. Das bedeutendste Volk von Südborneo sind die Ngadju an den Flüssen Kahajan, Kapuas und Katingan, die nicht nur durch viele Berichte recht gut bekannt sind, sondern in ihrer Religion einige faszinierende Phänomene vereinen, z.B. Kopfjagd, Menschenopfer, sakrale Prostitution der Priesterinnen, Hermaphroditentum der Priester. Ihr Totenritual läßt sich an Dauer, Umfang und Aufwand in Indonesien nur noch mit dem der Balinesen in Parallele bringen. Den Ngadju eng verwandt sind die Ot Danum am Oberlauf der genannten Flüsse. Östl. der Ngadju leben im Gebiet des Barito die Maanjan mit dem Hauptstamm der Siung (Sihong), die Lawangan, Tabojan und Barito-Dusun. Sie sind nicht so gut bekannt, zeigen aber manche Übereinstimmung, die sie als größere ethnische Einheit ausweisen. Unter den Stämmen Südborneos wirkte seit der Mitte des 19. Jh. die Rheinische Missions-Gesellschaft, nach dem I. Weltkrieg die Basler Mission. Nach anfänglichen Schwierigkeiten, die bei einem großen Aufstand 1859 zur Ermordung mehrerer Missionare und ihrer Familien führten, hatte die Mission recht guten Erfolg, so daß es heute eine selbständige D.-Volkskirche gibt. Missionare haben die besten Berichte über die alte Volksreligion der Ngadju geliefert (z.B. Schärer 1946). In Westborneo leben die Kendajan oder Land-D., die vor einigen Jahrhunderten durch einen starken Einfluß indischer bzw. hindu-javanischer Kultur geprägt wurden, mehr noch als die Völker in Südborneo; dennoch hat sich ihre alte, ganz auf das Dorf bezogene Kultur in wesentlichen Zügen erhalten. In NW-Borneo sind die Iban oder See-D. das wichtigste Volk. Wahrscheinlich erst vor einigen Jahrhunderten von Sumatra nach Borneo eingewandert, ist dieses vitale und aggressive Volk tief ins Innere der Insel vorgedrungen. Bekannt wurden sie wegen ihrer Piraterie unter malaiischen Anführern bis weit ins 19. Jh., die erst durch die Gründung des Staates Sarawak unter dem weißen Radja Brooke unterbunden werden konnte. Von den Iban zurückgedrängt und zersplittert wurden die Klemantan mit ihren vielen Stämmen, deren wichtigster die Milanau sind. Nordborneo wird von zwei großen Stammesgruppen eingenommen, den Murut im Innern und den Dusun zur Küste hin, die sich jeweils in viele Stämme und Unterstämme unterteilen. Wie sich ihr Landschaftsraum zu den Philippinen hin öffnet, so zeigen sie in ihrer Kultur manche Ein-

flüsse von N, z. B. deutliche Phänomene der Megalithkultur. Große Bedeutung haben in diesem Zusammenhang die Kelabit in einem ziemlich isolierten Hochland des nordöstl. Sarawak. Sie sind Träger einer noch «lebenden» Megalithkultur (↓ Niasser), kennen Menhire, Dolmen und andere Großsteinsetzungen; sie besitzen überdies viele Kulturelemente, die sich ansonsten in Borneo nicht finden. Die Stammesgruppen in Zentral- und Ostborneo werden als die urtümlichsten angesehen. Unter den Sammelnamen Kajan, Kenja und Bahau verbergen sich viele, oft große Stämme (Modang, Long Glat, Pnihing etc.). Faszinierend ist ihr hervorragendes Kunsthandwerk: Wenige Grundmotive werden teils realistisch, teils in einer einmaligen Ornamentik zu einer kaum überschaubaren Formenfülle variiert und stilisiert wiedergegeben. Sie sind wie die meisten D. eifrige Kopfjäger gewesen und wohnen in den riesigen, auf hohen Pfählen stehenden Langhäusern, die meist ein ganzes Dorf beherbergen. Unter den seßhaften und bodenbautreibenden (vornehmlich Trockenreisanbau) D. leben in den Urwaldzonen die wildbeuterischen Punan (ca. 50000). Diese kümmerlich lebenden, unstet-nomadischen Jäger und Sammler stehen oft in einer Art wirtschaftlichen Symbiose mit den D.; sie tauschen gegen Reis vor allem Buschprodukte, Federn und Tierbälge. Punan ist nichts mehr als ein Sammelname für viele Horden, von denen nur wenig bekannt ist: man kann daher nur sagen, ob sie eine ethnische Einheit bilden oder wie das genetische Verhältnis zu einigen der D.-Stämme ist. Bemühungen, sie seßhaft zu machen, sind nur z. T. erfolgreich gewesen.
Das Siedlungsgebiet der D. erreicht nur an wenigen Stellen die offene See; fast die gesamte Küstenzone sowie die unteren Ufergebiete einiger großer Flüsse werden von einer islam. Bevölkerung eingenommen. Schon für das 1. Jt. n. Chr. lassen sich kolonialindische Staatsgründungen im Mündungsgebiet einiger Ströme nachweisen. Im 14.–15. Jh. war das ganze Küstengebiet von Vasallenstaaten des hindu-javanischen Reiches Madjapahit (↓ Javanen) eingenommen. Im 16. Jh.

wurden sie alle islamisiert und durch die ↓ Malaien, die Hauptträger der islamischen Missions- und Eroberungsbewegung, auch malaiisiert. Die Staaten blieben durchweg in ihrer alten Form (auch unter niederld. und brit. Kolonialverwaltung) bestehen. Am bekanntesten wurde das Fürstentum Brunei, von dessen Namen «Borneo» abgeleitet ist; Sarawak und auch Brit.-Nord-Borneo waren ursprünglich Herrschafts- und Einflußgebiete von Brunei. Der indones. Teil der Insel (früher niederländ.) wird heute «Kalimantan» genannt. Die Küstenbevölkerung (ca. 2 Mill.) gliedert sich in die Staatsvölker der Brunei-Malaien, Kuteier, Pasiresen, Bandjaresen etc., die zwar dialektische Unterschiede aufweisen, sich aber kulturell durch das gemeinsame Band des Islam nur wenig unterscheiden. Sie üben einen starken Einfluß auf die benachbarten D. aus, die durch den Übertritt zum Islam auch in das malaiische Volkstum der Küste aufgehen: typische Übergangserscheinungen zeigt z. B. der Stamm der Milanau in NW-Borneo. Die christl. Missionen, die nicht nur bei den Ngadju beachtliche Erfolge zu verzeichnen haben, bemühen sich, das eigenständige Volkstum der D. zu erhalten.

Dakota (Nakota, Lakota), das größte und bekannteste Indianervolk aus der Sprach- und Völkerfamilie der ↓ Sioux, das vor allem den SW Minnesotas, South und North Dakota sowie die Grenzzonen von Montana, Wyoming und Nebraska einnahm. Die D. nannten sich selbst die «Sieben Ratsfeuer» (Ocheti schakowin), und jedes Ratsfeuer repräsentiert einen unabhängigen Stamm. Diese Stämme führten aber untereinander keinen Krieg, und darum gaben sie sich den Namen D., d. h. «Verbündete». Bekannt wurden die D. aber unter der Bezeichnung «Sioux», einer Abkürzung von «Nadouessioux», was wiederum eine franz. Verballhornung eines Schimpfnamens («Schlangen» bzw. «Feinde») der ↓ Ojibwa für die D. war. In der Form «Nadowessier» war er früher auch im deutschen Sprachgebrauch zu finden, so z. B. im Titel eines Gedichtes von Schiller. Vier der D.-Stämme im E

Dieser Häuptling gehört dem Stamm der Hunkpapa an, einem der «Sieben Ratsfeuer» der Dakota. Die große Federhaube, die nur von hervorragenden Kriegern getragen werden durfte, hatte keine praktische Funktion; sie war ein Statussymbol, das nur bei besonderen Anlässen in Erscheinung trat. Die einzelnen Adlerfedern wurden nebeneinander im Gewebe der Haube verflochten oder verklebt. Die Fellschwänze sind ein zusätzliches Schmuckelement.

(vornehml. SW-Minnesota) bilden die Gruppe der Santee (Ost- oder Wald-D.); die drei anderen sind die Yankton, Yanktonai und Teton. Santee, Yankton und Yanktonai waren seßhaft und betrieben Bodenbau, verschafften sich aber einen großen Teil der Nahrung durch ausgedehnte Jagden auf Büffel und Rotwild. Die Teton hingegen waren ausschließlich Büffeljäger und gehörten zu den typischsten ↓ Prärie-Indianern. Sie gliedern sich in mehrere Unterstämme, von denen die Hunkpapa, Oglala und Blackfoot (nicht zu verwechseln mit den ↓ Blackfeet) die wichtigsten waren. – Die D. lebten in dauernder Fehde mit den Ojibwa, derem Druck sie immer mehr nach W auswichen. Etwa zur Mitte des 19.Jh. schoben sich weiße Siedler zwischen die Erbfeinde. Sofort richtete sich der Kampf der D. gegen diese; trotz einiger Erfolge wurden sie gegen Ende des 19.Jh. in die Reservationen gedrängt. Berühmt wurde die Schlacht am Little Bighorn (25. Juni 1876), wo die fünf Kavallerie-Kompanien des Generals Custer umzingelt und vernichtet wurden. Dieser Sieg des Häuptlings Sitting Bull mit seinen 4000 Kriegern war ein schwerer Schock für das Selbstbewußtsein der US-Amerikaner, und er bewegt heute noch die Gemüter.

Die Abschlachtung der Büffelherden beraubte die fast ganz in die unwirtlichen Gebiete gedrängten D. ihrer Lebensgrundlage. In der großen Not schlossen sie sich der ihnen fremden «Geistertanz-Bewe-

D

Dakota-Krieger posieren für den Fotografen. Der rechte Indianer trägt einen Fellmantel über der Schulter, in der Kleidung des linken zeigt sich schon europäischer Einfluß.

D

gung» an (↓ Prärie-Indianer), auf deren Anstiftung hin es 1890 zu neuen Unruhen kam, die aber mit der Schlacht am Wounded Knee Creek (South Dakota) blutig beendet wurden; auch Sitting Bull wurde in dieser Zeit getötet. Man schätzt die Zahl der D. in alter Zeit auf ca. 30 000; um 1900 ging sie stark zurück, doch hat sie inzwischen wieder zugenommen: 1937 zählte man 33 625, 1950 schon 40 742 D. in den Reservationen. Die D. gehören heute neben den ↓ Navaho und ↓ Cherokee zu den lebensfähigsten und größten Indianervölkern Nordamerikas.

Dan (Da), bedeutender ↓ Mande-Stamm der ↓ Sudan-Neger mit den Unterstämmen Gio (Nyo) und Yafuba (Diafoba), vor allem im Gebiet von Man an der westl. Elfenbeinküste; die Bevölkerungszahl beträgt ca. 150 000. Die D. sind der vielleicht typischste Stamm der Mande-Fu, einer Randgruppe der Mande (Peripheral Mande), die nach S in den westafrikan. Regenwald vorgedrungen ist, sich dort sprachlich isolierte und kulturell den benachbarten ↓ Kru, ↓ Temne und anderen Stämmen stark anglich. Sie leben durchweg als an das Dorf gebundene Hackbauern und Kleinviehhalter. Höhere staatliche Organisation fehlt. Die größten und bekanntesten Stämme der Mande-Fu sind (jeweils überwiegend) in Sierra Leone die (ca. 1 Mill.) Mende (Mendi, Kossa) mit den (ca. 80 000) Loko (Landro), die (ca. 80 000) Kono (Kolo) und die (ca. 200 000) Vai (Vei, Gallina), in Liberia die (ca. 250 000) Kpelle (Kpwessi, Pessi, Gbese etc.), die (ca. 150 000) Toma (Loma, Buzi etc.) und die zahlenmäßig kleineren Gbandi, Gbundi und Ngere sowie in den westl. Teilen der Elfenbeinküste die (über 100 000) Guro (Gouro, Lo) mit den Gagu (Ghan). Alle Stämme der Mande-Fu sind kulturell recht einheitlich; das Geheimbundwesen spielt überall eine bedeutende Rolle. Sie zeichnen sich durch hohe Kunstfertigkeit aus (Holzskulptur, Masken), die einzelnen Stämme unterscheiden sich in den Stilelementen deutlich voneinander.

Danakil, kuschitisches Volk (↓ Kuschiten) mit der Eigenbezeichnung «Afar» in Eritrea, Franz. Somaliland und Teilen von NW-Abessinien, dessen Bevölkerungszahl auf ca. 150 000 geschätzt wird. Ihnen verwandt sind die Saho (ca. 50 000) an der Nordgrenze des Siedlungsgebietes. Die D. waren ursprünglich Bodenbauern und Viehzüchter, doch haben sie sich nach 1000 n. Chr. ganz auf die Großviehzucht spezialisiert und eine nomadisierende Lebensweise angenommen. Heute sind die D. in ihrer Masse ausgesprochene Hirtennomaden, doch betreiben sie in geringem Maße in der Landschaft Aussa auch noch Ackerbau und in den Küstenzonen Fischfang. Sie bekennen sich zum Islam und gründeten das Reich Adal (13.–16.Jh.), das mehrfach das abessin. Reich der ↓ Amharen ernstlich bedrohte.

Delawaren, einer der wichtigsten Stämme aus der großen Sprach- und Völkerfamilie der ↓ Algonkin, der zur Zeit der Entdeckung fast ganz New Jersey und benachbarte Gebiete (wie Manhattan und das westl. Ende von Long Island) einnahm. Die D. sind einer der wenigen Stämme, die unter einem engl. Namen bekannt sind; man bezeichnete sie nach dem gleichnamigen Fluß, der wiederum nach dem Lord De La Warr (auch Delaware), dem ersten Gouverneur der Kolonie Virginia, benannt war. Sie nannten sich selbst «Leni-Lenape», was man mit «wahre Menschen» übersetzen kann. Die D. hatten viele Unterstämme, die in drei Gruppen zusammengefaßt waren: die Unalachtigo oder Truthähne im N, die Munsee oder Wölfe im S und im Zentrum (wie im Gebiet der heutigen Stadt New York) die Unami oder Schildkröten. Schon Ende des 16.Jh. setzten sich Niederländer in ihrem Gebiet fest (Neu Amsterdam = New York), zu Beginn des 17.Jh. auch Schweden, deren Niederlassungen 1655 von den Niederländern erobert wurden; 1664 verloren die Niederländer ihre Besitzungen an die Engländer. Im allgemeinen war das Verhältnis zwischen den D. und den Kolonisten in der frühen Zeit gut. Bekannt wurden die Verhandlungen, die William Penn 1682 mit den D. um Gebietsabtretungen führte. Er fand in dem Häuptling Tamanend oder Tammany einen ebenbürtigen Partner. Dieser hatte wegen seiner Weisheit, Güte und Freiheitsliebe einen legendären Ruf unter den europ. Kolonisten. Mehrere philantropisch-politische Gesellschaften trugen seinen Namen. Die «Society of St. Tammany» spielte zeitweilig eine beherrschende Rolle im polit. Leben des Staates New York, sie war praktisch identisch mit der Demokratischen Partei. Der Sitz der Gesellschaft (Wigwam) ist die «Tammany Hall». Mitte des 18.Jh. begann die Vertreibung der D. Sie zogen zunächst nach Ohio, später weiter nach W. Für 1600 schätzt man ihre Zahl auf ca. 8000; heute dürften noch 1500 D. in Reservationen leben, doch sind von ihnen kaum mehr als 20 Prozent reinblütige Indianer.

Die D. gehören kulturell zu den ackerbautreibenden Stämmen des östl. Waldlandes. Erhalten ist eine Bilderhandschrift (Walam Olum), die die ganze Stammesgeschichte der D. wiedergibt, ihre Wanderung von Labrador bis zum mittleren Atlantik. Mehrere benachbarte Algonkinstämme betrachteten sich als Abkömmlinge der D., die darum – aber auch wegen ihres politischen Übergewichts – «Großvater» genannt wurden. Nordöstl. der D. saßen die Montauk (Long Island) und die Wappinger (unterer Hudson bis Connecticut) sowie nördl. die Mohikaner (Mahican) am mittleren Hudson, die, weit über ihre eigentliche Bedeutung hinaus, durch das Buch von James Fenimore Cooper «Der letzte Mohikaner» (1826) weltbekannt wurden. Diese Stämme, von denen keiner je mehr als 3000 Köpfe zählte, waren den D. verwandt, und ihre Reste verschmolzen im 18.Jh. mit den D.; immerhin gibt es noch einige Indianer, die sich mit Recht Mohikaner nennen können. Sie leiten über zu den Stämmen Neuenglands (↓ Abnaki). Südl. der D. im östl. Maryland saßen die eng verwandten Nanticok, dann folgte die große Stammesföderation der ↓ Powhatan. Die D. und ihre Verwandten sind im histor. Bewußtsein der heutigen US-Amerikaner lebendig; viele Orts- und Flußnamen erinnern an ihre Existenz.

Dravida, Sammelname für eine Gruppe von Völkern vornehmlich in Südindien und NE-Ceylon, deren eng verwandte Sprachen bisher noch nicht mit Sicherheit zu größeren Spracheinheiten in Beziehung gebracht werden konnten. Die Bevölkerungszahl der D.-Völker wurde 1962 auf über 115 Mill. geschätzt. Die Tamilen (Tamulen) nehmen SE-Indien (überwiegend den Staat Madras) und NE-Ceylon ein (über 35 Mill.). Ihre Sprache (Tamil) ist dem Malayalam, dem Idiom der Malabaresen (über 16 Mill.) im Gebiet der Malabar-Küste (Staat Kerala), eng verwandt. Überwiegend im Staat Mysore leben die Kanaresen (über 17 Mill.), deren Idiom Kannada oder Kanara genannt wird. Das Tulu (über 0,9 Mill.), das rund um die Stadt Mangalore an der Westküste verbreitet ist, und das Kodago oder Coorg, das sich im Nilgiri-Bergland erhalten hat, scheinen Altformen des Kanara zu sein. Das Kodago wird von einer gemischten Bevölkerung gesprochen: die Badaga (ca. 30000) sind einfache Bergbauern, die ↓ Toda, die heute wohl kaum mehr als 600 zählen, sind Büffelzüchter und die Kota (ca. 1500) ein verachteter Handwerkerstamm. Nördl. des Tamil wird das Telugu gesprochen, das Idiom der Telinga oder Telengana (über 40 Mill.), deren Verbreitungsgebiet im wesentlichen mit dem Staat Andhra Pradesh übereinstimmt. Andhra Pradesh mit der Hauptstadt Hyderabad wurde 1953 vom Staat Madras getrennt: der Name erinnert an das Telugu sprechende Volk der Andhra, das im 1.-2. Jh. n. Chr. im nördl. Südindien ein mächtiges Reich besessen hat. Nördl. dieses geschlossenen Verbreitungsgebietes der D. gibt es noch einige isolierte Gruppen: Im weiten Umkreis der Stadt Nagpur (Zentral-Indien) leben die Gond oder Gondwana (ca. 2 Mill.) und in den Bergländern von Orissa und Bihar die Khond (ca. 600000), die Oraon oder Kuruch, die Malto (ca. 70000), die Bondo

▷

Die hinduistischen Dravida-Völker fürchten und verehren Shiva, den Gott des Werdens und Vergehens. Die Bronzefigur entstand im Chola-Reich, 1100 n. Chr.

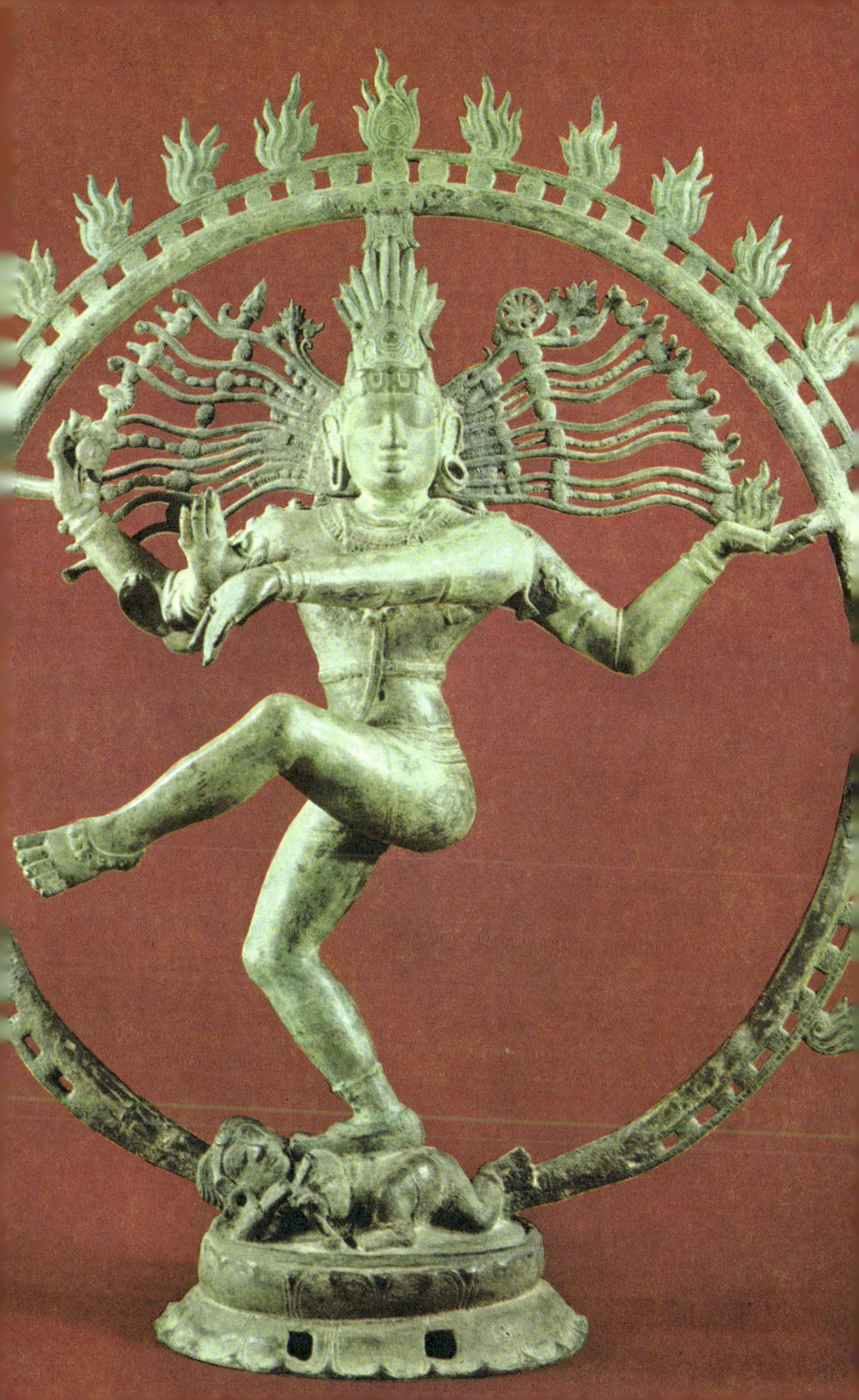

und andere kleine Stämme. Ihre Wohngebiete sind eng verzahnt mit denen der ↓ Munda-Völker, von denen sie sich kulturell und rassisch kaum unterscheiden. Wahrscheinlich handelt es sich bei diesen Gruppen um dravidisierte Munda, und wie die Munda-Völker selbst sind sie seit langem dem Druck progressiver Völker der ↓ Indo-Arier ausgesetzt, die sie z.T. assimiliert oder in unwirtliche Bergzonen gedrängt haben. Ganz isoliert in Baluchistan leben die Brahui (über 200 000), die nach ihrer Sprache eindeutig zu den D. gerechnet werden müssen.

Die größeren Völker der D. gehören insgesamt der indischen Hochkultur an. Sie besitzen nach dem Vorbild der nordindischen Brahmi-Schrift meist eigene Schriftsysteme (südindischer Schriftenkreis). Ihre reiche Literatur läßt sich z.T. bis ins 5.Jh. n.Chr. zurückverfolgen. Somatisch gehören die D. überwiegend zum Rassentyp der Indiden (↓ Europide). Doch gibt es unter ihnen starke Einschläge der weddiden (↓ Wedda) und der indo-melaniden Rassen (↓ Negride), die wohl aus einer dravidisierten Vorbevölkerung stammen, denn sie überwiegen eindeutig bei den kleineren Völkern und Stämmen der Bergzonen (Gond, Khond, Kodagu etc.).

Die D. wohnten einmal im N von Indien, wurden dann aber von den Indo-Ariern nach S zurückgedrängt. Eine neue Theorie, die sich weitgehend auf die prähistor. Forschung der letzten Jahrzehnte stützt, besagt dagegen, daß die D. in der ersten Hälfte des 1.Jt. v.Chr. (nach Ankunft der Indo-Arier) nach Indien eingewandert seien. Sie seien entlang der Westküste oder auf dem Seeweg gekommen und hätten die Kenntnis der Eisenbearbeitung und die sog. Megalithkultur nach Indien gebracht. Die Brahui von Baluchistan müßten als eine auf dem Wege zurückgebliebene Gruppe angesehen werden. Da Nordindien zu dieser Zeit schon von den Indo-Ariern besetzt gewesen ist, hätten sich die D. nach Südindien gewandt, die noch steinzeitliche Vorbevölkerung in kurzer Zeit unterworfen und assimiliert bzw. in unwirtliche Bergzonen gedrängt. Im Zusammenhang mit dieser neuen Theorie ist wichtig, daß von der Linguistik gewisse Beziehungen der D.-Sprachen zu dem Idiom der Elamiter, d.h. zu einem alten Bevölkerungsteil des südpersischen Hochlandes aufgewiesen wurden. Das entscheidende Zusammentreffen der D. mit den Indo-Ariern muß sich in der Zeit des großen Maurya-Reiches (ca. 321–185 v.Chr.) vollzogen haben, dessen Macht weit nach Südindien reichte. So tiefgreifend der Einfluß der indoarischen Völker auf die D. auch war, so haben sie sich doch ethnisch und sprachlich behauptet und wirkten ihrerseits auf die Indo-Arier ein. Der Anteil der D. an der gemeinsamen indischen Hochkultur steht dem der Indo-Arier nicht viel nach. Bereits im 1.Jh. n.Chr. lassen sich Staaten der D. fassen, so das Kalinga-Reich an der Ostküste nördl. des Godavari und das mächtige Andhra-Reich der Telinga. Auf der Höhe seiner Macht im 2.Jh. n.Chr. griff das Andhra-Reich über den Deccan weit nach N aus. Da die Indo-Arier Nordindiens unter der Herrschaft des fremdvölkischen Kuschan-Reiches der Saken standen, verkörpert das Andhra-Reich das nationale Indien. Ganz im SW gab es schon früh den Staat Kerala der Malabaresen. Da er durch eine hohe Gebirgszone gegen die historischen Ereignisse auf dem Subkontinent weitgehend abgeschirmt war, konnte er sich ganz der Seefahrt und dem Überseehandel zuwenden. Schon in vorchristl. Zeit müssen Handelsbeziehungen zum Orient bestanden haben. Im 1.Jh. n. Chr. gab es an der Malabar-Küste röm. und griech. Faktoreien, später folgten Syrer und Araber. Christl. Gemeinden, die von dem Apostel Thomas begründet sein wollen, werden schon für das 6.Jh. n.Chr. nachgewiesen. Histor. bedeutsamer waren Staaten im Bereich der Tamilen. Das Pallava-Reich der Telinga und nördl. Tamilen tritt etwa im 3.–4.Jh. n.Chr. die Nachfolge des Andhra-Reiches an und ist im 6.–8.Jh. die führende Großmacht Südindiens. Es hatte bereits überseeische Besitzungen, doch wird es noch übertroffen von dem alten Chola-Reich der Tamilen, das im 9.–12.Jh. zur führenden Großmacht Südindiens wird. Es hat den Beinamen «Byzanz des Ostens», beherrschte mit seiner großen Flotte den Indischen Ozean, besaß die ganze Ostküste Indiens, große Teile von Ceylon und die Malediven. Das Chola-Reich besaß feste Niederlassungen in SE-Asien. Der Name «Koromandel-Küste» soll sich von «Cholamandalam» (d. h. Land der Cholas) herleiten. Großartige Bauten zeugen heute noch von der Blüte des Pallava- und des Chola-Reiches. Dem Chola-Reich folgte im 13. Jh. das Reich der Pandya ganz im S, das seine Vasallenschaft abschüttelte, die Cholas tributpflichtig machte, den Staat Kerala und Ceylon eroberte. Gegen den Ansturm des Islam und der pers.-türk. Herrenschicht entstand Mitte des 14. Jh. in Südindien das hinduistische Großreich Vijayanagar mit der gleichnamigen Hauptstadt (Siegesstadt). Zeitgenössische Reisende schildern überschwenglich Macht und Reichtum des Staates. Die Hauptstadt war siebenfach ummauert, der äußere Ring hatte einen Umfang von 60 Meilen. Dem König folgten beim Tode nach der Sitte der Witwenverbrennung oft 2000–3000 Frauen. Architektur, Wissenschaft und Literatur standen in höchster Blüte. 1565 erlag dieser Hort des Hinquismus dem Mogul-Reich. Dies war auch ein schwerer Schlag für das seit Beginn des 16. Jh. bestehende portugies. Indienreich, das aus dem Handel mit Vijayanagar seinen größten Reichtum zog. Es entstanden nun in Südindien viele Kleinstaaten, die nach und nach unter brit. Herrschaft oder Kontrolle gerieten. Heute leben die großen Völker der D. innerhalb der Indischen Union überwiegend in eigenen Staatsgebilden.

Drusen, eine islamische Sekte in Syrien (1946: 95749) und Libanon (1951: 82268), die durch die religiöse Isolierung eine ethnische Eigenexistenz erlangte. Die D. gehen historisch auf die fatimidische Herrschaft in Ägypten und Syrien (909–1171) zurück. Die Fatimiden waren schiitische Ismailiten; der sechste Herrscher der Dynastie (al-Hakim), der 1021 ermordet wurde, gilt in den Augen der D. als Inkarnation des Ali, Schwiegersohn des Propheten. Sie leugnen seinen Tod und erwarten seine triumphale Rückkehr, die die D. zu Macht und Wohlstand führen soll. Entgegen anderen Moslems sind sie strikt monogam. Die D. glauben an eine Art Seelenwanderung; ihrem Glauben sind auch sonst viele okkulte Züge beigemischt. Erst 1588 wurden sie von den Türken unterworfen, vermochten aber in den Bergländern eine gewisse Unabhängigkeit zu bewahren. Im Gebiet des Libanon kamen die recht kriegerischen, unter der patriarchalischen Herrschaft der Stammes- und Sippenhäupter lebenden D. mit den christlichen Maroniten, einer monotheletischen Sekte, genannt nach ihrem ersten Patriarchen Joannes Maro, der sie um 707 begründete, in näheren Kontakt. Auch die Maroniten erwarben durch ihre selbstgewählte Isolierung ein besonderes Volkstum. Angestiftet von den Türken kam es Mitte des 19. Jh. zu Streitigkeiten zwischen D. und Maroniten, die 1860 zu einem Massaker unter den Christen führten. Eine französische Armee griff ein, und der Libanon erhielt im türkischen Reich eine gewisse Autonomie unter einem christlichen Gouverneur. Die Maroniten (1952 auf ca. 377000 geschätzt) bilden im heutigen Libanon die stärkste der religiös-ethnischen Gruppen; sie sind seit 1181 mit Rom uniert. Man sieht in den D. und Maroniten Repräsentanten des alt-syrischen Volksschlages.

Duala (Douala), Stamm der ↓ Bantu-Neger (Nordbantu) in Kamerun nahe bei der Stadt gleichen Namens, der mit seinen Unterstämmen ca. 80000 Menschen zählt. Die D. haben Feldbau und Fischfang meist zugunsten des Handels aufgegeben, sind stark verstädtert und europäisiert. Das D. dient als Verkehrssprache für weite Strecken Kameruns und wurde durch die Mission zur Schriftsprache. Die D. sind der bedeutendste Stamm der sog. «Kameruner Küsten-Bantu»; ihnen verwandt sind die (ca. 10000) Bubi auf Fernando Póo, die (ca. 180000) Koko (Bakoko), die (ca. 45000) Kpe (Bakwiri) mit den Mboko (Bamboko), die (ca. 60000) Kossi (Bakosi) sowie viele andere kleinere Stämme.

Engganesen, Ureinwohner der Insel Enggano, die ca. 100 km südwestl. der Westküste von Sumatra liegt. Die E. gehören zu den urtümlichsten Bevölkerungsteilen der ↓ Indonesier. Noch für 1771 ist bezeugt,

Die Eskimo haben es verstanden, sich den harten Lebensbedingungen der Arktis anzupassen. Männer und Frauen tragen den Timiak, ein Kleidungsstück aus Seehunds- oder Rentierfell, das über den Kopf gezogen wird. Die Kapuze ist angeschnitten.

daß kein Metall in Gebrauch war, d. h. die Insulaner lebten bis dahin noch völlig in einer Steinzeit. Leider ist man nur unzureichend über die alte Kultur informiert. Die E. zählten wohl ursprünglich 5000 bis 10000 und lebten vor allem vom Fischfang sowie der Jagd auf wilde Schweine, doch bauten sie auch Knollenfrüchte und Bananen an. Sie gliederten sich anscheinend in vier matrilineare Klassen. Die Frauen hatten hohes Ansehen, z. B. führten sich die E. auf eine Stammesmutter zurück. Es gab Kulturelemente (z. B. bienenkorbartige Rundhütten auf hohen Pfählen), die völlig einzigartig im Bereich der Indonesier waren. Noch interessanter ist das, was ihnen fehlte: Reisanbau, Keramik, Weberei und sogar die Kenntnis des Betelgenusses. Jahrtausende müssen die E. isoliert gewesen sein. Im 19. Jh. erlag die «fossile» Kultur der E. dem Angebot chinesischer und malaiischer Händler. Zwischen 1866 und 1885 ging die Bevölkerungszahl zurück. Von den 500 heutigen Inselbewohnern stammt nur eine Minorität von den alten E. ab. Es ist nicht sicher, ob das alte Idiom der E. zu den indones. Sprachen gerechnet werden kann. Die E. sind mit den ↓ Mentawaiern Nachfahren und Repräsentanten einer der ältesten Kulturschichten Indonesiens.

Eskimo, die autochthone Jäger- und Fischerbevölkerung im N von Nordamerika, Grönland und auf der Ostspitze Sibiriens, deren hervorstechendste Besonderheit die sprachliche, rassische und kulturelle Einheit ist, die sie deutlich sowohl von den benachbarten ↓ Indianern als auch den ↓ Paläosibiriern abhebt. Der Name E. leitet sich allem Anschein nach von der französierten Form eines Wortes der algonkinschen ↓ Abnaki-Indianer für «Rohfleischesser» her. Sich selbst nennen die E. meist Inuit (= Menschen), in Südalaska und Sibirien Iuit oder Yuit; die eine Sonderstellung einnehmenden Aleuten bezeichnen sich als Unangan. Die Sprache der E. bildet eine isolierte linguistische Einheit, die bisher keiner anderen Sprachfamilie angeschlossen werden konnte. Sie gliedert sich in das Aleutische und das eigentliche E., das trotz seiner riesigen Verbreitung eine bemerkenswerte Einheitlichkeit aufweist. Die E. gehören somatisch zum großen Formenkreis der ↓ Mongoliden, bilden aber die eigene Rasse der Eskimiden, die durch eine eigenartige Schädelform und andere Merkmale gekennzeichnet ist und als eine europid-mongolide Kontaktrasse zu gelten hat. Selbstverständlich ist es häufig zu Blutmischungen gekommen; die Karibu-E. muß man sogar rassisch als überwiegend indianid ansprechen, während bei den E. in Labrador und Grönland ein stark europider Einschlag festzustellen ist.

Die Verbreitung der E. reicht von der Ostküste Grönlands und von Labrador längs der amerikan. Nordküste, dabei z. T. auf die vorgelagerten Inseln übergreifend, über die Bering-Straße bis um das Gebiet von Kap Deschnew (Ostsibirien). Lediglich der Südrand der Hudson Bay ist kein Sied-

E

lungsgebiet der E.; ihre Verbreitung nach S wird heute im allgemeinen durch die nördl. Waldgrenze bestimmt, zog sich aber früher bis zur Nordspitze Neufundlands und den Nordufern des St.-Lorenz-Golfes. Im N wurden Ellesmere-Land, Nord-Devon und die Barry-In. aufgegeben; der nördlichste Punkt, den die E. erreichten, lag bei 82,5° N. Im Vergleich zum riesigen Verbreitungsgebiet ist die Bevölkerungszahl von heute ungefähr 70 000 gering; es entfallen auf Grönland 22 890 (1951), Kanada 9.733 (1951), Alaska 15 882 (1950) und Sibirien 1293 (1926). Ob die Zahl der E. vor dem Kontakt mit den Europäern (ca. 18. Jh.) wesentlich größer war, läßt sich nicht sagen; eine Schätzung von über 90 000 wird als viel zu hoch angezweifelt.

Man gliedert die E. in eine Anzahl regionaler Gruppen, deren Angehörige sich jeweils kulturell und sprachlich nahestehen, aber keineswegs einen Stamm bilden: 1. Die Aleuten mit den Atka auf den westl. Inseln und den Unalaska auf den östl. Inseln sowie der H.-I. Alaska; 2. die Pazifik-E. mit den Chugachigmiut auf der Kenai-H.-I. und rund um den Prince-William-Sund sowie die Kaniagmiut oder Konjagen auf der Kodiak-I. und dem gegenüberliegenden Festland; 3. die Yuit oder asiat. E. auf der Ostspitze der Tschuktschen-H.-I. und der St.-Lorenz-I.; 4. die Beringmeer-E. im Mündungsgebiet des Yukon (Ikogmiut etc.), des Kuskokwim (Kuskwogmiut etc.) und auf der Nunivak-I. (Nunivagmiut); 5. die Nordalaska-E.,

Eskimo vor dem Flugplatz am Kotzebue-Sund, Alaska. Der Hundeschlitten ist noch immer das zuverlässigste Transportmittel. Die modernen Versorgungstanks im Hintergrund geben einen guten Kontrast.

E

die häufig in mehrere Gruppen geteilt werden, auf der Seward-H.-I. (Kaviagmiut, Kinugumiut etc.), Kotzebue-Sund (Kowagmiut etc.), Point Hope (Kevalingamiut etc.) und Point Barrow (Nuwukmiut etc.) sowie im Inland am oberen Noatak-Fluß (Nunatagmiut); 6. die Mackenzie-E. im Mündungsgebiet des Mackenzie (Avvagmiut, Kurugmiut etc.); 7. die Kupfer-E. auf der Victoria-Insel und am Coronation-Golf, so genannt, weil sie Geräte aus Kupfer herstellten; 8. die Karibu-(Rentier-)E. westl. der Hudson Bay, deren wichtigstes Jagdtier das Rentier ist; 9. die Zentral-E. mit den Untergruppen der Netsilik auf der Boothia-(Adelaide-)H.-I., den Iglulik auf der Melville-H.-I. und der Hecla-Straße, die Baffinland-E. sowie die Southampton-E. (1903 ausgestorben); 10. die Labrador-E. mit den Itivimiut östl. der Hudson Bay, die südlichste E.-Gruppe, und die Puthlavamiut um Battle Harbor gegenüber der Nordspitze Neufundlands, die wohl südöstlichste E.-Gruppe; 11. die Polar-E. bei Thule in NW-Grönland, die nördlichste Bevölkerungsgruppe der Welt; die Grönländer, die sich recht deutlich in 12. die Westgrönland-E. von der Melville Bay bis zum Kap Farvel und 13. die Ostgrönland-E. oder Angmagssalik am Angmagssalik- und Scoresby-Sund unterscheiden.

Besondere Aufmerksamkeit fanden von jeher Wirtschaft und materielle Kultur der E., die durch eine hochspezialisierte Anpassung an die karge arktische und subarkt. Umwelt charakterisiert sind. Sie haben in ihrem harten Daseinskampf, was die Nutzung der Lebensmöglichkeiten und die Verwendung der Materialien angeht, Bewundernswertes geleistet. Grundlage der Wirtschaft ist die Jagd, das Sammeln von Vegetabilien ist nur von geringer Bedeutung. Je nach Region wechselt die Bedeutung der gejagten Tierarten und somit auch der Jagdtechniken so daß die einzelnen Gruppen z.T. eine stark abweichende Kulturausrüstung besitzen. Für die Küstengruppen sind Walroß, Seelöwe und die verschiedenen Robbenarten die wichtigsten Jagdtiere; sie liefern neben Fleisch und Häuten auch den zum Kochen und Heizen unentbehrlichen Tran. Jagdmethoden sind das Harpunieren vom leichten Kajak aus oder am Atemloch der Tiere im Eis, die Anschleichjagd auf dem Eis und z.T. das Fangen mit Netzen. Die verschiedenen Walarten werden vom Umiak (großes offenes, fellbespanntes Spantenboot) gefangen. Als Landtiere werden vor allem das wilde Rentier (Karibu), Moschusochse und Eisbär gejagt. Für die in der Tundra lebenden Karibu-E. und andere Inlandgruppen (Nunatagmiut in Nordalaska) sind Karibu-Jagd und Fischfang die Existenzgrundlage, nur ein geringer Teil von ihnen zieht für eine kurze Zeit des Jahres an die Küste zur Seesäugerjagd. Für die Beringmeer-E. am Yukon etc. ist der Lachsfang von großer Bedeutung. Vögel werden mit Hilfe von Netzen, Schlingen, Pfeil und Bogen, Speer und Bola gejagt; Fische mit Netzen, Angeln und Fischspeer gefangen. Eine hervorragende Leistung der E. ist der Bau des schmalen, leichten und doch seetüchtigen Kajak. Das komplizierte Gerippe des Kajak besteht meist aus Treibholzstücken; es ist mit Seesäugerhäuten überzogen, die Sitzöffnung ist mit einem runden oder ovalen, nach oben hervorragenden Holzring versehen. Auf See schützt sich der Jäger vor eindringendem Wasser durch eine lederne Kapuzenjacke, die er über den hölzernen Kajakring zieht, an den Handgelenken und dem Gesicht zuschnürt. Die E. vermögen ein gekentertes Boot durch geschickte Paddelschläge wieder aufzurichten. Die Kajaks sind Einmannfahrzeuge, nur im W findet man auch solche für zwei Personen. Mit gewissen Änderungen wurde das Kajak als Sportgerät international übernommen. Wichtigstes Transportmittel auf dem Lande ist der Hundeschlitten. Von den Waffen muß vor allem die zweiteilige Harpune erwähnt werden: nach dem Wurf löst sich die Spitze, die mit einer langen Schnur an einer Boje aus Seehundsfell befestigt ist (der Schaft treibt auf dem Wasser); die Boje zeigt den Standort des Tieres, das nun relativ leicht, wenn es ermattet auftaucht, gefunden und mit Lanzenstichen getötet werden kann. Heute gebraucht man weitgehend Feuerwaffen. Für die lange Winterzeit haben die E.

feste Dauerwohnungen, die nach dem jeweils zur Verfügung stehenden Material variieren; in den kurzen Sommern dienen Zelte, die mit Tierfellen bedeckt sind, als Behausung. Das bekannte Schneehaus (Iglu) haben nur die zentralen E. als Dauerwohnung, die anderen Gruppen benutzen es nur als temporäre Unterkunft. Ein Iglu kann im Notfall von einem Mann allein gebaut werden. Leicht gerundete Platten aus Schnee oder Firn, mit einem beinernen Spezialmesser ausgeschnitten, stellt man zunächst mit leichter Neigung zu einem Kreis zusammen, schichtet dann weitere Platten spiralförmig aufsteigend so nebeneinander, bis sich der Bau zu einer Halbkugel schließt. Im W herrschen die Holzbauweise vor, in Alaska rechteckige, eingetiefte und erdbedeckte Plankenhäuser und auf den Inseln der Bering-Straße Pfahlbauten. Steinhäuser mit einem Dachgerüst aus Walknochen sind ansonsten der verbreitetste Typ.

Die wichtigste soziale Einheit ist die Kleinfamilie, mehrere Familien schließen sich zu einer Siedlung zusammen. Die Bewohner einer solchen Siedlung, die durch einen besonders tüchtigen und ausgezeichneten Mann geführt werden, sind durch strenge gegenseitige Verpflichtung miteinander verbunden. Rangunterschiede kennt die E.-Gesellschaft nicht; das Häuptlingstum bei den Aleuten und Pazifik-E. ist durch junge äußere Einflüsse entstanden. Die Ehen sind meist monogam, doch kommen sowohl Polygynie (Vielweiberei) als auch Polyandrie (Vielmännerei) vor; Brautkauf, zeitweiliger Frauentausch und ein recht freizügiges sexuelles Verhalten sind noch zu erwähnen. Die E. sind heute praktisch alle missioniert. Im Vordergrund der alten Volksreligion standen die Erscheinungen des Schamanismus. Sie haben einen reichen Mythen- und Sagenschatz. Hervorragend war das alte Kunsthandwerk, meist kleine Schnitzwerke, Gravierungen und Masken aus Knochen, Bein (Walroßzahn etc.) und Treibholz.

Die heftig diskutierte Frage nach dem Ursprung der maritimen E.-Kultur wird heute dahingehend beantwortet, daß sie sich, wie neuere archäolog. Forschung nahelegt, an den Küsten des nordasiatischen Raumes entwickelt, ihre lokale Differenzierung aber erst in Nordamerika erfahren habe. Wenn die E. unter dem Namen Skraelinger auch den normannischen Siedlern (↓ Wikinger), die sich Ende des 10.Jh. auf SW-Grönland niedergelassen hatten, bekannt waren, kam es zu näherem Kontakt mit den Europäern erst im 18.–19.Jh., und zwar zuerst mit Walfängern und Robbenschlägern. Einige der E.-Gruppen waren zu Beginn des 20.Jh. noch praktisch unbekannt. Die Aleuten, die Mitte des 18.Jh. unter russ. Herrschaft kamen, wurden durch Verfolgung und Krankheit stark dezimiert; für 1740 auf ca. 16000 geschätzt, lebten 1948 nur noch ca. 900 von ihnen. Der Kontakt mit den Europäern hatte für die E. und ihre Kultur nachhaltige Folgen; es sei hier nur die Dezimierung des lebensnotwendigen Wal- und Robbenbestandes genannt. Die verantwortlichen Regierungsstellen bemühen sich aber seit langem durch Einführung der Rentierzucht, Ausrichtung auf die Pelzjagd etc. den E. den Weg in die moderne Wirtschaftswelt zu erleichtern.

Ethno-Soziologie, Bezeichnung für alle wissenschaftlichen Bemühungen innerhalb der ↓ Völkerkunde, die sich vornehmlich auf die Erforschung der gesellschaftlichen Ordnung bei den ↓ Naturvölkern richten. Die E.-S. hat enge Beziehungen zur Soziologie, und man kann sie auch als Zweig dieser Wissenschaft betrachten. Auf jeden Fall nimmt sie wie kein anderes Teilgebiet der Völkerkunde eine Sonderstellung ein. In England z.B. ist sie als «Social Anthropology» eine selbständige Disziplin, deren Bedeutung die der eigentlichen Soziologie weit übertrifft. In Amerika hingegen wird sie zumeist als ein Teil der Völkerkunde bzw. als «Cultural Anthropology» betrachtet. Die E.-S. hat mehr oder weniger die gleichen historischen Wurzeln wie die Soziologie, und wie diese ist sie weit mehr an den Gesetzmäßigkeiten sozialer Erscheinungen als an deren Geschichte interessiert. Diese unhistor. Tendenz liegt aber auch in ihrem Untersuchungsobjekt begründet, denn alle Typen und Formen, Funktionen und

Mechanismen der Gesellung haben von ihrer Struktur her nur «begrenzte Möglichkeiten», d. h. sie unterliegen einer gewissen Zwangsläufigkeit und nicht der Willkür. Die E.-S. will vor allem die kausalen Zusammenhänge erfassen, die das soziale Geschehen bestimmen, d. h. in ihrer praktischen Anwendung bei jedem Eingriff in bestehende Verhältnisse die möglichen Folgen ermessen und voraussagen können. So verwundert es nicht, daß die E.-S. oder «Social Anthropology» in England mit seinen überseeischen Besitzungen eine solche Bedeutung gewonnen hat: die Methoden der kolonialen Verwaltungspraxis der letzten Jahrzehnte wurden weitgehend von ihr bestimmt. Das Wesen der E.-S., ihr Anspruch und Forschungsziel ist mit diesen Angaben bei weitem noch nicht erschöpft; es gibt mehrere Richtungen, und die Literatur ist kaum überschaubar. Kritisch gegen die E.-S. wird oft eingewendet, daß viele ihrer Überlegungen bereits in den Bereich der Spekulation gehörten und die abstrahierten Systeme und Gesetzmäßigkeiten nur noch wenig mit der konkreten Wirklichkeit zu tun hätten.

Das Hauptinteresse der E.-S. gilt den aus der Verwandtschaft resultierenden Ordnungen und sozialen Einheiten sowie der damit eng verbundenen Heiratsordnung, da diese Phänomene im sozialen Bereich der ↓ Naturvölker von ausschlaggebender Bedeutung sind. Es können hier nur die grundlegenden Begriffe aufgezeigt werden, deren Ausgangspunkt fast immer die Kern- oder Kleinfamilie (Vater, Mutter, Kinder) ist. Die Ausdehnung der Kernfamilie hinsichtlich der Verbindung von Mann und Frau führt zur polygamen Familie: Mann mit mehreren Frauen = polygyne Familie; Frau mit mehreren Männern = polyandre Familie. Die Gruppenehe und andere der Promiskuität ähnelnde Erscheinungen sind kulturbedingte Ausnahmen; nichts berechtigt zu der Annahme, daß sie am Beginn einer Entwicklung zur Familie gestanden haben, wie es z.T. in der älteren Literatur gesagt wird (Morgan, Engels etc.). Die Ausdehnung der Kernfamilie hinsichtlich der Verbindung von Eltern und Kindern führt zur erweiterten Familie; man spricht meist nur dann von einer Großfamilie, wenn alle Angehörigen unter einem Dache wohnen und einen gemeinsamen Haushalt führen. Entscheidend ist nun, wie in diesen erweiterten Familien die Abstammung (Deszendenz) gerechnet wird. Die Deszendenz ist unilinear, wenn sie einzig nach einer Seite des Elternpaares hin gesehen wird, und zwar patrilinear, wenn sie nur zur Vaterseite, und matrilinear, wenn sie nur zur Mutterseite gerechnet wird. In der älteren Literatur werden alle Phänomene, die mit einer solchen unilinearen Deszendenz zusammenhängen, unter das Begriffspaar Vater- und Mutterrecht subsumiert. Wird die Abstammung nach beiden Seiten anerkannt, so ist die Deszendenz bilinear, was zu einer bilateralen Verwandtschaft führt, die im wesentlichen dem europäischen Verwandtschaftsbegriff entspricht. Bei den Naturvölkern resultieren aus der Verwandtschaftsordnung die wichtigsten sozialen Einheiten. Solche Verwandtschaftsgruppen sind aber nur dann gegeben, wenn die Angehörigen sozial und religiös als handelnde Einheit in Erscheinung treten. In diesem Sinne besitzt das Abendland nur in der Kernfamilie noch eine halbwegs funktionierende Verwandtschaftsgruppe; alle anderen verwandtschaftlichen Bindungen (z.B. eine Adelslinie oder gar ein Familienverein) sind entweder Stammbaumkonstruktionen oder beruhen einzig auf einer sentimentalen Basis. Aus bilateraler Verwandtschaft ergeben sich eben nur selten funktionierende Verwandtschaftsgruppen, denn ihre Abgrenzung ist immer willkürlich, und der einzelne gehört automatisch mehreren Gruppen an. Dagegen hat man bei unilinearer Deszendenz, die im Bereich der Naturvölker weitaus überwiegt, fast immer klar abgegrenzte und gut funktionierende Einheiten. Die wichtigsten Verwandtschaftsgruppen sind die Linie, die Sippe und der Klan. Es handelt sich hierbei um sehr komplizierte Gebilde mit vielen Varianten. Über ihre Definition bestehen in der Literatur noch manche Gegensätze; sie können hier in ihren einfachsten Grundzügen angedeutet werden. Eine Linie setzt sich aus den patri- oder

E

matrilinear verbundenen, unmittelbaren Blutsverwandten zusammen. Sie vergrößert sich theoretisch von Generation zu Generation und bildet einen sog. Abstammungskegel. Wird eine Linie zu groß, so kann sich ein Teil abspalten und eine neue Linie bilden. Praktisch bleibt der Personenstand einigermaßen konstant (hohe Sterblichkeit etc.); es ist manchmal ein größeres Problem, die Linie zu erhalten (Adoption), als ihre Segmentierung einzuleiten. Sippen sind ähnlich strukturiert wie Linien, es gibt Patri- und Matri-Sippen, doch führen die Angehörigen einer Sippe ihre lineare Abstammung auf einen fiktiven (mythischen) Vorfahren zurück, so kann z. B. auch ein Tier (↓ Totemismus) als Urahn betrachtet werden. Die Bindung der Sippenangehörigen wird im allgemeinen mit Sozialverwandtschaft umschrieben. Als Klan betrachtet man eine Linie und manchmal auch eine Sippe (bzw. Teile davon) einschließlich der angeheirateten Frauen (bzw. Männer); eine solche Gruppe wohnt zusammen (Lokalgruppe) und bildet eine Wirtschaftsgemeinschaft. Gerade über die Bestimmung des Klans mit seinen vielen Variationen gibt es in der Literatur große Differenzen. Die neuere Terminologie geht auf Murdock (1949) zurück und setzt sich immer mehr durch.

Die Verwandtschaftsgruppen sind in den meisten Fällen exogam, d. h. die Angehörigen dürfen einander nicht heiraten und müssen sich ihre Ehepartner außerhalb der Gruppe suchen. Die Ursache aller Heiratsordnung ist die sog. Inzest-Schranke, die sich in den Kernfamilien zwischen den Eltern und Kindern sowie Brüdern und Schwestern erhebt; Ausnahmen (z. B. die Geschwisterheirat der Pharaonen) sind überaus selten. Diese Inzest-Schranke wird auf größere Verwandtschaftsgruppen übertragen. Durch die Exogamie ist man gezwungen, die Frauen aus anderen Gruppen zu nehmen, dafür als Ausgleich die eigenen heiratsfähigen Mädchen fortzugeben oder einen angemessenen Brautpreis zu zahlen. Im ersten Falle spricht man von Frauentausch oder, da sich in einer Linie die Angehörigen gleicher Generation als Brüder und Schwestern betrachten, auch von einem Schwesterntausch. Eine Sonderform des Brautpreises ist die Dienstehe des Mannes beim Vater der Frau (sieben Jahre des biblischen Jakob), die prae- und postnuptial erfolgen kann. In manchen Gesellschaften wird die Wahl des Ehepartners durch die Verwandtschaftsordnung geradezu vorgeschrieben. Die häufigste Form einer solchen Heiratsordnung ist die sog. Kreuz-Basen-Heirat (d. h. die Heirat mit einer Tochter von Vaters Schwester oder Mutters Bruder). Die in Heiratsbeziehungen stehenden Gruppen sind natürlich eng verbunden; sie bilden häufig eine übergeordnete Einheit, die keine Frauen nach außen abgibt, d. h. sie ist endogam. Für die Heiratsordnung ist noch eine andere, weitverbreitete Gruppenbildung der Sozialverwandtschaft von Bedeutung, die durchweg mit den Termini Dualordnung und Zweiklassen-System (Moiety-System) bezeichnet wird. Der Stamm gliedert sich in zwei Teile, denen die einzelnen Sippen oder Linien jeweils zugeordnet sind. Die Zugehörigkeit zu einer der Stammeshälften vererbt sich patri- oder matrilinear. Solche Dualordnungen können auf eine Überschichtung durch eine Einwanderergruppe zurückgehen, sie können aber auch mit einem religiösen Wertsystem zusammenhängen, das alle Erscheinungen in Dichotomien erfaßt. Die Stammeshälften haben oft Namen, die ihre Zuordnung zu einem Gegensatzpaar wie «Himmel–Erde» oder «Land–Wasser» erkennen lassen. In vielen Fällen bilden sie zugleich exogame Heiratsklassen, innerhalb derer man nicht heiraten darf. In Kombination mit den exogamen Linien oder Sippen kann eine Dualordnung zu vier, sechs und sogar acht Heiratsklassen in einem Stamm führen. In den Rahmen der Heiratsordnung gehören noch Levirat und Sororat, die sich vor allem in patrilinear strukturierten Gesellschaften finden. Nach dem Levirat hat ein Mann die Pflicht (bzw. das Recht), die Frau seines verstorbenen Bruders zu heiraten. Ohne Zweifel liegt hier eine Tendenz zur Versorgung der Witwe und der Waisen vor. Im Sororat hingegen hat der Mann das Recht, für seine verstorbene Frau von der Familie seiner Frau eine Schwester oder Base der Verstorbenen für eine neue Ehe zu fordern. Da das Levirat auch eintritt, wenn der Bruder des Verstorbenen schon verheiratet ist, und das Sororat auch bei Kinderlosigkeit der ersten Frau und anderen Gründen vorkommt, führen beide Phänomene häufig zur Polygynie. Zu beachten ist noch die Wohnfolgeordnung in einer Gesellschaft: man unterscheidet patrilokale (die Frau zieht zur Familie des Mannes) oder matrilokale (der Mann zieht zur Familie der Frau) Ordnungen; zumeist korrespondieren Wohnfolgeordnung und Abstammungsrechnung.

Zwei andere wichtige soziale Organisationsformen im Bereich der Naturvölker sind die Altersklassen und die Bünde, die quer durch alle Abstammungskegel der Verwandtschaftsgruppen schneiden. Altersklassen gibt es praktisch in jeder Gesellschaft (Spielgruppen, Schulpflichtige, Militärjahrgänge etc.), entscheidend ist jedoch die Schärfe der Abgrenzung und die Bedeutung, die sie im Kulturganzen haben. Es gibt Völker, deren ganze polit. Struktur von den Altersklassen abhängt (z. B. ↓Zulu), wo die Altersklassen sogar in eigenen Dörfern zusammenleben (z. B. die Nyakyusa). Altersklassen für Mädchen sind relativ selten. Zur Aufnahme in eine Altersklasse findet zumeist ein großes Kultfest statt, das einen erheblichen Aufwand und große Kosten verursacht, so daß es darum zu Verzögerungen kommen kann. So kann dem absoluten Lebensalter nach eine Klasse eine relativ große Altersspanne umfassen, die sich mit den oberen und unteren Klassen überschneidet. Als Bünde betrachtet man Gruppen innerhalb einer Gesellschaft, die ihre Angehörigen nach bestimmten Funktionen und Zielen aussuchen. Das entscheidende Kriterium ist die Auswahl, und so unterscheiden sich die Bünde wesentlich von Verwandtschaftsgruppen und anderen sozialen Differenzierungen, die notwendig den ganzen Personenbestand einer Gesellschaft erfassen. Häufig muß der Eintritt in einen Bund erkauft werden, und der Kandidat unterliegt einer Initiation. Die Bünde üben eine kontrollierende Funktion aus, oft verbunden mit Heische-, Stehl- und Tötungsrechten, die aber in reine Terror- und Willkürakte ausarten können. Zauber-, Zauberabwehr-, Tanz- und Krankenheilungs-Bünde sind die häufigsten Typen; sie können fast berufsständischen Charakter (z. B. Schmiede-Bünde in Afrika) haben. Die Bünde sind durchweg geheim, d. h. die Angehörigen verbergen entweder die Mitgliedschaft, oder die Existenz des Bundes überhaupt wird geleugnet. Die Maskenverkleidung der Mitglieder beim Erscheinen in der Öffentlichkeit hat hier einen ihrer Gründe. Früher unterschied man nicht eindeutig zwischen solchen Geheimbünden und den Geheimkulten. So können bestimmte Kulte von den einzelnen Sippen und Klans für sich ausgeübt und vor den anderen verborgen werden; oder der Stammeskult wird nur von den Männern ausgeführt, Frauen und nicht initiierte Knaben sind grundsätzlich ausgeschlossen. Gemeinsam ist beiden Erscheinungen nur die Geheimhaltung. Beim Geheimkult findet die entscheidende Auswahl nicht statt, sondern der ganze Personenstand der Sippe bzw. alle Männer des Stammes nehmen an den Kulthandlungen teil. Erscheinungen wie Logen, Orden, Klubs, Zünfte, Feme etc. sind in den Bünden der Naturvölker bereits in den Grundzügen vorhanden. Bei der Zugehörigkeit zu einem Bund spielt häufig auch das soziale Prestige eine wichtige Rolle.

Die einfachen politischen Organisationsformen (z. B. Horde, Dorf, Stamm) sind eigentlich Verwandtschaftsgruppen bzw. eine Vereinigung von solchen. Autorität und Exekutive liegen bei den Häuptern der Sippen und Linien. In einem Ältestenrat bestimmen sie über die gemeinsamen Angelegenheiten und delegieren bestimmte Ämter und Aufgaben an geeignete Personen (Kriegshäuptling etc.). In vielen Stämmen gibt es sog. Statuslinien, d. h. Verwandtschaftsgruppen mit bestimmten Vorrechten auf polit. und religiöse Ämter, die sie als Erstbesiedler oder aus anderen Gründen besitzen; man kann in solchen Statuslinien eine Vorform des Adels erblicken. Auch Altersklassen und Bünde können Einfluß auf die Form der Herrschaft ausüben, sie sogar ganz usurpieren. Der Schritt zu einem wirklichen Häunt-

Etruskisches Wandgemälde: Flötenspieler aus dem «Grab der Leoparden» in Tarquinia, 480–470 v. Chr. Unverkennbar ist die Ähnlichkeit mit griechischen Kunstwerken.

lingstum ist erst dann getan, wenn der Häuptling und seine Verwandten nicht mehr von der eigenen Arbeit, sondern von den Abgaben der Untergebenen leben. Er übernimmt dafür die Verteilung der Güter, die Ausrüstung von Kultfesten und andere Aufgaben. Die Verteilerfunktion verursacht, daß Verwandte und Parteigänger als Helfer und Nutznießer in seiner Nähe leben; es bildet sich so eine Klientel, die man als Vorstufe der Hofhaltung betrachten kann. Extreme Formen des Häuptlingstums lassen sich kaum vom Königstum archaischer Hochkulturen unterscheiden. Politische Organisation ist erst dann wirklich gegeben, wenn sich die Herrschaft ganz von den Verwandtschaftsgruppen gelöst hat, d.h. wenn die genealogische Ordnung einer Gesellschaft einer territorialen gewichen ist. Die Herrschaftsformen sind weit mehr als andere soziale Erscheinungen von histor. Bedingungen und der Willkür starker Persönlichkeiten geprägt.

Die E.-S. hat mit der Erfassung und theoretischen Analyse der Vielfalt sozialer Erscheinungen eine ungeheure Aufgabe. Mit den Problemen der Entwicklungshilfe ist ein anderer Arbeitsbereich in den Vordergrund gerückt. Der E.-S. obliegt der soziale Aspekt der Akkulturation, d.h. die Erforschung der sozialen Veränderungen und Umschichtungen in den stammesgebundenen Kulturen, die durch den Einbruch der technischen Zivilisation des Abendlandes hervorgerufen wurden.

Etrusker, ein Volk nicht-indoeuropäischer Sprache, das etwa vom 8. bis 4.Jh. v. Chr. den Westteil von Mittelitalien und die Po-Ebene beherrschte. Die Eigenbezeichnung der E. lautete «Rasennä», die Römer nannten sie «Etrusci» oder «Tusci», die Griechen «Tyrrhenoi» oder «Tyrsenoi». Die Sprache ist kaum erschlossen und scheint isoliert (↓ Asianische Sprachen), obwohl über 9000 (allerdings meist kurze) Inschriften bekannt sind. Die linksläufige Schrift steht altgriech. Schriften sehr nahe. Es herrscht heute auf Grund vieler Indizien die Ansicht vor (die auch von Herodot vertreten wird), daß die E. seit dem 9.Jh. v. Chr. in mehreren Wellen von Kleinasien eingewandert sind und als Herrenschicht die Autochthonen unterwarfen. Im 6.Jh. v.Chr. erstreckte sich ihre Macht von der Po-Ebene südl. über Rom bis Kampanien. Die Römer vertrieben sie im 5.Jh.; die Seemacht der Karthager und der Einbruch der ↓ Kelten nach Oberitalien im 4.Jh. v. Chr. bewirkten ihren Niedergang. Das Fundinventar der archäolog. Ausgrabungen ist kaum noch überschaubar, doch sind immer noch viele Nekropolen bekannt, die bisher noch nicht ausgegraben werden konnten. Der Totenkult scheint in ihrer Religion eine außerordentliche Rolle gespielt zu haben. Die E. besaßen eine blühende Stadtzivilisation; ihr Einfluß auf die Kultur (Architektur, Rechtswesen etc.) des frühen Roms läßt sich bisher kaum absehen.

Europide (Europider Rassenkreis, ↓ Kaukasier), eine Subspezies des Homo sapiens (↓ Menschenrassen), deren Angehörige schon vor der kolonialen Expansion der europ. Völker nicht nur ganz Europa und Nordafrika, sondern auch weite Teile des asiat. und sogar ozean. Raums einnahmen. Über Ursprung, Ausbildung und Entwicklung der E. gibt es mehrere, sich teils widersprechende Theorien; auf jeden Fall deuten schon die Funde aus dem Oberen Paläolithikum Europas auf eine Vielfalt von Formen. Das charakteristische Merkmal der E. ist die Depigmentierung der Haut, Augen und Haare. Ihre Unterteilung richtet sich daher nach dem Grade dieser Depigmentierung verbunden mit Körperform, Kopfindex und anderen Merkmalen. Die einzelnen Rassenklassifikationen stimmen zwar in den Grundzügen durchweg überein, doch bestehen in den Einzelfragen bemerkenswerte Unterschiede. Nach v. Eickstedt (1934) lassen sich die verschiedenen europiden Rassen (Varietäten) nach ihren Kerngebieten zu drei Rassengürteln zusammenfassen, die in etwa den großen Klimazonen entsprechen.

So bilden die nordide (nordische, teutonische, teuto-nordische) und die osteuropide (ostbaltische) Rasse den Nordgürtel, der von den Britischen Inseln über Norddeutschland und Skandinavien nach Rußland bis zum Ural reicht. Die Depigmentierung erreicht bei diesen beiden Rassen, die sich im Körperbau sowie Kopf- und Gesichtsform jedoch deutlich voneinander abheben, den höchsten Grad: rosa-weiße Haut, blondes Haar, graue oder blaue Augen. Als eigenständige Rasse wird häufig innerhalb der Nordiden die durch ihr breiteres Gesicht und ihren kräftig-hohen Wuchs gekennzeichnete dalo-nordide (dalo-fälische, fälische) Typengruppe angesprochen, die vor allem in Westfalen und in der schwedischen Landschaft Dalarna vertreten ist und sich möglicherweise von der prähistor. Cromagnon-Rasse herleiten läßt.

Die schon wesentlich weniger depigmentierten Rassen des Zentralgürtels haben eine extreme Kurzköpfigkeit gemeinsam. Ihre Typen finden sich vor allem in den Gebirgszonen gehäuft, so daß auch von einem Bergrassengürtel gesprochen wird. Die mittelgroße, durch einen untersetzten Körperbau gekennzeichnete alpine (ostische) Rasse nimmt den W (Bretagne, europ. Mittelgebirge, Alpen) ein. Nach SE (südöstl. Alpen, Balkan, Karpaten) schließt sich die schlank- und hochwüchsige dinaride (dinarische, adriatische) Rasse an, die durch eine auffallend konvexe Nasenform (Adlernase) gekennzeichnet ist. Ihr relativ eng verwandt sind die in Kleinasien, Armenien und angrenzenden Gebieten überwiegende armenide (vorderasiatische) Rasse und anscheinend auch die europiden Formen in Turkestan, die sog. Turaniden.

Der Südgürtel wird durch die mediteranide (westl. und zentraler Mittelmeerraum), die orientalide (südöstl. Mittelmeerraum und SW-Asien) und die indide Rasse (Pakistan und Indien) gebildet. Sie sind wiederum langköpfig und durchweg stärker pigmentiert, was sich bei Teilen der Orientaliden und Indiden in einer tief dunkelbraunen Haut zeigt. Die Hauptrassen der E. lassen sich jeweils in mehrere Unterrassen (Subvarietäten) und Gautypen unterteilen, die sich fast nirgendwo rein und unvermischt finden; in den angegebenen Verbreitungsgebieten, die miteinander eng verzahnt sind, überwiegt einzig der eine oder andere Rassentyp. Ein besonderes Problem bilden die sog. Altformen, die dem europiden Rassenkreis zugewiesen werden. Hierzu gehören die Ainuiden (↓ Ainu) und Teile der Sibiriden (↓ Mongolide) in Nord- und Ostasien, die Weddiden (↓ Wedda) als rassische Unterschicht in Indien und SE-Asien sowie möglicherweise die Polynesiden (↓ Polynesier). Selbst die Australiden (↓ Australier) werden in

Der Formenkreis der Europiden ist so groß, daß nur Illustrationsbeispiele möglich sind. Hier ein Mädchen aus dem Bregenzer Wald in festlicher Tracht. (Vgl. auch S. 114.)

Zum Stichwort «Europide» ein weiteres Beispiel: Junge Mädchen auf Sardinien. Dort hat sich in den Bergdörfern das Brauchtum besonders gut gehalten. Die alten Trachten beweisen es.

manchen Klassifikationen den E. zugerechnet.

Ewe (Eibe, Evheer, Krepe), großes Volk (ca. 700000) der ↓ Sudan-Neger im Gebiet des südl. Togo. Sie gliedern sich in viele Stämme friedfertiger Ackerbauern, die zwar ein straffes Häuptlingstum besaßen, aber nie zu einer staatlichen Organisation gelangten. Sie werden zuweilen auch West-E. genannt, denn unter E. versteht man auch eine Sprachgruppe innerhalb der großen Einheit der ↓ Kwa-Sprachen, die die Bevölkerung des südl. Dahomey (Ost-E.) einschließt. Dort leben die Völker der Fon (Fo, Fonnu), Gun (Goun, Egun, Popo) etc., die vom mächtigen Reich Dahome zu einem recht einheitlichen Staatsvolk geformt wurden, das nahezu 1 Mill. E. erreicht. Dahomey (Dahome) entstand etwa zu Beginn des 17.Jh. als eine Gründung der Fon. Von dem Zentrum Abomey breitete sich der Staat mehr und mehr aus, eroberte zu Beginn des 18.Jh. die vorgelagerten Küstenländer und trat in direkten Handel mit den Europäern. Seine Macht beruhte auf einer straffen Militärorganisation, die zeitweilig sogar Frauenregimenter kannte. Die absolute Monarchie konnte sich durch brutale Gewaltanwendung, für die Dahome berüchtigt war, gegen alle inneren und äußeren Feinde, bis zur franz. Kolonialherrschaft (1894) behaupten. Pracht und Ausmaße der Hofhaltung waren enorm, doch erreichten die künstlerischen Leistungen dieses Militärstaates nicht die Blüte wie bei den ↓ Aschanti, den ↓ Yoruba oder gar in ↓ Benin. Das nördl.

E

Hinterland der West-E. ist ein typisches Rückzugsgebiet; hier sitzen die sprachlich isolierten Togo-Restvölker. Sie sind ihren stärkeren Nachbarn ausgewichen und wurden in kleine Stämme zersplittert, wie die Kposso (Akposo), Avatime, Adele und viele andere mehr. Sie sind wohl ein urtümliches Bevölkerungssubstrat dieses Raumes.

Fetischismus. Der Terminus leitet sich von dem portugiesischen Wort «feitiço» = «künstlich» oder «gemacht» her und diente den Portugiesen als Bezeichnung für den

Hölzerne Geisterfigur eines Stammes aus dem Sepik-Gebiet, Nordost-Neuguinea. Früher faßte man alle Götter-, Geister- und Ahnenfiguren der Naturvölker fälschlicherweise unter dem Begriff Fetisch zusammen.

F

mutmaßlichen Glauben der Neger an ihre selbstgefertigten Idole. De Brousse führte den Begriff ein, und zwar bezeichnete er damit einen Aspekt früher Religionsäußerung und ein Entwicklungsstadium in der Religionsgeschichte der Menschheit. Comte übernahm den Begriff und Terminus in sein System. Tylor (↓ Animismus) polemisiert entschieden gegen eine solche Auffassung. Die neuere ↓ Religions-Ethnologie verwendet den Terminus nicht mehr; er hat sich aber in einem anderen Sinne in der Psychologie und der Psycho-Pathologie einen festen Platz erworben. Der Terminus «Fetisch» ist dagegen noch gebräuchlich: man versteht darunter einen Gegenstand, der von einem Priester oder Zauberer mit magischer Substanz «aufgeladen» und somit für einen bestimmten Zweck wirksam geworden ist. Die bekanntesten Beispiele sind die Nagel- und Spiegelfetische vom unteren Kongogebiet.

Feuerländer, Sammelbezeichnung für die Yahgan und Ona in Feuerland, die aber sprachlich und kulturell verschieden sind. Beide Stämme gelten als typische Vertreter der sog. marginalen Stämme der ↓ Südamerikanischen Indianer (Karte). Die Yahgan nennen sich selbst «Yamana» (= Mensch). Sie wurden schon 1624 von J. L'Hermite besucht und beschrieben. Ch. Darwin traf sie auf seiner Weltreise mit der «Beagle» (1829-33) und schildert sie wenig freundlich als die kulturell und körperlich niedrigsten Menschen überhaupt. Dies ist auf keinen Fall richtig, denn die Yahgan haben sich in ihrer harten Umwelt ausgesprochen gut behauptet, und ihr geringer Kulturbesitz erklärt sich daraus, daß sie praktisch völlig isoliert lebten und jeglicher Anreiz von außen, jede Möglichkeit der Entlehnung fremder Kulturgüter ausgeschlossen waren. Sie haben keinerlei Bodenbau. Ihre Nahrung sind hauptsächlich Fische, Muscheln, Seesäuger und Vogeleier. Sie haben keinen festen Wohnsitz, sondern wandern in kleinen Gruppen von wenigen Familien in festgelegten Bezirken umher. Ein großer Teil ihres nomadischen Lebens spielt sich in ihren plumpen Booten aus Buchenrinde ab. Sie führen in den Booten auf einer Erdunterlage ein sorgsam gehütetes Feuer mit, denn es ist überaus schwierig, mit ihren Mitteln in dem feuchtkalten Klima neues Feuer zu entfachen. Diesen Bootsfeuern verdankt Feuerland seinen Namen. Auf dem Lande hausen die Yahgan in primitiven Hütten, die mit Fell, Rinde oder Gras gedeckt sind; sie gehen nackt und schützen sich gegen Wind und Wetter nur mit einem lose über die Schulter gehängten Fell. Die Sprache der Yahgan ist völlig isoliert und läßt sich keiner Sprachfamilie zurechnen; man hat fünf Dialekte festgestellt, die alle sehr wohlklingend und melodiös sein sollen und sich durch großes Vokabular auszeichnen. Die Ona leben nördl. der Yahgan, ebenfalls noch auf der Insel Feuerland. Sie gliedern sich in zwei Stämme und Sprachen, und zwar in die Haus (Haush) auf der SE-Spitze der Insel und in die Selknam (Shelknam) auf dem restlichen (größeren) Gebiet der Insel. Beide Namen sind Selbstbezeichnungen; Ona (= Norden) stammt aus der Yahgan-Sprache und hat sich ins wiss. Gesamtbild eingebürgert. Die Ona-Sprachen sind nicht isoliert, sie bilden mit den Idiomen der Tehuelche (↓ Patagonier) die Sprachfamilie der Chon. Die Ona unterscheiden sich von den Yahgan vor allem in der Art des Nahrungserwerbs. Sie fischen zwar auch und sammeln Vegetabilien und Muscheln, doch bestreiten sie ihren Lebensunterhalt hauptsächlich durch Jagd auf Guanakos (eine Lama-Art), Seesäuger, Kleinwild und Vögel. Die Ona wandern ebenfalls in kleinen und sozial undifferenzierten Gruppen von wenigen Familien. Sie haben keine Boote und hausen im S in primitiven Fellhütten und im N der Insel nur unter Windschirmen, tragen aber bessere Kleidung aus Guanakofellen.
Die Religion beider Stämme hat große Beachtung gefunden. Sie glauben an ein «höchstes Wesen», einen guten und wohlwollenden Gott, der hoch im Himmel wohnt. Bei den Yahgan gibt er das Leben und die Nahrung und bestraft die Übeltäter durch frühen Tod. Die Yahgan beten zu ihm um Nahrung und um Hilfe bei Not und Krankheit. Bei den Ona hingegen (auch bei den verwandten Patagoniern) glaubt man die Gottheit fern bei den Sternen; sie greift nicht mehr tätig ein. Vor

allem die Yahgan wurden wegen ihrer Gottesvorstellung zu einem der Kronzeugen der «Urmonotheismus-Theorie» (↓ Religions-Ethnologie). Selbstverständlich finden sich bei diesen Stämmen auch noch andere Vorstellungen, schamanistische Praktiken und Zauberhandlungen; sie stehen sogar im Vordergrund des religiösen Bereichs.
Mitte des 19. Jh. zählte man noch einige tausend Yahgan. Um 1880 begann ein rapider Rückgang der Bevölkerungszahl: 1933 wurden noch 40 Individuen gezählt. Gleiches gilt für die Ona: Ende des 19. Jh. waren es noch ca. 2000, in den zwanziger Jahren kaum noch 100 Individuen; der Stamm der Haus starb in dieser Zeit aus. Gründe für die Dezimierung waren bei den Yahgan vor allem eingeschleppte Krankheiten, bei den Ona kamen rücksichtslose Verfolgung durch Goldsucher und Schafzüchter sowie durch von Europäern organisierte Jagdpartien und schließlich Stammeskämpfe hinzu. Wahrscheinlich muß man heute von beiden Völkern ganz in der Vergangenheit sprechen; die Nachrichten widersprechen sich zwar, doch scheinen sie ausgestorben zu sein.
Ein gleiches Schicksal ereilte auch zwei den F. benachbarte und kulturverwandte Völker. Die Alakaluf (es gibt 15 weitere Schreibweisen für ihren Namen) lebten in einem riesigen Gebiet westl. Tierra del Fuego bis zu 47° S hinauf, d. h. auf den Küsten und Inseln des südlichsten Chile bis etwa zur H.-I. Taitao. Sie sind gleichfalls Jäger und Sammler wie die Yahgan; auch ihre Sprache ist völlig isoliert. Es leben von den Alakaluf noch einige hundert Individuen. Ausgestorben oder in die Alakaluf aufgegangen sind die Chono. Sie saßen in dem 400–500 km langen Insel- und Küstengebiet Chiles südl. der Insel Chiloé bis zum Wohngebiet der Alakaluf. Ihre Spur verliert sich Ende des 19. Jh., von ihrer Sprache sind nur einige Worte erhalten, so daß man ihre Zugehörigkeit nicht feststellen kann.

Finnen, Sammelname für die sprachlich eng verwandten Völker der Sprachfamilie der ↓ Finno-Ugrier (Karte), die die Randgebiete der östl. Ostsee einnehmen, häufig darum auch als Ostsee- oder West-F. von den sog. Wolga-F. unterschieden. Der Name stammt von den Germanen, die unter F. alle nicht-germanischen Völker Skandinaviens und der angrenzenden Gebiete verstanden. Zuerst wird er von Tacitus genannt, der die «Fenni» als eine einfache Fischer- und Jägerbevölkerung beschreibt. Ob es sich dabei um die Vorfahren der F. handelt, läßt sich nicht sagen; lediglich die Tradition des Namens ist verfolgbar. Die F. setzten sich wohl schon im 1. Jt. v. Chr. in großen Teilen des Baltikums fest. Das bedeutendste Volk sind die Suomi oder F. im engeren Sinne, die zu Beginn des 1. Jt. v. Chr. vom Baltikum in ihre heutigen Wohnsitze vordrangen.
Sie gliedern sich in drei Hauptstämme oder Dialekte: die Suomalaiset im Zentrum, die Tavasten im W und die Karelier im E. Die Suomi kamen frühzeitig in Kontakt mit der nordgerman. Kultur. Im 13. Jh. n. Chr. gerieten sie unter schwed. Herrschaft, die im Laufe des 18. Jh. mehr und mehr von der russ. abgelöst wurde; erst 1918 konnten sie einen unabhängigen Staat gründen. Suomi ist eine Abkürzung von Suomalaiset (Name des wichtigsten Stammes), doch ist die Etymologie des Wortes unbekannt. Durch die Bibelübersetzung im 16. Jh. wurde das Suomi zur Schriftsprache und nach der Unabhängigkeit zur Staatssprache. Die Suomi sind ein lebendiger Teil der umfassenden Zivilisation Skandinaviens, doch bewahren und pflegen sie mit großem Eifer ihre alten Traditionen, ihre Volkskunst und Folklore. Die Tschuden, die zwischen dem Ladoga- und dem Onegasee leben, zählen heute nur noch wenige 1000 Menschen. Dieses Volk wird jedoch in alten russ. Handschriften mehrfach erwähnt, es hatte früher eine wesentlich größere Bedeutung. Als Tschuden fassen die Russen auch die kleinen finno-ugrischen Völker der Wepsen, Woten und Ingern zwischen Ladoga-See und der Ostsee zusammen, die heute zahlenmäßig unbedeutend und weitgehend russifiziert sind. Das Volk der Esten dagegen zählt weit über 1 Mill.; sein Siedlungsraum entspricht in etwa dem Staat Estland, nur ca. 150 000 Esten leben auf russ. Gebiet. Von Tacitus wird schon der Name «Aesthen» überliefert, doch hat

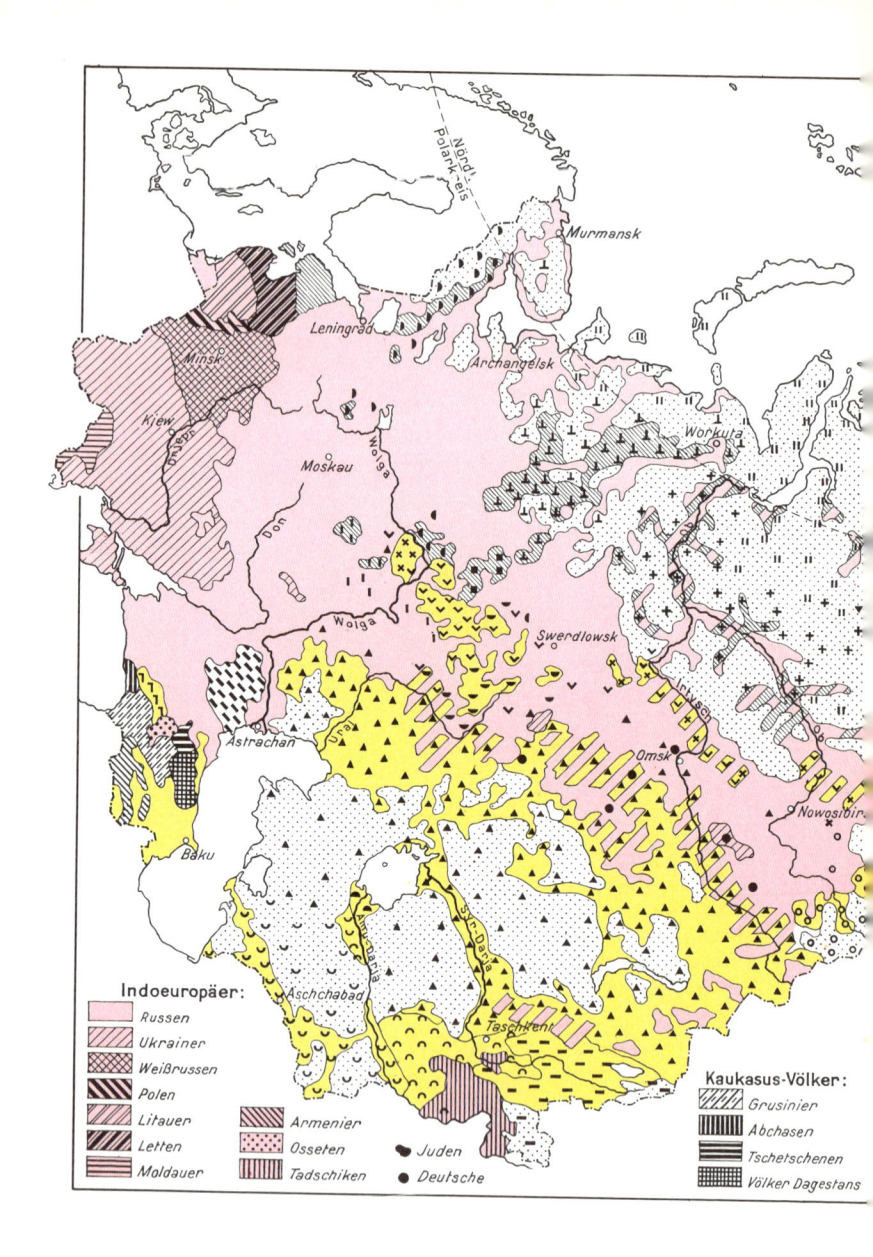

Indoeuropäer:
- Russen
- Ukrainer
- Weißrussen
- Polen
- Litauer
- Letten
- Moldauer
- Armenier
- Osseten
- Tadschiken
- Juden
- Deutsche

Kaukasus-Völker:
- Grusinier
- Abchasen
- Tschetschenen
- Völker Dagestans

F

Mongolen:
- Kalmyken
- ▨ Burjaten

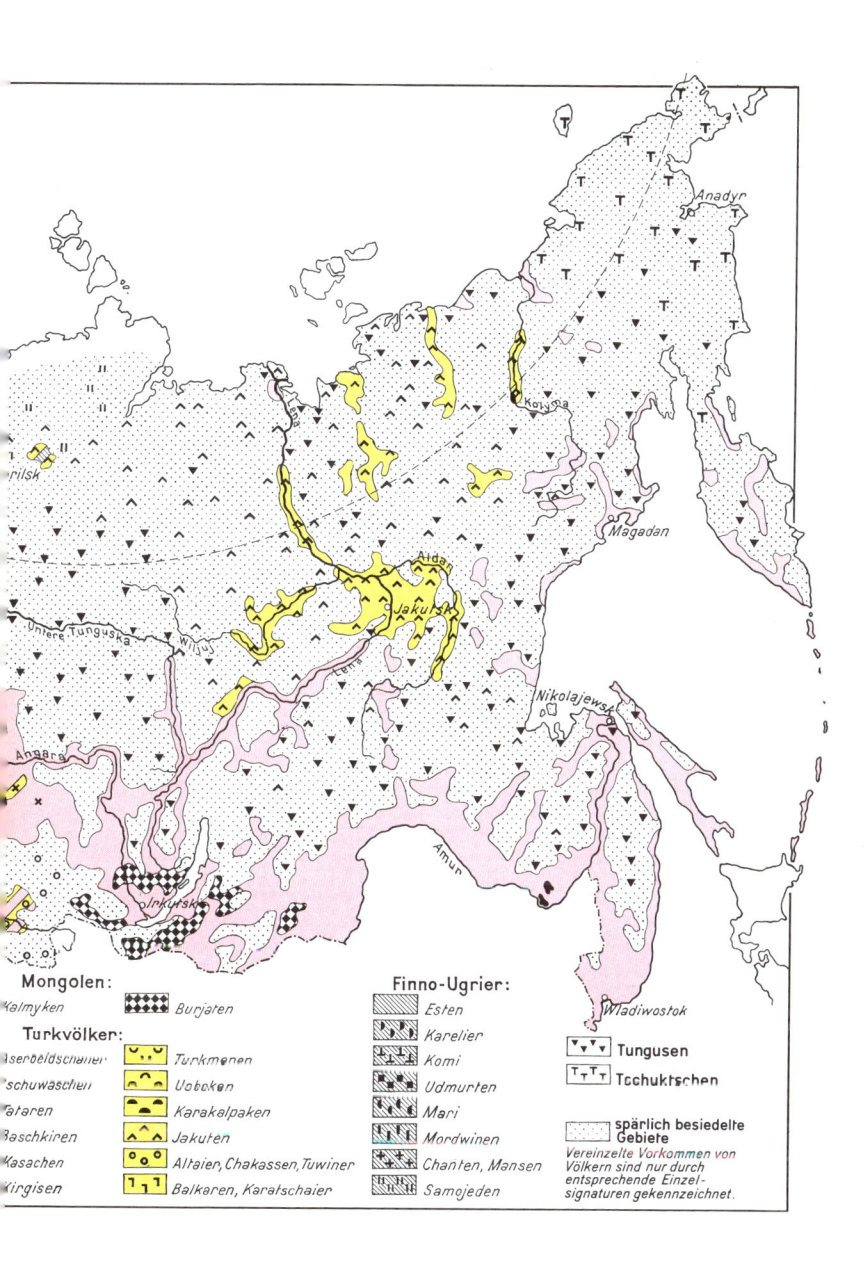

Turkvölker:
- Aserbeidschaner
- Tschuwaschen
- Tataren
- Baschkiren
- Kasachen
- Kirgisen
- 😀 Turkmenen
- 😀 Usbeken
- 😀 Karakalpaken
- 😀 Jakuten
- °°° Altaier, Chakassen, Tuwiner
- 1 1 1 Balkaren, Karatschaier

Finno-Ugrier:
- ▨ Esten
- ▨ Karelier
- ▨ Komi
- ▨ Udmurten
- ▨ Mari
- ▨ Mordwinen
- ▨ Chanten, Mansen
- ▨ Samojeden

▾▾▾ Tungusen
ᴛᴛᴛ Tschuktschen

spärlich besiedelte Gebiete

Vereinzelte Vorkommen von Völkern sind nur durch entsprechende Einzelsignaturen gekennzeichnet.

F

es sich dabei wohl nicht um die Vorfahren der Esten gehandelt, sondern wahrscheinlich um altpreußische Stämme (↓ Balten). In den ländlichen Gebieten haben sich viel urtümliches Brauchtum (Vegetationsfeste etc.) und Folklore erhalten.
Das am weitesten im Südwesten vorgestoßene Volk der F. sind die Liven, die aber fast ganz im Volkstum der Letten aufgegangen sind. Ihr Idiom wurde vor dem Zweiten Weltkrieg nur noch in zwölf Dörfern an der äußersten Nordspitze von Kurland von ca. 1200 Menschen gesprochen. Die Liven haben eine reiche folkloristische Überlieferung.

Finno-Ugrier, eine Völker- und Sprachfamilie, deren Ursprungsgebiet an der mittleren Wolga und ihren Nebenflüssen Oka und Kama sowie im europäischen Teil des mittleren und südl. Ural angenommen wird.
Im 3. Jt. v. Chr. begann ihre Ausbreitung nach E und W und ihre sprachliche Aufteilung in 1. die ↓ Finnen oder Ostseefinnen (Suomi, Esten etc.), 2. Wolgafinnen mit den ↓ Mordwinen und ↓ Tscheremissen, 3. ↓ Permier mit den Syrjänen und Wotjaken, 4. Ugrier mit den ↓ Wogulen, ↓ Ostjaken und ↓ Magyaren und 5. Lappen. Während die Finnen schon im 1. Jt. v. Chr. Teile des Baltikums einnahmen, gelangten die Magyaren erst ab 896 n. Chr. in ihre heutigen Wohnsitze und die anderen Ugrier erst im 13. Jh. n. Chr. auf die Ostseite des Urals. Die Lappen sind der Sprache nach F.-U., doch haben sie diese erst vor ca. 2000 Jahren von den Finnen übernommen. Die F.-U. lebten in ihrer Urheimat als Waldvölker vorwiegend von Jagd und Fischfang, doch betreiben sie bis auf einige Zweige der F.-U. schon seit langem Ackerbau. Ebensowenig wie die F.-U. eine ethnische Einheit bilden, existiert eine rass. Übereinstimmung, da sie sich im Verlauf ihrer Ausbreitung mit vielen anderen Völkern vermischt haben: im E überwiegen sibiride und ↓ mongolide, im W dagegen (ost- und nord-) ↓ europide Rassenzüge. Die Sprachen der F.-U. werden mit dem Idiom der ↓ Samojeden zur uralischen Sprachfamilie zusammengefaßt. (Karte S. 118/119).

Ein Fulbe-Mädchen aus dem Savannengebiet am Südrand der Sahara. Die hellere Haut der Hirtennomaden verrät frühere Kontakte mit Berberstämmen.

Fulbe, (Ful, Fulani, Fellata, Filani, Foulah, Peul, Pula, Pullo etc.), eines der größten und ethnologisch interessantesten Völker der ↓ Sudan-Neger, das auf über 5 Mill. (Lavergne de Tressan 1953) geschätzt wird und in isolierten Einheiten von Senegambien über den ganzen Westsudan mit Ausläufern nach E bis Kordofan und nach S bis Nordkamerun verstreut lebt. Das Idiom der F. gehört ohne Zweifel zu den ↓ Westatlantischen Sprachen. Kulturell und wirtschaftlich gliedern sie sich in zwei verschiedene Bevölkerungsgruppen, und zwar in die halb- und vollnomadischen Viehzüchter (Zeburind, Schaf) einerseits und die seßhaften Ackerbauern und gewerbetreibenden Städter andererseits. Beide Teile leben in enger wirtschaftlicher Symbiose. Parallel zur kulturellen Gliederung verläuft auch ein

F

somatischer Unterschied. Bei den Hirtennomaden der F., die manchmal auch Bororo (Wororobe) genannt werden, zeigen sich viele europid anmutende Rassenzüge, so z. B. eine hellere, bronzefarbene Haut, nur leicht gekräuseltes Haar, dünne Lippen, gerade Nase und ein graziler, schlanker Körperbau. Es handelt sich augenscheinlich um eine Kontaktform zwischen ↓ Europiden und ↓ Negriden. Die Seßhaften zeigen in einem geringeren Maße auch solche Züge, doch überwiegt das negride Element. Die merkwürdige rass. und kulturelle Komposition der F. verführte zu manch phantasievoller Theorie über ihre mögliche Herkunft. Sehr wahrscheinlich vollzog sich die Ethnogenese im Bereich des unteren Senegal und der südl. anschließenden Landschaft Fouta Toro, wo auch die bisher ältesten Wohnsitze der F. nachgewiesen werden konnten. Vermutlich schoben sich hier kleine ↓ Berber-Gruppen unter die autochthonen Neger, vermischten sich mit ihnen und nahmen deren Sprache an. Wie sich der Vorgang im einzelnen abgespielt haben mag, läßt sich heute kaum mehr erschließen. Auf jeden Fall brachte die Vieh- und Milchwirtschaft der Neuankömmlinge eine wertvolle Ergänzung der Nahrung, was sicher-

Einige Gruppen der Fulbe sind seßhafte Bauern, Händler und Handwerker. Unser Bild zeigt eine Karawane im Bergland von Guinea.

F

lich zur Steigerung der Bevölkerungszahl der F. und damit zu deren Expansion führte. Das berberische Element hat sich bei den Hirten aus vielen Gründen besser behaupten können. Sie trugen auf der Suche nach einem Weideland die Ausbreitung voran und zogen die seßhaften Bevölkerungsteile nach. Seit dem 11. Jh. spielen sie in dem Staat ↓ Tekrur am unteren Senegal und vor allem in der Landschaft Fouta Toro, von der die weitere Expansion ausging, eine bedeutende polit. Rolle. Schon im 12. Jh. treten sie in der Landschaft Kaarta auf, vermischen sich stark mit den dort ansässigen ↓ Malinke und werden zumeist Fulanke genannt. Sie dominieren in der Gegend von Kita unter dem Namen Fuladugu (Fouladougou). Am Westende des Nigerbogens gründeten F. um 1500 n. Chr. das Reich Masina, das sich mit wechselndem Geschick bis Mitte des 19. Jh. behaupten konnte. Seit etwa dem 16. Jh. sitzen F., bekannt als Foutajalonke, in Fouta Djalon (Guinea). Kaum wesentlich später werden sie auch in die Länder der ↓ Haussa und in Adamawa eingedrungen sein. Anfang des 19. Jh. konnten die F. unter ihrem hervorragenden Führer Osman dan Fodio die Macht in den Haussa-Staaten an sich reißen und das mächtige Reich von Sokoto mit seinen Vasallenstaaten gründen. So stellt heute im nördl. Nigerien die größte F.-Gruppe (über 2 Mill.). Auch in Adamawa waren sie bis zur deutschen Kolonialverwaltung das polit. führende Element. Die polit.-staatliche Organisation und die Unterwerfung der Alteingesessenen gingen zumeist von der Stadtbevölkerung aus; sie ist fanatischer Anhänger des Islam und zeigt eine scharfe, kastenähnliche soziale Gliederung. Die Hirtennomaden gelten dagegen als religiös indifferent, die scharfe soziale Gliederung fehlt (abgesehen von Sklaven und Abhängigen); in Kultur und sozialem Verhalten lassen sich noch viele altertümliche Elemente erkennen.

Fur (For, Forava), die alteingesessene Bevölkerung des Darfur im östl. Sudan, nach der dieser Landschaftsraum auch benannt worden ist. Von den über 1,3 Mill. E. des Darfur stellen die F. die weitaus größte Gruppe; genauere Zahlenangaben liegen nicht vor. Zahlreich sind auch die arabischen Stämme (↓ Baggara); sie betreiben zumeist Hirtennomadismus und halten im N des Landes das Dromedar und im S das Rind als wichtigstes Haustier. Die F. gehören ethnisch zur großen Einheit der ↓ Sudan-Neger; ihrem Idiom kommt innerhalb der Sudan-Sprachen eine isolierte Position zu. Andere Gruppen der Sudan-Neger im Darfur sind z. B. das alte Staatsvolk der Dagu (Dadjo), die Massalit im W, die aber auch im Ouadaï (↓ Maba) wohnen, und die seßhaft bodenbautreibenden Berti im NE des Landes, die wie die hirtennomadischen Stämme des N (Zaghawa etc.) ethnisch-sprachliche Verwandtschaft mit den Teda der Sahara aufweisen.
Die historische Überlieferung beginnt im wesentlichen erst mit der Islamisierung (16. Jh.), doch besagen die Traditionen, daß es bereits früher zu Staatsgründungen im Darfur gekommen sein muß. Das älteste Staatswesen soll von den Dagu getragen worden sein (ca. 12. Jh.). Sie scheinen von E eingewandert und den Fung (↓ Nubiern) verwandt zu sein. Die Dagu wurden (ca. 14. Jh.) von dem arabischnegriden Mischvolk der Tundjer verdrängt, die wiederum von einer arabischen Dynastie (16. Jh.) gestürzt und vertrieben wurden. Das neue Herrscherhaus stützte sich weitgehend auf die breite Bevölkerung der F., und seitdem kann man die F. als das Staatsvolk des Darfur betrachten. Die staatlichen Einrichtungen und die Hofhaltung des Herrschers waren typisch für die sog. jungsudanische Kultur. Der Darfur ist durch eine wichtige Karawanenstraße von Assiut über Selimeh mit Ägypten verbunden; er war wohl die wichtigste Eingangspforte für die Einflüsse altägyptischer Kultur auf den Sudan und Westafrika.

Gabar (Geber, Gueber, Ghabr, Gebr etc.), eine kleine zoroastrische Glaubensgemeinschaft in Persien (1958 ca. 10000), die vor allem in den Städten Yazd und Kerman anzutreffen ist. Allem Anschein nach ist der Name G. eine Umformung des Wortes für «Ungläubige» (arab. kafir und pers.-türk. giaur). Die G. nennen sich selbst «Zoroastrier» (Zardushtian) oder «Parsi» (Perser). Von europ. Reisenden wurden sie häufig «Feueranbeter» genannt; eine Bezeichnung, gegen die sie sich wehren, da sie ihre Verehrung des Feuers als reinstes Symbol des «Ahura Mazda» völlig verkennen würde. Glauben und Ritual entsprechen weitgehend dem der ↓ Parsen im W Indiens, die vor dem Islam im 8. Jh. aus Persien flüchteten. Während die Parsen aber völlige Freiheit der Religionsausübung genossen und als Händler und Gewerbetreibende zu großem Wohlstand gelangen konnten, wurden die G. von ihren islam. Landsleuten wirtschaftlich brutal unterdrückt und häufig grausam verfolgt. Es ist erstaunlich, daß sie sich als Gruppe überhaupt behaupten konnten. Die hohe Moral der G. und ihre Treue zur überkommenen Religion wurden immer gerühmt. Seit einer Mitte des 19. Jh. einsetzenden Hilfsaktion der Parsen besserte sich ihr Schicksal. Die meisten G. arbeiten in der Landwirtschaft. Durch die strikte Isolierung und das fast ausschließliche Connubium unterscheiden sich die G. somatisch ziemlich deutlich von der übrigen pers. Bevölkerung; sie ähneln stark dem altiran. Volkstyp, wie er auf den Monumenten zu erkennen ist. Unter sich gebrauchen sie einen altertümlichen Dialekt, der an das mittel-persische Pehlevi, in dem die heiligen Schriften abgefaßt sind, erinnert.

Galla (Oromo), Volk (↓ Kuschiten) in Südabessinien und NE-Kenya, dessen Bevölkerungszahl auf 6–8 Mill. geschätzt wird. Für den Namen G. und die Eigenbezeichnung «Oromo» gibt es verschiedene, teils sich widersprechende Deutungen. Die G. werden heute durchweg in sieben große Gruppen (Tulama, Arusi, Borana etc.) unterschieden, die sich in weit über 200 Stämme gliedern. Vor 1000 n. Chr. saßen sie in den südl. Hochländern von Abessinien und den Abhängen nach Somalia und betrieben wie die sprachverwandten Konso Bodenbau und Viehzucht. Danach spezialisierten sich die G. auf die Großviehzucht, nahmen eine nomadisierende Lebensweise an und besiedelten die Steppen des heutigen Somalia. Sie verdrängten die autochthonen Steppenjäger (↓ Khoisanide) oder zwangen diese in eine wirtschaftliche Symbiose; so leben heute noch sozial mindergeachtete Jägerkasten (Watta) unter ihnen. Im 16. Jh. wurden sie von den ↓ Somal verdrängt und wichen nach SW und NE aus. Sie eroberten große Teile des abessin. Berglandes, kehrten zu ihrer alten Wirtschaftsform zurück und wurden wieder ganz oder teilweise seßhaft. Von den ↓ Amharen übernahmen sie den Pflugbau, der hier seine für Afrika südlichste (nicht von den Europäern bedingte) Verbreitung fand. Die G. im N bekennen sich zum koptischen Christentum und die im E zum Islam. Teile der G., vor allem die Südgruppe (Borana), blieben aber Hirtennomaden und bewahrten die angestammte Kultur und Religion; sie gelten als die typischsten Vertreter der sog. «osthamitischen Kultur» (↓ Hamiten).

Ganda (Baganda, Waganda), großes Volk der ↓ Bantu-Neger und Träger eines der mächtigsten und bekanntesten ↓ Hima-Staaten des sog. Zwischenseengebietes von Ostafrika. Sie gaben dem brit. Protektorat Uganda den Namen, obwohl sie mit kaum 1 Mill. Menschen höchstens ein Fünftel der Bevölkerung darstellen. Wie in allen Hima-Staaten kann man auch bei den G. zwischen den Hirtennomaden und den Hackbauern unterscheiden. Die Hima stellen zwar die Dynastie, und der Staatsaufbau und das höfische Zeremoniell stimmen in wesentlichen Zügen mit anderen Hima-Staaten überein, jedoch fehlt jene schroffe Trennung zwischen den Bevölkerungsteilen wie etwa in ↓ Ruanda. Es hat bei den G. vielmehr ein Ausgleich stattgefunden, bzw. die Hima haben sich gegen die alteingesessenen Pflanzer nie so eindeutig durchsetzen können. Pflanzer, durch die vorwiegende Feuchtsteppenformation des Landes begünstigt, bilden nicht nur zahlenmäßig den bedeutenderen, sondern auch den sozial angeseheneren Teil der Bevölkerung. Die Geschichte der G. reicht weit zurück, ihr Staat ist vermutlich eine Gründung, die im 16. Jh. vom Reich Kitara (↓ Nyoro) ausging.

doch waren es vor allem die Einfälle der G., die den Verfall dieses machtvollen Staatsgebildes hervorriefen. 1890 schlossen sie mit der deutschen Kolonialverwaltung einen Schutzvertrag, der aber noch im gleichen Jahr im Helgoland-Zanzibar-Vertrag annulliert wurde. Seit 1894 standen die G. endgültig unter brit. Protektorat. Sie hatten eine gewisse Selbstverwaltung. 1953 kam es zu Differenzen mit der brit. Verwaltung, die zur Verbannung ihres Königs Mutesa II. führten, doch konnte seine Rückkehr schon 1955 erzwungen werden. Starken Auftrieb erhielt durch diese Vorfälle das Streben nach politischer und staatlicher Selbständigkeit, die 1962 erreicht wurde.
Die G. bilden mit den benachbarten Soga (Basoga) nördl. des Victoria-Sees die Ostgruppe der Bantu im Zwischenseengebiet (Eastern Lacustrine Bantu). Die Soga (1948 ca. 426000) gliederten sich in mehrere kleine Staaten, die meist den G. oder Nyoro abhängig und tributpflichtig waren.

Ge (Macro-Ge, Ges-Tapuya, Tapuya), Sammelbezeichnung für Indianerstämme in Ostbrasilien, die als Nachkommen der ältesten Bewohner dieses Raumes angesehen werden (↓ Südamerikan. Indianer, Karte). Die Zusammenfassung geschieht nach kulturellen und sprachlichen Gesichtspunkten. Man ist sich aber in der Forschung über die linguistische Abgrenzung der Ge-Gruppe nicht einig. Eine Richtung versteht unter Ge alle ostbrasilian. Indianer (ausgenommen die ↓ Carajá, ↓ Tupí, ↓ Tupinamba und ↓ Guaraní), eine andere erkennt hier mehrere unabhängige Sprachfamilien, so daß die Ge in diesem Falle nur als Spracheinheit neben anderen erscheinen. Um die Ge im engeren Sinne von der größeren Einheit abzuheben, nennt man diese Macro-Ge, auch Ges-Tapuya oder Tapuya. Nur wenige Spezialisten vermögen die Problematik der Ge-Sprachen zu übersehen. Hier werden die Ge im engeren Sinne verstanden. (↓ Botokuden, ↓ Caingang und ↓ Bororo).
Die Ge nehmen das ostbrasilian. Bergland ein. Ihr Lebensraum wie auch der anderer Indianer wurde von den Tupinamba und Guaraní schon vor der Entdeckungszeit wesentlich eingeschränkt; er entspricht in etwa dem brasilian. Staat Goiás einschl. großer Teile der benachbarten Staaten Mato Grosso, Pará, Minas Gerais und Bahia sowie dem S von Maranhão und Piauí. Man unterteilt die Ge zumeist in vier Untergruppen, die jeweils wieder aus vielen Stämmen bestehen. Die NW-Gruppe der Ge besteht aus den Timbira und den nördl. Cayapó (Kayapó) sowie den Suyá (↓ Auetö). Die Timbira gliedern sich wiederum in einen westl. Zweig mit dem einzigen Stamm Apinayé in dem Dreieck zwischen dem Tocantins und dem einmündenden Araguaia und einen östl. Zweig mit den Creyé, Canella, Cricati und vielen anderen Stämmen in den zentralen und südl. Teilen der beiden Staaten Maranhão und Piauí; jeder Stamm zerfällt in viele Unterstämme. Die Stämme der nördl. Cayapó (Carahó, Gorotire, Cayamo etc.) nehmen große Gebiete zwischen Araguaia und Xingú ein (nordöstl. Mato Grosso und südöstl. Pará). Die Zentralgruppe der Ge bewohnt im wesentlichen die Gebiete um den oberen Tocantins, d. h. den Staat Goiás und westl. Teile von Bahia und Minas Gerais. Stammesgruppen sind die Akwe (Akuä, Acua) mit den Shacriaba, Shavante und Sherente (Chikriaba, Chavante und Cherente) und die Acroá mit den Gueguè. Die Südgruppe der Ge ist identisch mit den südl. Cayapó im südl. Goiás und den benachbarten Gebieten. Die südl. Cayapó sind den nördl. zwar verwandt, unterscheiden sich aber deutlich; die gleichen Namen sind mehr ein Zufall. Im westl. Piauí leben die Jeico, von denen nur wenig bekannt ist. Fragwürdig ist die Zugehörigkeit der Stämme in der NE-Ecke Brasiliens, da man über sie kaum etwas weiß. Eine eigenständige Sprachfamilie bilden anscheinend die Stämme der Cariri (Kariri) überwiegend im Staate Paraíba. Andere Stämme wie z. B. die Teremembe, die einmal große Teile der Küste zwischen dem Pará und dem Cap de São Roque innehatten, die Tarairu im Staate Rio Grande do Norte und viele andere haben möglicherweise zu den Ge gehört. Diese Stämme wurden von den Tupinamba mit dem Namen «Tapuya»

G

belegt, was soviel wie «Westleute» oder «Feinde» bedeutete; es ist also kein Stammesname, sondern eine Sammelbezeichnung für fremde und feindliche Gruppen. Kulturell gehören die Ge zu den marginalen Stämmen der ↓ Südamerikanischen Indianer. Ihr Lebensraum wurde von progressiveren Gruppen stark eingeschränkt, so nahmen z. B. die Carajá inmitten der Ge das ganze Flußgebiet des Araguaia ein. Fast alle Ge-Stämme betrieben einen extensiven Bodenbau, doch scheint ihre Vergangenheit als ↓ Wildbeuter nicht weit zurückzuliegen, denn das Sammeln wildwachsender Früchte, die Jagd und der Fischfang blieben die Grundlage des Lebensunterhalts. Es liegen keine detaillierten Schätzungen der Bevölkerungszahl vor, doch war die Siedlungsdichte in Ostbrasilien immer sehr gering; in postkolumbischer Zeit erlitten die Ge-Stämme starke Verluste, viele sind seit Jahrzehnten völlig ausgestorben, andere zählen nur noch wenige Dutzend Menschen.

Georgier, ein Volk (1962 über 2,8 Mill.) in der Georgischen Soz. Sowjetrepublik, das mit seinen Verwandten die Südgruppe der ↓ Kaukasus-Völker bildet. Die G. teilen sich in mehrere Volksgruppen. Die Grusinier (russ.), d.h. die G. im engeren Sinne, die sich selbst Karthweli nennen, besitzen das Land am Kura mit Tiflis als Zentrum. Sie gliedern sich in die Karthlier (E) und die Kachetier (W); verwandt sind die islam. Ingilur. Die Bergstämme der Chewsuren, Tuschen und Pschawen leben im Kaukasus nördl. Tiflis und die Mtiuler in den Bergen südl. Gori. Im Gebiet von Kutais wohnen die Stämme der Imerier mit den Ratschinern und die Gurier mit den islamischen Adscharen. Mehr oder weniger eigenständige Volkskörper bilden die Mingrelier (Megreler) im W von Kutais, die Swanen am Oberlauf des Ingur und die islamischen Lazen (Chani) an der Küste des Schwarzen Meeres schon vorwiegend in der Türkei (Lasistan), doch sind sie durch die gemeinsame Geschichte mit den G. eng verbunden. In der Antike lagen im georgischen Raum die Landschaften Kolchis und Iberien, und man muß in den alten Kolchern und Iberern (Iverer) Vorfahren heutiger Stämme sehen. Zwischen Rom bzw. Byzanz und dem sassanidischen Persien umstritten, konnten die alten G. wenigstens zeitweilig eine gewisse Unabhängigkeit bewahren. Mitte des 7.Jh. von den Arabern unterworfen, brauchten die G. fast 300 Jahre, um die Herrschaft abzuschütteln. Unter der Dynastie der Bagratiden besaßen sie im 10. und 11.Jh. fast ganz Transkaukasien und zeitweilig sogar Teile von Armenien, und ihre Kultur erreichte eine hohe Blüte. Die Einfälle der Mongolen seit 1221 n. Chr. leiten den Niedergang ein: Perser

Junge Frau aus Georgien in festlicher Kleidung. Über der flachen Kappe trägt sie einen reichbestickten Schleier.

und Türken streiten in der Folgezeit um das Gebiet, bis Rußland 1795 die Schutzherrschaft übernimmt und es 1801 völlig annektiert. Die Kultur der G. wird durch die hochentwickelte Landwirtschaft, das Kunsthandwerk und vor allem durch die reiche Literatur, die bis ins 5.Jh. zurückreicht, bestimmt. Als einziges Kaukasus-Volk besitzen sie etwa seit dem 4.Jh. n. Chr. eine eigene Schrift, und zwar merkwürdigerweise gleich in zwei verschiedenen Systemen: eine Priesterschrift (Chutsuri) und eine Kriegerschrift (Mchedruli), die heute fast allein in Gebrauch ist. Die Bergstämme der G. gleichen in ihrer Kultur mehr den anderen Kaukasus-Völkern.

Germanen, ein zu Beginn der Überlieferung etwa Ende des 2.Jh. v. Chr. in viele Stämme geteiltes Volk, dessen noch geschlossener Siedlungsraum das nördl. Deutschland und südl. Skandinavien waren. Das Idiom dieser frühen G. ist nicht überliefert, kann aber aus späteren Sprachformen erschlossen werden. Es wird als ein eigener Zweig innerhalb der großen Sprachfamilie der ↓ Indo-Europäer betrachtet. Aus dem «Ur-Germanischen» haben sich in komplizierten Prozessen die «germanischen Sprachen» entwickelt, die zu einer der größten Spracheinheiten der Erde geworden sind.

Der Name G. war nie eine übergeordnete Selbstbezeichnung. Soweit sich erkennen läßt, wurde er zuerst von den Galliern des 1.Jh. v. Chr. gebraucht, die mit G. die rechtsrhein. Bevölkerung anscheinend in dem etwas abschätzigen Sinn von »Hinterwäldler« bezeichneten, und zwar vor allem die dort noch lebenden ↓ Kelten. In dieser Bedeutung wird G. von Poseidonios aus Apamea (um 80 v.Chr) erwähnt und von Caesar in das histor. Schrifttum eingebürgert. In den frühen Quellen kann man nicht klar erkennen, ob mit dem Namen wirklich G. oder keltische Stämme gemeint sind. Erst mit Tacitus (um 98 n.Chr.) wird der Name

Die Einzelteile dieser germanischen «Staatskarosse» wurden in Dänemark gefunden und in mühevoller Arbeit wieder zusammengesetzt.

G

zum sprachl.-ethnischen Begriff, so wie er heute verstanden wird. Von der Vielzahl der Etymologien des Wortes G. hat sich bisher keine als einigermaßen stichhaltig erwiesen. – Histor. Nachrichten über die G. liegen erst seit dem 3.–4. Jh. n. Chr. in hinreichendem Maße vor. Abgesehen von den reichen Bodenfunden der Prähistoriker, findet man die beste Auskunft über die Frühzeit der G. in dem 98 n. Chr. entstandenen Werk des Cornelius Tacitus «De origine et situ Germanorum» (kurz: Germania). Alle bis dahin bekannten Quellen, deren Urtexte zum großen Teil verloren sind, wurden in dieser fast modern anmutenden ethnograph.-länderkundlichen Monographie zusammengetragen. Eigene Anschauung liegt dem Werk nicht zugrunde, doch griff Tacitus möglicherweise auf Berichte römischer Beamten und Offiziere zurück. Tacitus wollte nicht nur die Kenntnis von den G. vertiefen, sondern vor allem der nach seiner Ansicht verderbten röm. Gesellschaft einen Sittenspiegel vorhalten. Bereits hier begegnet man also der fatalen Tatsache, daß man fast bei jeder Schilderung der G. auch die Absicht des Verfassers und das G.-Bild seiner Zeit in Betracht ziehen muß. Der Wandel des G.-Bildes ist ein aufschlußreiches Kapitel der Kulturgeschichte. Es sei hier nur an die «Germania» des Niederwald-Denkmals erinnert, die Inkarnation des G.-Bildes im wilhelminischen Bürgertum. Grotesk ist in jedem Fall die Diskrepanz zwischen dem gesicherten Wissen über die Frühzeit der G. und dem, was diesem Volk sowohl von den Germanophilen als auch von den Germanophoben untergeschoben wird.
Es findet sich auch die Tendenz, das Alter der G. als ethnische Einheit soweit wie möglich zurückzudatieren. So bestimmt man vielfach als Urheimat Südskandinavien und Schleswig-Holstein, und zwar sollen sie dort bereits im Neolithikum entstanden sein. Zumindest aber sei das Volkstum der G. in der sog. nordischen Bronzezeit (1500–500 v. Chr.) fertig ausgebildet gewesen. Die Ergebnisse der Sprachwissenschaft widersprechen aber einer solch frühen Ethnogenese der G. im nordischen Raum; sie können sich damals noch nicht sprachlich aus der indo-europäischen Gemeinschaft gelöst haben; die entscheidende «germanische Lautverschiebung» muß sogar erst nach 500 v. Chr. erfolgt sein. Wenn man die Träger der nord. Bronzezeit, die kunsthandwerklich hervorragendes Bronzegerät hinterlassen haben und sich – wie die Felsbilder Skandinaviens (Hällristningar) ausweisen – auf Bootsbau und Seefahrt verstanden, dennoch G. oder abgemildert «Urgermanen» nennt, so ist dies eine wiss. unzulässige Ausweitung eines primär sprachlichen Begriffs. Überdies werden die Bodenfunde in Südskandinavien zu Beginn der Eisenzeit so spärlich, daß keine Verbindung zu den histor. G. hergestellt werden kann. Mit einiger Sicherheit können heute erst die um 500 v. Chr. beginnende eisenzeitliche Jastorf-Kultur und einige benachbarte Fundgruppen in N- und NW-Deutschland den G. zugewiesen werden: sie erst lassen sich kontinuierlich von Stufe zu Stufe mit den Funden aus histor. Zeit verbinden. Diese frühen G. waren bereits Ackerbauern und Viehhalter; ihre Kultur wurde wesentlich von den ↓ Kelten der La-Tène-Zeit beeinflußt, die über eine langgestreckte Grenzzone ihre südl. Nachbarn waren.
Kultur und Religion, Sozialordnung und Rechtswesen der G. sind überaus komplex und keineswegs einheitlich. Aussagen über diese Phänomene lassen sich – ohne grob zu verfälschen – auf keine kurze Formel bringen. Eigene schriftliche Überlieferung, die sich zu diesen Themen ausdeuten läßt, stammt durchweg erst aus der Zeit nach der Völkerwanderung; die Nachrichten des Tacitus und anderer antiker Quellen sind widersprüchlich und oft widersprüchlich. Das gilt auch für die Runen, die mit gewissen Variationen gemeinsamer Besitz der G. waren. Es gibt viele Hypothesen über ihre Entstehung: Mehr und mehr hat sich die Ansicht durchgesetzt, daß die Kenntnis der latein. Schrift Voraussetzung zur Entstehung der Runen gewesen sei; dann erst habe sich diese Schrift im 2.–3. Jh. n. Chr. aus der Verbindung alter magischer Zeichen mit einem norditalischen Alphabet gebildet. Noch im 16. und selbst im 17. Jh. wurde

G

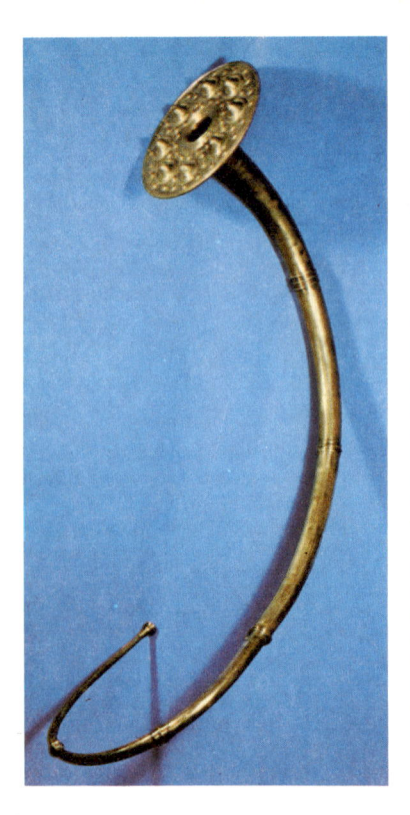

Luren fand man im südlichen Skandinavien. Die Germanen benutzten solche geschwungenen Bronzehörner vermutlich bei Kultfeiern (1100–500 v. Chr.).

die Runenschrift in Schweden gelegentlich (Grabsteine etc.) gebraucht.

Mit dem Zuge der Kimbern und Teutonen (Beginn um 120 v. Chr.) treten die G. ins Licht der Geschichte. In der ersten Hälfte des 1. Jh. v. Chr. erscheinen weitere Stämme im Vorfeld Roms. Die Sweben unter Ariovist dringen zum Oberrhein vor und brechen nach Gallien ein; sie liefern Caesar den Vorwand für sein Eingreifen in die gallischen Verhältnisse. Die Bataver und Kanninefaten besetzen das Mündungsgebiet des Rheins, und die Markomannen dringen nach Böhmen ein. So stehen die G. bald in einer breiten Front an der Grenze des röm. Machtbereichs. Schon um 50 v. Chr. dienen Hilfstruppen der G. im röm. Heer. In den Jahrzehnten um Christi Geburt, zur Zeit also, da Rom seinen Machtbereich bis an die Elbe vorzuschieben trachtete, entstanden unter der Führung der Cherusker des Arminius und der Markomannen des Marbod zwei größere, staatsähnliche Stammesbünde. Sie zerfielen aber bald durch Zwietracht, und die weitere Geschichte der G. bleibt die Geschichte der einzelnen Völker und Stämme. Bei den von Tacitus genannten Ingwäonen (Ingaevonen), Istwäonen (Istaevonen), Istrionen und Herminonen (Hermionen, Erminionen) handelt es sich wohl primär um Kultbünde, denen aber doch eine gewisse sprachliche und kulturelle Eigenart zukommt. Als eine weitere Gruppe erscheinen die «Wandilier». Man kann diese Verbände mit einigen Schwierigkeiten mit den durch Bodenfunde (ältere Kaiserzeit) und anderen Indizien erschlossenen Gruppen der G. für das 1. Jh. n. Chr. verbinden: 1. Nord-G. im südl. Skandinavien, die erst mit der Expansion der ↓ Wikinger weltgeschichtlich in Erscheinung treten. Aus ihren Dialekten haben sich die nordischen Sprachen entwickelt. 2. Ost-G. etwa zwischen Oder, Weichsel und den Karpaten, die mit den «Wandiliern» des Tacitus identisch sind. Obwohl von den Wandalen, Burgundern, ↓ Goten und anderen Stämmen mächtige Staatsgründungen ausgingen, hat sich keiner ihrer Dialekte in einer noch lebenden Sprache erhalten; sie sind z. T. aber durch Schriftdokumente bekannt. 3. West-G., die man räumlich und kulturell wiederum in drei große Einheiten unterscheiden kann. a) Nordseeküsten-Gruppe, die man mit ziemlicher Sicherheit mit den Ingwäonen identifizieren kann. Zwischen Rhein und Ems saßen die Bataver, Kanninefaten und Friesen, dann bis zur Elbe die Angrivarier und Chauken und nördl. der Elbe die Angeln und Jüten. Ende des 3. Jh. n. Chr. tritt der anscheinend aus Chauken und einigen Nachbarn entstandene Stammesverband der Sachsen hervor. Von den Dialekten der Nordsee-G. gingen bis zur Abwanderung der ↓ Angelsachsen starke Einflüsse auf die Sprachen der anderen G. aus (Ingwäonismen). Auf dem Festland hat sich nur das Friesische erhalten, das aber als Schrift- und Literatur-Sprache nie größere Bedeutung erlangte. b) Rhein-Weser-Gruppe, die wohl in etwa mit den Istwäonen gleichgesetzt werden kann. Im südl. Niedersachsen saßen die Cherusker, deren Bedeutung gegen Ende des 1. Jh. n. Chr. fast völlig schwindet, und westl. der Fulda die Chatten, die man als Vorfahren der Hessen in Anspruch nimmt. Im Raum des heutigen Westdeutschland lebten die Tencterer, Sugambrer, Marser, Brukterer, Ubier etc., die vor allem aus den Kämpfen der G. mit Rom bekannt wurden. Mitte des 3. Jh. n. Chr. werden die Franken erwähnt, die aus dem Zusammenschluß mehrerer Stämme entstanden. c) Elbe-Gruppe (Herminonen), die vom Unterlauf beiderseits des Stromes bis Böhmen und weiter bis Mähren und zur mittleren Donau reichte. Zu ihr gehören die Langobarden und der große Verband der Sweben mit den Markomannen und Quaden, die Semnonen und die Hermunduren (Thüringer) sowie mehrere kleinere Stämme. Ende des 2. Jh. n. Chr. entstehen aus den Semnonen auch die Alemannen, und die um 500 n. Chr. aus Böhmen nach Süddeutschland einwandernden Nachkommen der Markomannen werden Baiern (Bajuvaren) genannt.

Die westgerman. Stämme, soweit sie auf dem Festland wohnten, wurden durch die Macht des Fränkischen Reiches (Franken) zusammengefaßt. Hier entstand wohl erst im 8. Jh. die Bezeichnung «deutsch» oder die Deutschen, und zwar aus einem in vielen german. Sprachen vorhandenen Wort für Volk und Stamm. Deutsch besagt somit, zum eigenen Volkstum und zur vertrauten Sprache gehörig im Gegensatz zum Welschen (Walchen) oder Romanen. Ausgangspunkt war also das zweisprachige Frankreich, und dies gilt auch für die sog. deutschen Stämme (Franken, Friesen, Sachsen oder Niedersachsen, Hessen, Thüringer, Baiern und Alemannen). Wenn sie auch durchweg eine histor. Kontinuität zu großen german. Stammesverbänden aufweisen, so fanden sie doch erst ihre wirkliche kulturelle und sprachliche Ausprägung als Stammesherzogtümer des ostfränk. Reiches. Spätestens im 12. Jh. war die bindende Kraft der deutschen Stämme z. T. erloschen; an ihre Stelle traten dynastisch-polit. Gebilde. Deutlichen Ausdruck findet dieser Vor-

Der Sonnenwagen von Trundholm in Dänemark mit der goldplattierten Sonnenscheibe. Die Nachkommen der den Sonnenkult pflegenden Streitaxt-Völker der Bronzezeit glaubten, daß die Sonne so über den Himmel gezogen werde.

G

gang in der Auflösung des Herzogtums Sachsen (1180) nach dem Sturz Heinrichs des Löwen. Neue Stämme oder Volksgruppen traten durch die deutsche Ostkolonisation hinzu (Mecklenburger, Obersachsen, Österreicher, Kärntner etc.). Heute kann man im wesentlichen die deutschen Stämme nur noch als große Dialektgruppen betrachten.

Schon zur Mitte des 1. Jt. n. Chr. begann die zweite german. bzw. hochdeutsche Lautverschiebung, die das sog. Hochdeutsche so tiefgreifend von den anderen westgerman. Dialekten (auch vom Niederdeutschen oder Plattdeutschen) trennte, daß man seitdem von verschiedenen Sprachen reden muß. Die Lautverschiebung war im Alemannischen, Bayerischen, Ostfränkischen und dem erloschenen Langobardischen am stärksten, so daß man diese Dialektgruppen als Oberdeutsch zusammenfaßt. Sie setzte sich im Rheinfränkischen, Hessischen und Thüringischen nur teilweise durch, so daß hier eine breite Übergangszone vorliegt, die man Mitteldeutsch nennt. Innerhalb des

In der Auseinandersetzung mit den Römern wurden die Germanen historisch faßbar. Zu den aktivsten Stämmen, die vorübergehend sogar staatsähnliche Stammesbünde schufen, gehörten die Cherusker und Markomannen. Auf unserem Bild unterwerfen sich die Markomannen 180 n. Chr. dem Kaiser Marcus Aurelius.

G

Niederdeutschen entwickelte sich das Niederfränkische schon im 13.Jh. und endgültig um 1600 zur eigenständigen Schriftsprache des Niederländischen. Ähnlich hatte sich auch das Niedersächsische um die Mitte des 14.Jh. zur Schriftsprache ausgeformt und als Verkehrssprache der Hanse große Bedeutung gewonnen. Die sprachliche Spaltung des deutschen Volkes wurde nur dadurch verhindert, daß man seit Beginn des 16.Jh. vor allem in den Städten zum sog. Neuhochdeutschen überging; das Niedersächsische (Niederdeutsche im engeren Sinne) wurde zur Mundart vor allem der ländlichen Bevölkerung. Ausschlaggebend für den Übergang zum Neuhochdeutschen war wohl der Eindruck der Bibelübersetzung Martin Luthers. Die Sprache Luthers wurzelt im Kanzleideutsch der Markgrafschaft Meißen, dem späteren Obersachsen. So entstand der wertvollste Besitz der Deutschen, die gemeinsame Muttersprache, in einem Gebiet ostdeutscher Kolonisation, wo sich alle Dialekte trafen. Die Erforschung der deutschen Dialekte obliegt einem Zweig der Germanistik; es gibt mehrere Spezialzeitschriften, und in den letzten Jahrzehnten wurden mehrere grundlegende Werke (z. B. Deutscher Sprachatlas) begonnen.

Giljaken, Volk (↓ Paläosibirier) im Mündungsgebiet des Amur und im Nordteil der Insel Sachalin. Die Eigenbezeichnung lautet «Niwch» (Mensch). 1959 zählte man über 3700 G., davon ca. 1700 auf Sachalin. Der Fischfang ist die Grundlage ihrer Wirtschaft. Die Fische werden mit Netzen, Harpunen, Angeln und Fischwehren gefangen; gedörrter Fisch wird als Wintervorrat gestapelt. Die G. leben halbnomadisch, d.h. sie wechseln während der Sommermonate häufig ihren Wohnplatz und ziehen dabei auch an die Küste zum Robbenschlagen. Die Jagd wird fast nur im Winter ausgeübt, hauptsächlich auf Pelztiere. Ein Teil der G. betreibt heute auch Viehzucht und Ackerbau. Im Winter wohnt man in halbunterirdischen Erdhütten, im Sommer dagegen in Zelten oder Bretterhütten. Als Beförderungsmittel kannten sie ursprünglich nur den Einbaum, den Schneeschuh und den Hundeschlitten. Im Vordergrund des religiösen Lebens standen der ↓ Schamane und der Bärenkult; ein Teil der G. wurde jedoch frühzeitig zum orthodoxen Christentum bekehrt. Ihre künstlerische Fertigkeit beschränkt sich im wesentlichen auf ornamentale Schnitzereien an Gebrauchs- und Kultgegenständen sowie auf relativ plumpe tier- und menschenähnliche Idole.

Goajiro, Indianerstamm aus der Sprach- und Völkerfamilie der Aruak auf der H.-I. La Guajira, die zu 82% zu Kolumbien (Dept. La Guajira, Riohacha) und zu 18% zu Venezuela gehört. Die G. bilden unter den Indianern Südamerikas eine Ausnahme, da sie seit etwa 1550 von den Spaniern die Viehhaltung übernommen haben, ohne ihre alte Kultur aufzugeben. Nach alten Quellen waren die G. ursprünglich überwiegend Jäger, Fischer und Sammler (↓ Wildbeuter). Die früher vorherrschende Rinderhaltung ging infolge von Dürreperioden (zuletzt 1939/40) stark zurück, so daß nach einer Schätzung von 1963 Schafe (ca. 140000) und Ziegen (ca. 100000) gegenüber den Rindern (ca. 15000), Eseln (ca. 8000) und Pferden (ca. 6000) dominieren. Die semiaride Umwelt zwingt die G. zu einer nomadisierenden Lebensweise. Die notwendigen Vegetabilien werden vorwiegend gegen Vieh und Viehprodukte getauscht; Großvieh als Symbol des Reichtums wird dabei möglichst geschont. Wichtig ist auch der Fischfang entlang der Meeresküsten; die einst blühende Perlentaucherei ist ziemlich zum Erliegen gekommen. Die G. gliedern sich in ca. 30 matrilineare Sippen mit jeweils mehreren Untergruppen, die praktisch unabhängig sind und jeweils ihre eigenen Wander- und Weidegebiete haben. Die G. hielten zäh an ihren überkommenen Lebensformen fest; erst seit etwa 1950 zeigt sich verstärkt ein Kulturwandel, der durch die Mission und ihre Schulen, Schmuggel in den Grenzgebieten, saisonale Arbeit in Salinen etc. ausgelöst wird. Nach Schätzungen von 1968 wohnen im kolumbianischen Teil der Halbinsel ca. 60000, im venezolanischen ca. 13000 G.; viele G. wanderten in Erwartung besserer

Das Grabmal Theoderichs in Ravenna zählt zu dem Wenigen, was von den großen Reichen der Goten geblieben ist.

Lebensbedingungen ganz oder zeitweilig nach Venezuela ab, wo es allein in Maracaibo einen Stadtteil mit ca. 15 000 G. gibt.

Gogo (Wagogo), bedeutender Stamm der ↓ Bantu-Neger (Ost-Bantu) im sog. abflußlosen Gebiet des inneren Tanganyika. Die heute ca. 110 000 G. hatten früher ein größeres Wohngebiet, wurden aber von den nordöstl. benachbarten Massai zurückgedrängt. Ihnen verwandt sind die Iramba, Issansu, Rangi (Irangi) und Turu (Nyaturu, Waniaturu), die insgesamt ca. 350 000 Menschen zählen. Ihre Wirtschaft beruht auf einem ausgewogenen System von Bodenbau (Hackbau) und Viehzucht. Sie besitzen manche kulturellen Merkmale der benachbarten ↓ Niloten, aber auch einer anscheinend kuschitischen Vorbevölkerung (↓ Kuschiten), so daß sie häufig mit den ↓ Kamba und deren Verwandten als die Gruppe der hamitisierten Bantu zusammengefaßt werden.

Goten, ein im 1.–2. Jh. n. Chr. beiderseits der unteren Weichsel lebender Stamm der ↓ Germanen, der wohl der bedeutendste unter den Stämmen der sog. Ostgermanen war. Das Wohngebiet der G. bildete damals die östl. Randzone des german. Siedlungsraumes; an seinen Ostgrenzen, im

G

132

mittleren Ostpreußen, saßen bereits baltische Stämme. In der zweiten Hälfte des 2. Jh. n. Chr. stießen die G. nach SE vor, zwangen die Wandalen und andere ostgerman. Stämme zur Abwanderung und nahmen schließlich die Ebenen östl. der Karpaten bis weit hinein nach Südrußland in Besitz. Der Stamm der Bastarner sowie thrakisch-dakische und sarmatische Stämme wurden gegen die röm. Reichsgrenzen gedrängt oder in Abhängigkeit gebracht. Die Macht der G. hatte sich im 3. Jh. so gefestigt, daß sie seit 238 n. Chr. in vielen kleinen und großen Einfällen das Röm. Reich aufs schwerste gefährdeten. Verheerend für die Küstengebiete des Schwar-

SCS BALTHASSAR +SCS MELCHIOR +SCS GASPAR.

Gotenfürsten als die Heiligen Drei Könige. Im Gegensatz zu den Römern trugen die Germanen Hosen. Mosaik aus der Kirche San Apollinare Nuovo in Ravenna.

G

zen Meeres und der Ägäis waren die seit 256 häufig wiederholten Piratenzüge. Ein Großunternehmen der G. und ihrer Verbündeten, das gleichzeitig über Land und auch über See vorgetragen wurde (269 bis 270), scheiterte schließlich und führte zu einer vernichtenden Niederlage. Der Druck der G. auf die röm. Grenzen ließ seitdem merklich nach, und wenn Rom auch 271 n.Chr. die Prov. Dakien aufgeben mußte, hatte es doch, wenn man von kleineren Übergriffen absieht, für fast 100 Jahre Ruhe. – Aus der Zeit um 270 n.Chr. ist eine Teilung der G. nachweisbar, doch ist sie vermutlich älteren Ursprungs: Die Terwinger oder Wisigoten (Tervingi Visi) saßen im W und die Greutungen oder Ostrogoten im E; der Dnjestr bildete zumindest zeitweilig die Grenzscheide. Die Bedeutung von «Wisi» (Visi, Vesi etc.) und «Ostro» (Austro) ist nicht ganz geklärt, entsprach aber kaum den Himmelsrichtungen W und E. Die geläufige Gliederung in West- und Ostgoten ist nicht korrekt; sie hat erst für längere Zeiten ihre Berechtigung. Als Bundesgenossen der G. werden Stämme genannt, von denen sonst nur wenig bekannt ist, so z.B im W die dakischen Karpen und die germanischen Taifalen (wohl ein Zweig der G.) und im E die vermutlich sarmatischen Boraner. Seit der Mitte des 3.Jh. n.Chr. stoßen die Gepiden, die Heruler und andere ostgerman. Stämme in den südosteurop. Raum nach. Heruler und Boraner waren im wesentlichen die Träger der Piratenzüge der G., doch handelten sie oft auch auf eigene Faust.
Die Abwendung der G. von den röm. Grenzen (seit 270) brachte eine Machtausdehnung nach N und E mit sich. Die Krim wurde fast ganz besetzt (Bildung der späteren Krim-G.), und die sarmatischen Stämme Südrußlands mußten die Oberhoheit der G. anerkennen; selbst das bosporanische Reich (Kimmerer) geriet in Abhängigkeit. Um 280 wird der greutungische König Ostrogotho als Herrscher aller G. und Herr eines Vielvölkerstaates mit dem Zentrum in der heutigen Ukraine gemeldet. Im 4.Jh. trennen sich die Wege. Die Terwinger und Taifalen überschreiten seit 314 wieder die röm. Grenzen, werden aber mehrfach schwer geschlagen und müssen 332 sogar ein Föderatenverhältnis zu Rom anerkennen. Das Reich der Greutungen hingegen erreicht unter seinem König Ermanrich um 350 seine höchste Blüte: Es erstreckt sich fast über das ganze europ. Rußland südl. des Polarkreises. Nach dem Vorbild der Sarmaten waren die Greutungen ganz zum Reiterkriegertum der Steppe mit den damit verbundenen sozialen Erscheinungen übergegangen. Die G. unterlagen im 4.Jh. tiefgreifenden griech., skythisch-sarmatischen und auch oriental. Kultureinflüssen, und sie entwickelten eine spezifische Mischkultur, die wiederum stark auf alle Germanen seit der Völkerwanderung einwirkte. Neue Techniken der Goldschmiedekunst, Zellenverglasung und Mosaik an Fibeln und Schnallen, Anfänge des sog. german. Tierstils etc. lassen sich feststellen. Zu dieser Zeit fand auch das Christentum Eingang. Schon auf dem Konzil von Nikäa (325) wurde ein Bischof von Gothia (Krim) genannt; 348 kam es bei den Terwingern zur ersten Christenverfolgung. Folgenreich war das Wirken des mit christl. G. ins römische Gebiet ausgewanderten Bischofs Wulfila. Vor allem durch seine Bibelübersetzung setzte sich der von ihm vertretene «Arianismus» bei den ostgerman. Stämmen durch. Er verwendete eine nach dem griech. Vorbild geschaffene Schrift, der einige Runenzeichen zugefügt waren. Bruchstücke des Textes sind erhalten (Codex argenteus in Uppsala); sie bilden die wichtigste Quelle für das Gotische.
Entscheidend für das weitere Schicksal der G. wurde der Einbruch der ↓ Hunnen in das Greutungenreich (375), dem es trotz verzweifelter Gegenwehr bald erlag. Der größte Teil der Terwinger, die Taifalen und eine Gruppe der Greutungen weichen in röm. Gebiet aus und werden in der Prov. Mösien als Föderaten angesiedelt. Sie wuchsen zu einem neuen Volk zusammen, und der Name Westgoten hat nun seine Berechtigung. 395 empören sich die Westgoten unter Alarich, ziehen schließlich nach Italien (410 Plünderung von Rom) und werden dann als Föderaten Westroms in Aquitanien (Südfrankreich) angesiedelt, wo sie das nach der Hauptstadt

Toulouse benannte Tolosanische Reich begründen, das bald SW-Gallien und ganz Spanien umfaßt. Die Westgoten konnten sich bis zur Invasion der Araber (711) in Spanien behaupten, gingen dann aber in das sich allmählich bildende Volkstum der Spanier auf. Die Greutungen blieben zunächst unter hunnischer Herrschaft, konnten sich nach dem Tode Attilas (453) befreien und ließen sich, in mehrere Gruppen zersplittert, als Föderaten in den röm. Donauprovinzen nieder. Sie waren mit den Resten der Terwinger zu dem neuen Volk der Ostgoten verschmolzen. Unter Theoderich geeint und nach Italien geführt, besiegeln sie mit ihrem Sieg über Odoaker das Ende Westroms (493). Ihr gut organisierter Staat wird aber nach dem Tode des hervorragenden Königs (526) um die Mitte des 6. Jh. von Ostrom erobert; die Reste der Ostgoten fanden wohl bei den Franken Aufnahme. An der Südküste der Krim hielten sich bis ins 16. Jh. die sog. Krim-G. als ethnische Einheit; einige wenige Sprachproben wurden aufgezeichnet.

Die großen Reiche der G. vergingen, ohne daß sie tiefgreifende Spuren hinterließen. Die Erinnerung an dieses Volk blieb aber erhalten, und so ist es wohl zu erklären, daß man in der Spätrenaissance (Vasari) die Kunst des späteren Mittelalters ausgerechnet «Gotisch» nannte. Sie galt als barbarisch, geschmacklos und mit Zierat überladen im Gegensatz zum Klassisch-Antiken. Noch bei Lessing (1729–1781) findet sich diese negative Auffassung, erst mit dem jungen Goethe (1749–1832) bahnt sich ein Wandel in der Wertschätzung dieser Kunstepoche an.

Gran Chaco-Indianer, eine Sammelbezeichnung für Indianerstämme verschiedenster Herkunft und sprachlicher Zugehörigkeit, die durch die formende Kraft der Landschaft Gran Chaco im zentralen Südamerika zu einer gewissen kulturellen Einheitlichkeit gelangten. Vor der span. Conquista waren die meisten Stämme Jäger und Sammler wie etwa die ↓ Patagonier, doch flossen schon frühzeitig Kulturgüter aus dem Andenraum ein, und von E drangen die ackerbautreibenden ↓ Guaraní in die Randzonen des Gran Chaco vor, was für die Autochthonen auch nicht ohne Einfluß war. Entscheidend für die Ausformung der typischen G. C.-I. war aber die Conquista. Die Guaraní betrieben einen Zwischenhandel vom Reich der ↓ Inka zur Ostküste, und sie vermittelten auch den ersten Conquistadoren im Río de la Plata die Nachricht von den Goldländern im W des Gran Chaco. Um den Zugangsweg zu den Goldländern zu gewinnen, drangen die Conquistadoren sofort in den Gran Chaco vor, und so kommt es, daß der unwirtliche und feindliche Gran Chaco zu den ersten größeren Gebieten Amerikas gehört, die von den Europäern unter eine gewisse Kontrolle gebracht wurden; die frühe Gründung von Asunción (1537) gehört zu diesen Bemühungen. Schon vor der Conquista hatten Guaraní-Stämme (↓ Chiriguano) die Grenzen des Inka-Reiches bestürmt. Bei einem solchen Vorstoß (1521–26) nahm der span. Abenteurer Alejo García teil, und er war der erste Europäer, der den Boden des Inka-Reiches betrat; er wurde aber bald darauf getötet. Die Eroberung Perus durch Pizarro ließ das Interesse am Gran Chaco mehr und mehr erlahmen, so daß sich die dortigen Indianer im 17.–18. Jh. einigermaßen behaupten konnten. Durch die Europäer hatten sie das Pferd kennengelernt und bald als Haus- und Reittier übernommen. Im 17. Jh. bildete sich eine jägerische Reiterkultur heraus, die ihr Gegenstück nur in den Prärien Nordamerikas fand. Wie dort wanderten nun von allen Seiten Stämme verschiedener Herkunft in die weiten Ebenen ein, und es bildete sich die gleiche verwirrende Völker- und Sprachenvielfalt mit einer relativ einheitlichen Kultur; die Übereinstimmungen mit den ↓ Prärie-Indianern erstrecken sich sogar auf manche Einzelheiten (Skalpieren etc.).

Die bedeutendste Stammesgruppe und eigenständige Sprachfamilie waren die Guaicurú mit den großen Stämmen der Abiponen, Mocoví, Toba, Pilagá, Payaguá, Mbayá etc., die vor allem den südl. und zentralen Gran Chaco einnahmen. Fast alle Guaicurú-Stämme waren ungemein kriegerisch; sie hatten wegen ihrer

Wohnsitze im S die frühesten und härtesten Kämpfe mit den Kolonisten zu bestehen. Von den Abiponen liegt eine klass. Beschreibung des Jesuiten Dobrizhoffer (1783/84) vor, der sie damit weiten Kreisen bekannt machte. Die Payaguá machten sich einen Namen als Flußpiraten am Paraguay und Paraná. Eine andere Sprachfamilie bildeten die Lule und Vilela mit ihren vielen Unterstämmen, die hauptsächlich in NW-Argentinien saßen. Die Mataco mit den Ashluslay, Macá, Lengua (Enimagá) etc. bildeten ebenfalls eine Spracheinheit. Man faßt die bisher genannten Gruppen auch zu einem «Macro-Guaicurú» zusammen, doch ist dies noch nicht erwiesen. Sprachlich eigenständig sind auch die Zamuco mit den Chamacoco, Moro und vielen anderen Stämmen. Der Stamm der Chané (Chaná), der ursprünglich Ackerbau betrieb und unter der Herrschaft der Mbayá z.T. zum Reiterstamm wurde, gehört zur Sprachfamilie der ↓ Aruak. Die Tapieté, ein typischer

G

Das Bild auf dieser griechischen Vase (440–430 v. Chr.) zeigt eine Abschiedsszene. Der Krieger hält eine Trinkschale, die Frau trägt den Peplos, ein aus Wolle gewebtes Übergewand.

◁

Dieser griechische Speerkämpfer trägt einen korinthischen Helm, der im Unterschied zum eleganteren attischen aus einem Stück gearbeitet ist. (Um 500 v. Chr.)

Reiterstamm des Gran Chaco, entstammten den Tupí sprechenden ↓ Guaraní. Damit ist die Liste der Sprach- und Stammesgruppen nicht erschöpft; viele Stämme konnten sprachlich überhaupt nicht identifiziert werden.

Frühe Versuche einer gewaltsamen Pazifikation scheiterten. Größeren Einfluß hatte der Jesuitenstaat in Paraguay (1609 bis 1767) unter den Guaraní. Auch für die Reiterstämme wirkte sich die Tätigkeit der Jesuiten segensreich aus: es gelang zumindest, den einen oder anderen Stamm zu befrieden und seßhaft zu machen. Im 19. Jh. wurde der Gran Chaco mehr und mehr vom Militär der beteiligten Staaten pazifiziert. Im S waren die Stämme (vor allem die Abiponen) schon Ende des 18. Jh. dezimiert und zurückgedrängt. Krankheiten und blutige Fehden der Stämme untereinander erbrachten starken Bevölkerungsrückgang. Schwere Verluste erlitten die Indianer zuletzt während des Chaco-Krieges zwischen Bolivien und Paraguay in den Jahren 1932–1935. Dennoch wird ihre Zahl für 1946 auf ca. 68 000 geschätzt; 20 000 sollen allein die Mataco in NW-Argentinien zählen. Es lassen sich heute verschiedene Formen der Anpassung feststellen; Dienstleistungen als Viehhirten sind relativ häufig. Ein allmählicher Übergang in die Mestizenbevölkerung ist bei den meisten Gruppen festzustellen.

Griechen, ein Volk und zugleich auch ein eigenständiger Zweig aus der Sprachfamilie der ↓ Indo-Europäer, das nach Beginn des 2. Jt. v. Chr. in das Gebiet des heutigen Griechenlands einwanderte und diesen Lebensraum bis zum heutigen Tage behauptet hat. Der Name G. ist römischen Ursprungs und betraf anfänglich wohl nur eine lokale Gruppe. Sich selbst nannten die G. in historischer Zeit Hellenen und

G

ihr Land Hellas, und zwar nach dem mythischen Stammvater Hellen. Der Name Hellas galt ursprünglich nur einer Stadt im südl. Thessalien, er wurde später auf ganz Griechenland mit Ausnahme des Peloponnes und des nördlichen Thessalien und schließlich auf alle von G. bewohnten Gebiete ausgedehnt; auch die modernen G. nennen sich Hellenen und ihr Königreich Hellas.

Die G. trafen bei ihrer Einwanderung auf eine kulturell überlegene Vorbevölkerung, deren Namen sie mit Pelasger, Leleger, Tyrsener, Karer und Eteokreter angeben. Diese war der Träger der sog. ägäischen oder kretisch-mykenischen Kultur, die verschiedene Schwerpunkte hatte. Auf dem Festland blühte die helladische Kultur (ca. 2600–1150 v.Chr.), deren Spätstufe mit Mykenä und Tiryns bereits von den G. getragen wird, auf Kreta die minoische Kultur (Eteokreter), auf den südl. Inseln die Kykladen-Kultur (vor allem in der zweiten Hälfte des 3.Jt.), die durch ihre extrem abstrakten Marmoridole bekanntgeworden ist, und in Westkleinasien und den vorgelagerten Inseln die trojanische Kultur. Von der Sprache und dem Volkstum dieser Vorbevölkerung weiß man nur sehr wenig; Sprachinseln sollen sich bis ins 5.Jh. n.Chr. gehalten haben. Die älteren Dialekte der G. haben viele Lehnworte übernommen, und es gibt Stimmen, die das Idiom der Vorbevölkerung danach als ein archaisches Substrat der indo-europäischen Sprachfamilie bestimmen wollen (↓ Asianische Sprachen).

Die Einwanderung der G. vollzog sich in mehreren Wellen; zuerst kamen die Vorfahren der späteren Ionier, Äolier und Arkader. Die Landnahme der einzelnen Stämme, die man nach dem Dialekt auch als Ostgriechen zusammenfaßt, läßt sich nicht genau ermitteln, weil die historische Verbreitung auf die spätere Einwanderung der Nordgriechen mit den Dorern (ca. 1200 v.Chr.) zurückgeht. Der Name Achäer war wohl eine Art ethnischer Überbegriff für Früh- und Proto-G., die das südl. und östl. Griechenland sowie bald auch die vorgelagerten Inseln mit Kreta, Rhodos und Cypern in Besitz nahmen. Auf jeden Fall bestimmten sie im 2. Jt. v.Chr. die mykenische Kultur. Begierig nahmen die bäuerlich-einfachen Einwanderer die überlegene, von altorientalischen und ägyptischen Einwirkungen geprägte Kultur der Vorbevölkerung auf. Groß war der Einfluß des minoischen Kreta, das wohl ab Mitte des 15.Jh. v.Chr. von einer achäischen Dynastie beherrscht wird. So entstand eine ritterlich-feudale Zivilisation (Blüte 1400–1250 v.Chr.) mit Städten, Burgen und Hofhaltung. Der Streitwagen war das bevorzugte Kampfmittel. Die sog. Danaer im Gebiet von Argos mit Mykene und Tiryns scheinen eine gewisse Vormacht besessen zu haben; ihr Name gilt in den homerischen Epen fast als Synonym für Achäer. Es war das Heldenzeitalter der G., das in den Sagen und Gesängen, den Epen und Dramen der historischen Epoche weiterlebt: die Zerstörung von Troja, die Abenteuer des Theseus in Kreta, der Kampf zwischen Argos und Theben (Die Sieben gegen Theben), die Fahrt der Argonauten und das Schicksal des Atridenhauses geben ein lebendiges Zeugnis jener bewegten Epoche.

Mit einem Völkersturm begann ein neuer Abschnitt. Bei der ersten Einwanderung der G. waren im Epirus und dem südl. Albanien stammverwandte Gruppen zurückgeblieben. Die West- oder Nordgriechen bewahrten ihre bäuerliche Lebensweise; große Bedeutung hatte anscheinend das Hirtenwesen mit jahreszeitlich bedingter Viehwanderung zwischen Berg- und Talweiden. In der Folge der großen ägäischen Wanderung (Seevölker) verließen auch die Nordgriechen ihre Wohnsitze und drangen nach S und E vor. Zuvor hatte sich aus den Hylleern, Dimanen und Pamphylern der Stammesverband der Dorer gebildet, der die Expansion am energischsten und weitesten vortrug, so daß sie nach ihm die dorische Wanderung genannt wurde. Die drei Stämme oder Phylen blieben in den meisten der neuentstehenden Gemeinwesen und Staaten der Dorer erhalten. In einigen Fällen wurden die Autochthonen als vierte Phyle in den Verband aufgenommen, zumeist aber in ein Hörigkeitsverhältnis gezwungen; bekannt sind vor allem die Verhältnisse in Sparta mit den Heloten (Unterworfene) und Periöken (Umwohnende). In der Turbulenz der Völkerwanderung ging die mykenische Kultur völlig zugrunde. Der Katastrophe folgten einige dunkle Jahrhunderte; erst im 9.Jh. v.Chr. konsolidierten sich die Verhältnisse. Die Dorer besetzten den südl. und südöstl. Peloponnes (Messenien, Lakonien, Argolis und das Gebiet des Isthmus) sowie die südl. Inselwelt mit Melos, Thera, Kreta, Kos und Rhodos, aber auch das kleinasiatische Festland im Gebiet des Golfs von Kos und des Golfs von Adana (Pamphylien). Die übrigen NW-G. nehmen den nördl. Peloponnes (Elis und Achaia) sowie fast das ganze nördl. Griechenland (vor allem Aitolien) ein. Die alten Äolier vermögen sich nur in Böotien und Thessalien einigermaßen zu behaupten. Eine genaue Zuordnung ist aber nicht möglich, da von den NW-G. kaum Sprachdokumente vorliegen. Sie waren wohl mehr eine herrschende Schicht, während sich das äolische Element sprachlich und kulturell wieder durchsetzte; so wird der Raum der NW-G. auch oft den Äoliern zugerechnet. Äolisch blieben auch Lesbos und die der Insel gegenüberliegende Küste Kleinasiens. Die späten Achäer des Peloponnes werden in das zentrale Bergland gedrängt und erscheinen nur unter dem Namen Arkader. Behauptet haben sie sich auch auf Cypern. Die Ionier vermögen sich auf Attika und Euböa zu halten, hatten aber weiterhin mit Milet, Ephesus und anderen Städten an der zentralen Küste Kleinasiens sowie den vorgelagerten Inseln (Chios, Samos etc.) einen weiteren Schwerpunkt. Die besonders agilen Ionier konnten im kleinasiatischen Raum ihren Besitz auf Kosten der Äolier im N und der Dorer im S vergrößern. Ihr kultureller Einfluß war so groß, daß in späterer Zeit alle kleinasiatischen G. Ionier genannt werden.

Das Bewußtsein, trotz aller Gegensätze und Unterschiede eine gemeinsame Nation zu bilden, scheint sich im 8.Jh. v.Chr. allgemein durchgesetzt zu haben. Dies findet z.B. seinen Ausdruck in der Mythologisierung der Abstammung im Stammvater Hellen, in der Verehrung gemeinsamer Kultstätten und in den panhellenischen Spielen von Olympia (seit 776 v.Chr). Nicht mehr ethnische, sondern politische Gegebenheiten bestimmen das Geschehen. Es beginnt die Epoche der Stadtstaaten (Polis), die bis zur Eroberung Griechenlands durch die ↓ Makedonier (338 v.Chr.) andauert. Die große Kolonisation der G. im fast ganzen Mittelmeerraum (vor allem 750–550), die Perserkriege und der Kampf um die Hegemonie zwischen Sparta und Athen sind die wichtigsten Ereignisse. Im weltoffenen Wesen der Athener und in der kriegerischen Lebensordnung der Spartiaten verkörpern sich zwei extreme Möglichkeiten des Hellenentums. Enorme Leistungen in allen Zweigen des geistigen Lebens, des Staatsrechts und der Kunst geben den G. eine einzigartige Stellung unter den Völkern der Erde. Sicher hat die Lage zwischen Asien und Europa entscheidend dazu beigetragen; nicht ohne Grund nahm die kulturelle Entwicklung bei den kleinasiatischen G. ihren Ausgang. Vor allem die Religion der G. gibt ein eindrucksvolles Zeugnis für die Verschmelzung altorientalischer Kultur mit dem indo-europäischen Erbe. Was immer man aber auch anführen mag, durch nichts läßt sich das «griechische Wunder» hinreichend erklären.

Im makedonischen Weltreich des Alexander und den Diadochenstaaten wird die Kultur der G. im 3.Jh. v.Chr. zur universalen Kultur des Hellenismus, die über Völker und Staaten hinweggeht und diese zu einer großen Einheit formt. Bis nach Nordindien (Baktrier) wird der Hellenismus getragen; er hat ohne Zweifel synkretistischen Charakter, doch sind Kultur und Sprache der G. das formende Prinzip. Nicht Athen, sondern Alexandria ist das geistige Zentrum. Die westl. Kolonien der G. in Unteritalien bleiben unabhängig und bilden mit den Zentren Syrakus und Tarent zu Beginn des 3.Jh. v.Chr. eine Großmacht zwischen Rom und Karthago, werden aber schließlich zwischen beiden zerrieben; 203 v.Chr. sind alle unteritalienischen Städte der G. in römischer Hand. Die Eroberung des hellenistischen E durch Rom vollzieht sich in einzelnen Etappen und ist 30 n.Chr. mit der Ein-

G

Münzen wurden vermutlich erstmals im 7. Jh. v. Chr. im goldreichen Lydien geprägt. Über die kleinasiatischen Tochterstädte erreichten sie später das Mutterland. Das bevorzugte Metall war Silber. Die ästhetische Gestaltung der Münzstempel durch die Griechen formte die Münzkultur des ganzen Abendlandes. Hier sind die Vorderseiten verschiedener Münzen abgebildet, die im 5. Jh. v. Chr. in Griechenland in Gebrauch waren. Neben Tierfiguren links oben die Göttin Athene, links unten Alexander der Große.

Eine Unterrichtsszene. Rechnen, Schreiben, Lesen, Lyraspiel und Gesang gehörten zur Bildung des Atheners. Griechische Vasenmalerei, «Schale des Duris», 480 v. Chr.

gliederung Ägyptens als römische Provinz abgeschlossen. Der kulturelle Vorrang der G. im römischen Weltreich ist unbestritten. Sie gewinnen im E sogar mehr und mehr Übergewicht, was sich auch in der 330 n. Chr. erfolgten Verlegung der Hauptstadt nach Byzanz (Konstantinopel) ausdrückt. Das Oströmische Reich wurde von G. getragen. Mit dem immer stärkeren Gegensatz zwischen der römischen und griechischen Kirche wurde das Byzantinische Reich ein griechisches Staatswesen. Neben dem orthodoxen Christentum und dem hellenistischen Kulturerbe bleibt auch die römische Reichstradition bestimmend. Byzanz übernahm wie die G. zur Zeit der Perserkriege die Aufgabe, Europa vor dem Ansturm asiatischer Völker zu bewahren. Es vermag die persischen Sassaniden, die islamischen Araber und die türkischen Seleukiden abzuwehren, bis es 1453 – fast ausschließlich auf das Stadtgebiet von Konstantinopel beschränkt – den osmanischen Türken erlag. Trotz jahrhundertelanger Fremdherrschaft können die G. ihre ethnische Eigenexistenz behaupten und 1821–1833 in ihrem Kernland die nationale Unabhängigkeit erkämpfen.

Die Sprache der G. läßt sich über nahezu 3000 Jahre verfolgen, und keine andere Sprache der Erde ist in ihrer Entwicklung so gut bekannt. Wohl zu Anfang des 9. Jh. v. Chr. entlehnen die G. das Alphabet der Phönizier und ergänzen es durch Vokalzeichen. Die ältesten Inschriften

G

sind noch linksläufig – wie die semitischen Schriften – oder furchenwendig (Bustrophedon), d.h. Zeile für Zeile abwechselnd links- und rechtsläufig. Man gliedert die Sprache der G. durchweg in fünf Dialektgruppen: 1. Arkadisch-Kyprisch oder Achäisch, die wohl älteste Dialektform in Arkadien, in Pamphylien (Golf von Adana) und auf Cypern; 2. Äolisch mit Zweigen auf Lesbos und dem gegenüberliegenden Kleinasien; 3. Ionisch-Attisch mit dem Ionisch auf den Inseln und Kleinasien und dem Attisch als Mundart Athens, die zum klassischen Idiom der G. wurde; 4. Dorisch mit vielen Subdialekten vor allem in Sparta (Lakonisch) und dem übrigen Peloponnes, auf Kreta und anderen südl. Inseln sowie in Unteritalien. 5. NW-Griechisch im nördl. Peloponnes und in NW-Griechenland, das aber am wenigsten bekannt ist. Nur Ionisch-Attisch, Äolisch und Dorisch sind Literatursprachen. Aus dem Attischen entwickelte sich um 300 v.Chr. die hellenistische Gemeinsprache der Koine, aus dieser das Byzantinische und schließlich die neugriechische Sprache. Das Neugriechische wurde im 19.Jh. als Kathareuousa (Reinsprache) fixiert, die sich aber von der volkstümlichen Schreibweise (Demotike) beachtlich abhebt. Die Hauptunterschiede zwischen dem modernen und dem alten Idiom liegen in der Aussprache, der Vereinfachung der Formen und dem Bedeutungswandel vieler Worte. In Lakonien findet sich mit dem Zakonischen (Tsakonisch) ein Dialekt, der unmittelbar auf ein dorisch-lakonisches Idiom zurückgehen muß. Der Zensus nennt 1967 für Griechenland 8,72 Mill. E.; die ca. 0,5 Mill. Nichtgriechen dürften von den G. in Cypern, Ägypten, den USA zahlenmäßig bei weitem übertroffen werden, so daß wohl über 8 Mill. das Neugriechische als ihre Muttersprache betrachten.

Guanchen, Urbevölkerung der Kanarischen Inseln, die sprachlich, soweit sich aus den erhaltenen Vokabularen und Inschriften ihrer ausgestorbenen Sprache ersehen läßt, zu den ↓ Berbern gehört. Die Verbindung der G. zum Kontinent muß zu einer Zeit gerissen sein, als die Kenntnis der Metallurgie noch nicht erworben war, denn sie besaßen eine ausgesprochen neolith. Kultur. Sie bauten Körnerfrüchte an; ihr Hauptgerät war der Grabstock, der Pflug war unbekannt. Sie besaßen Ziegen, Schafe, Schweine und Hunde als Haustiere. Im Gegensatz zu den Berber-Gruppen des Festlandes hatten sie eine schroffe soziale Gliederung und vermutlich eine matrilineare Erbfolge. Die G. sind ganz in dem Volkstum der Spanier aufgegangen, die seit der Entdeckung der Kanar. In. Anfang des 14.Jh. in großer Zahl einwanderten. Der Rassentypus der G., der im wesentlichen demjenigen der anderen Berber entspricht, zeigt sich aber noch heute deutlich in der Bevölkerung. Der Name G. ist auf die Urbevölkerung von Teneriffa begrenzt, die Bewohner der anderen Inseln hatten abweichende Benennungen.

Guaraní, Sammelname für mehrere Indianerstämme Südamerikas aus der großen Sprach- und Völkerfamilie der ↓ Tupí, die zur Entdeckungszeit die drei südöstl. Staaten Brasiliens, Westparaguay und die NW-Ecke Argentiniens einnahmen. Man könnte sie als die südlichste Gruppe zu den ↓ Tupinamba rechnen, doch empfiehlt es sich schon wegen ihrer Zahl und Ausdehnung, sie als eine eigene Stammesgruppe zu betrachten. In ihrem Verbreitungsgebiet umschlossen sie die ↓ Caingang und andere primitiveren Stämme. Als Chandris (Chandules) saßen sie auch auf den Inseln im Río de la Plata. Prähistor. Indizien lassen zumindest eine teilweise Besiedlung der Küste von Uruguay und des unteren Uruguay-Flusses vermuten, so daß auch das Volk der ↓ Charrua anscheinend von G. umgeben war. Bekannt wurden zuerst die Carijó (Cario) an der brasilian. Küste, und man nannte die ganze Gruppe zunächst so, erst im 17.Jh. setzte sich der Name G. durch. Verschiedene Stammesnamen aus der frühen Zeit sind überliefert, so z.B. Arechane, Itatin, Tapé, Tobatin, Guarambaré und Taioba. Schon Mitte des 16.Jh. ließen sich Spanier im Gebiet der G. nieder (1537 Gründung von Asunción). Wie ausdrücklich berichtet wird, lebten sie wie Fürsten auf ihren

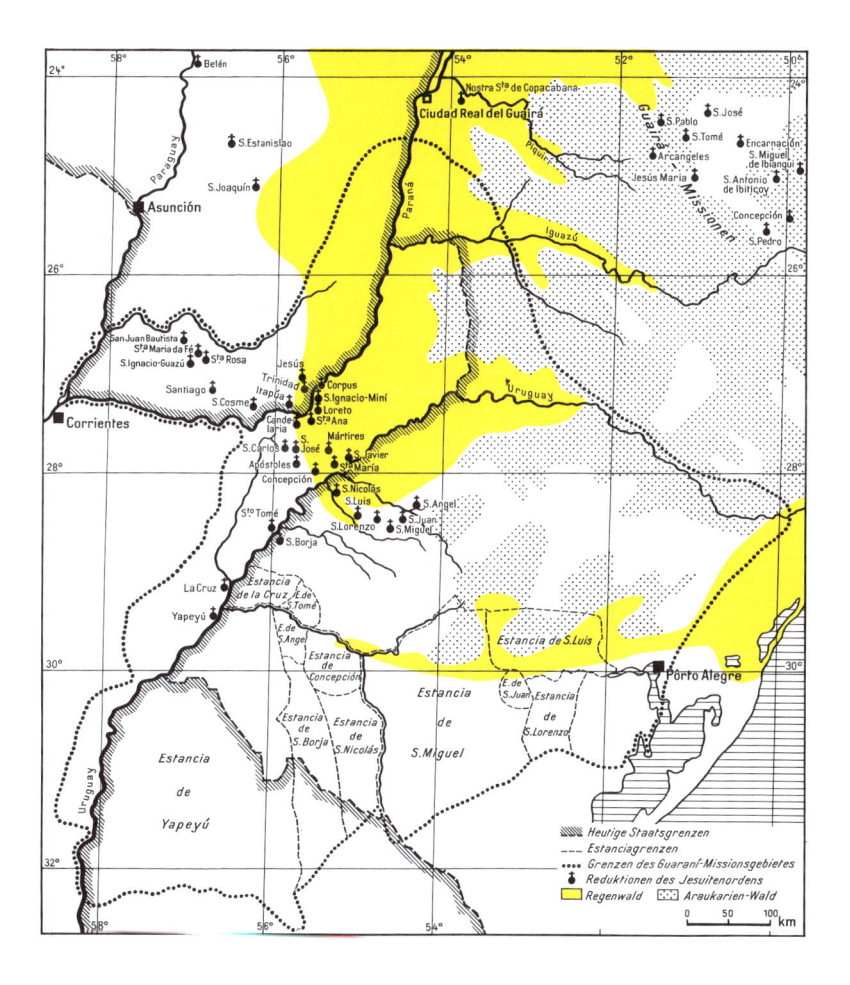

Ländereien, oft umgeben von einem Harem aus 20–30 G.-Frauen. Durch brutale Ausbeutung sank die Zahl der reinen Indianer rasch, während die Zahl der Mestizen anstieg. Die Abkömmlinge dieser frühen span. Kolonisten bilden wohl das wichtigste Element in der heutigen Mischbevölkerung Paraguays. Wohl mehr als 1 Mill. betrachten das G. in Paraguay und NW-Argentinien als ihre Muttersprache, und sie ist ein Symbol paraguayischen Nationalismus. Es ist aber nicht richtig, diese große Bevölkerungsgruppe als G. oder direkte Nachfahren der G. zu betrachten. 1609 begannen die Jesuiten unter den G. ihr berühmt gewordenes Missionswerk. Wohl in der Hauptsache, um ihre Schützlinge vor den Sklavenjagden der «Mamelucos» (portugies. Mestizenbevölkerung in Südbrasilien) zu bewahren, gaben sie ihren Reduktionen (von Jesuiten geführte christl. Indianersiedlungen) mehr

G

und mehr eine straffe staatliche Organisation. Nominell der span. Krone untertan, war der Jesuitenstaat in Paraguay, Teilen von Uruguay und Südbrasilien praktisch selbständig. Die Wirtschaft hatte kommunistische Züge, die individuellen Freiheiten waren fast völlig eingeschränkt, was von den Kritikern besonders hervorgehoben wird. Alles in allem war ihr Wirken für die G. ungemein segensreich, sie planten sogar den Bau einer Universität. Dennoch wurden Hunderttausende der G. von den «Mamelucos» im 17.Jh. versklavt; viele Missionsstationen wurden bei den Raubzügen vernichtet. Auf Betreiben Portugals wurden die Jesuiten 1767 aus Südamerika vertrieben, und ihr Staat (nun unter Aufsicht der Franziskaner) verfiel rasch. Es ist im Laufe der Zeit harte Kritik am Jesuitenstaat geführt worden, doch kam sie häufig von Seiten der am Niedergang des Staates interessierten Ausbeuterkaste. Die Gründe für die Erfolge und vor allem für das Scheitern dieses kühnen und interessanten Experiments, das manche Züge einer sozialen Utopie (Campanella) trug, sind auch für die Problematik der Entwicklungshilfe von Bedeutung und sollten intensiv studiert werden.

Die christl. G. der Reduktionen zogen sich in den Busch zurück oder verschwanden in der Mischlingsbevölkerung. Die heidnisch gebliebenen und zurückgekehrten christl. G. faßt man unter dem Namen Cainguá (Kaingua) zusammen. Sie leben verstreut in dem früheren Verbreitungsgebiet der G.; man unterscheidet sie in Mbyá (Mbua), Chiripá, Carima, Taruma, Cheiru, Apapocuva etc.; ihre Zahl ist nicht groß, in Südbrasilien schätzte man sie 1912 auf 3000, und sie wird insgesamt kaum mehr als 10000 betragen.

Die alten G. muß man nach dem sozialen und kulturellen Gepräge zu den anderen Gruppen der Tupí rechnen, wenn auch die andere Umwelt und der Handelskontakt zu Andenvölkern manche Änderung mit sich brachte. Sie kannten den kultischen Kannibalismus, und auch bei ihnen zeigten sich die eigenartigen messianischen Bewegungen (Tupí-Wanderungen), die große Bevölkerungsteile zur Suche eines verheißenen Paradieses aufbrechen ließen. Auf diese Weise kamen die ↓ Chiriguano bis an die Grenzen des Inka-Reiches. Zu erwähnen ist noch, daß 1870 in der Mailänder Scala die Oper «Il Guarany» des Brasilianers A.C. Gomes uraufgeführt wurde. Sie behandelt den Zusammenstoß der G. mit den portugies. Kolonisten am Beispiel einer Liebe zwischen einem jungen Häuptling und der Gouverneurstochter. Die Oper enthält Elemente der G.-Musik, hatte großen Erfolg und wurde vom brasilian. Kaiser Dom Pedro II. zur Nationaloper erklärt, wohl als Symbol für die Aussöhnung und Verschmelzung der verschiedenen Volksgruppen zur lusobrasilian. Nation.

Gujarati (Gudscharati), eine bedeutende Sprache aus der großen Spracheinheit der ↓ Indo-Arier, die vor allem in der recht fruchtbaren Landschaft Gujarat (Westindien) einschl. der Halbinsel Kathiawar verbreitet ist. Die G. sprechende Bevölkerung (ca. 20 Mill.) bildet im eigentlichen Sinne keine ethnische Einheit, sondern gliedert sich nach dynastisch-histor. Gegebenheiten in mehrere Gruppen, die auch im Dialekt voneinander geschieden sind. Das G. wird auch von den ↓ Parsen, den Bhil (↓ Munda-Völker) und den meisten Indern in Afrika gesprochen. Es ist auch die Sprache Mahatma Gandhis gewesen. Die G. besitzen eine reiche Literatur, die bis in das 14.Jh. n.Chr. zurückreicht. Der Name G. leitet sich von dem in NW-Indien weitverbreiteten Viehzüchterstamm der Gujar ab. Die Vorfahren des Stammes sollen unter dem Namen Gurjaras mit den Hephtaliten (↓ Hunnen) aus Zentralasien eingewandert sein; sie sind erst im 6.Jh. n.Chr. historisch faßbar. Diese Gurjaras müssen sehr bald hinduisiert worden sein. Sie gründeten in NW-Indien mehrere Staaten und Dynastien. Der bedeutendste Staat entstand aus der Verbindung mit dem Pratihara-Geschlecht der ↓ Rajputen. Das sog. Gurjaras-Pratihara-Reich verhinderte als Großmacht im 8.–10.Jh. den Vorstoß der Araber, die unter dem Banner des Islam von Sind aus nach Indien eindringen wollten. Heute bildet das Gebiet, das von der G. sprechenden Bevölkerung eingenommen wird, den 1960 neukonstituierten Staat Gujarat, während der S des ehemaligen Staates Bombay von dem Volk der ↓ Marathen besiedelt wird.

Gurkhas (Gorkhas, Ghurkas, Goorkhas), ein Sammelname für Bevölkerungsgruppen von Nepal, der mindestens drei sich im Inhalt überschneidende Bedeutungen hat: Er betrifft zunächst die politisch dominierende Schicht des Himalaya-Staates, eine Elitetruppe der brit.-indischen Armee und die gesamten autochthonen Bergvölker Nepals, auf die sich die Herrscherkaste stützt und aus denen die Elitetruppe sich rekrutiert. Der Name G. geht aber in jedem Falle auf die Stadt Gurkha westl. des sog. Nepal-Tals mit der Hauptstadt Katmandu zurück. Die G. im weitesten Sinne sind die Bergvölker, die in einem relativ schmalen Streifen des Himalaya zwischen den Tibetern im N und den Indern im S leben. Sie wurden von den beiden großen Völkern kulturell stark beeinflußt, konnten aber ihre ethnische und z.T. auch sprachliche Eigenständigkeit dennoch behaupten. Diese G. gehören rassisch zu den ↓ Mongoliden, unterscheiden sich aber durch kleineren Wuchs und andere Merkmale ein wenig vom tibet. Volkstyp. Ihre Idiome bilden verschiedene Untergruppen in der großen Einheit der ↓ Tibeto-Burmanischen Sprachen. Den Bergvölkern der G. sprachlich und rassisch eng verwandt ist das alte Kulturvolk der ↓ Newar im sog. Nepal-Tal mit den Städten Katmandu, Patan und Bhadgaon, das aber aus histor. Gründen nicht zu ihnen gerechnet wird. Die Gebirgszonen westl. des Nepal-Tals werden von den Stämmen der Khas, Magar (Mangar), Gurung, Tamang, (Murmi) und Takali eingenommen. Ihre alten Sprachen stehen dem Tibetischen nahe und bilden mit diesem einen Zweig des Tibeto-Burmanischen. Jedoch sind diese Sprachen fast verschwunden. Unter indischem Einfluß haben die Khas eine indo-arische Sprache übernommen, und die Magar, Gurung etc. kennen diese zumindest als zweite Sprache und brauchen sie als «lingua franca». Die indoarische Sprache des westl. Nepal ist unter den Namen Parbatia, Pahari, Ghurkhali, Khaskura oder Nepali bekannt; sie ist heute die Staats- und Verkehrssprache von ganz Nepal. Die Bergvölker des westl. Nepal erhielten wegen dieser Sprache den zusammenfassenden Namen Parbatia. In den höheren Gebirgszonen hat sich das Tibetische als Verkehrssprache durchgesetzt. Die Wohnsitze der einzelnen Stämme sind eng miteinander verflochten. Die Khas (westl. von Gurkha) und die Magar (westl. von Pokhara) nehmen die mittleren Gebirgszonen ein und betreiben überwiegend Ackerbau. Die Tamang (nördl. des Nepal-Tals), die Gurung (Zentrum um den oberen Gandak-Fluß) und die Takali (Gegend von Tukucha) leben in den höheren Zonen und sind vor allem Viehhalter. Die Bergvölker östl. des Nepal-Tales bis nach Sikkim hinein werden im allgemeinen auch zu den G. gerechnet. Die Limbu, Rais, Dhimal etc. bilden die Gruppe der Kiranti. Sie unterscheiden sich kulturell nicht wesentlich von den Gurung und Tamang, bilden aber sprachlich eine Sondergruppe innerhalb des Tibeto-Burmanischen (pronominalisierte Himalaya-Sprachen), zu der auch die über weite Strecken getrennten Stämme der Almora-Gruppe im Himalaya zwischen Nepal und Kashmir gehören.

Die genannten Bergstämme (die G. im weitesten Sinne) bilden in dem bunten Völkergemisch Nepals eine Art Mittelachse, die sich quer durch das langgestreckte Land zieht. In ihrem Gebiet treffen sich der indische und tibetische Kultureinfluß. Die Grenze zwischen den Zonen, in denen der eine oder der andere Einfluß überwiegt, liegt etwa in der Höhe von 2000 m: so bekennen sich die Khas und Magar zum Hinduismus, die Gurung, Tamang und Takali hingegen zum Lamaismus (bis auf eine geringen Teil in niedrigen Wohngebieten). Es haben sich jedoch auch Reste einer alten Volksreligion erhalten, die sich auf die Person des «Jangri», eine Art Zauberpriester und ↓ Schamane, ausrichtet und dem Bon-Kult der Tiber ähnlich ist. Im südl. Nepal leben im übrigen rein indische Volksgruppen (ca. bis zur Höhe von 1500 m), vor allem in der Gegend von Pokhara, während in den höchsten Tälern im N von Nepal Bevölkerungsgruppen leben (Bhoteas, Sherpas etc.), die bereits ethnisch zu den Tibetern gehören.

Die G. genannten Bergvölker sind keinesfalls die älteste Bevölkerungsschicht Nepals. Das Himalaya-Gebiet scheint ursprünglich von einer Bevölkerung besiedelt worden zu sein, die den ↓ Munda-Völkern in NE-Indien verwandt war. Das bedeutet, daß die Munda einmal ganz NE-Indien besiedelt haben, ehe sie von stärkeren Völkern zersprengt und in Rückzugsgebiete gedrängt wurden. Primitive Reststämme (Boksas, Tharus etc.), die unter dem Namen Awalia zusammengefaßt werden, sitzen heute noch in der sumpfigen, feuchtheißen und siedlungsfeindlichen Tarai-Region, die sich entlang der Südgrenze Nepals hinzieht (ca. 50 km breit), sowie in tiefgelegenen Talzonen einiger ins Tarai mündender Flüsse. Einige niedere und verachtete Kasten gehen anscheinend auf die Awalia zurück. Teilweise scheinen sie von den G. assimiliert worden zu sein, was der eigenartige Sprachtyp der Kiranti- und der Almora-Gruppe (pronominalisierte Himalaya-Sprachen) andeutet. Man kann die Völker und Kulturzonen Nepals eigentlich nur vertikal gliedern, d.h. sie liegen weniger nebeneinander als übereinander wie Vegetationszonen in einem Gebirge. Am tiefsten (bis 500 m) leben die Awalia, dann folgen die ↓ Newar, die hinduisierten Khas und die indischen Gruppen (bis 1500 m), dann die hinduistischen Magar und Gurung (bis 2000 m), dann die lamaistischen Gurung, Tamang, Takali,

In den fruchtbaren Tälern Nepals haben die Gurkhas terrassenförmige Felder angelegt. Man erntet Reis, Weizen und Gemüse. Die Berge im Hintergrund unseres Bildes gehören zur Himalaya-Kette.

Ein nepalesisches Bauernhaus. An der Wand hängen Maiskolbenbündel, die von der Sonne getrocknet werden.

◁

Kiranti etc. (bis 3000 m und höher), und den Abschluß bilden die Bhoteas, Sherpas und andere Tibeter (zwischen 2500 und 4000 m). Dieses Schema hat natürlich nur Annäherungswert.

Der Name G. bezeichnet weiterhin die polit. dominierende Schicht Nepals, die zunächst nur im Gebiet der Stadt Gurkha einen Kleinstaat besaß und daher ihren Namen hat. Diese G. führen ihre Abstammung auf die berühmte Adels- und Kriegerkaste der ↓ Rajputen zurück. Rajputische Fürsten mit ihrem Gefolge, die den türk.-islam. Eroberern Indiens weichen mußten, setzten sich zu Beginn des 14. Jh. (vielleicht auch schon früher) im Gebiet der Khas und Magar im westl. Nepal fest. Sie gründeten Städte und kleine Staaten, brachten den Hinduismus und das Kastensystem. Die Rajputen heirateten einheimische Frauen, und ihre Nachkommen unterscheiden sich heute weniger somatisch als

G

sozial (Kastenzugehörigkeit) von den autochthonen Bergvölkern, obwohl bei den führenden Familien der indische Einschlag deutlich zu bemerken ist. Besonders eng war die Symbiose beim Stamm der Khas, der sogar einen indo-arischen Dialekt übernahm und zum Paharia oder Nepali entwickelte. Die Khas stellten die Masse der Kriegerkaste der Chettri (Kschatria); Stammes- und Kastenzugehörigkeit sind fast identisch. Die Dynastie und alle wichtigen Ämter werden von der rajputischen Adelskaste der Thakuri eingenommen. Bei den bereits in etwas höheren Bergstrichen lebenden Magar setzte sich allmählich auch der Hinduismus durch, so daß Teile der Magar auch zur Kriegerkaste gehören. Die überaus kriegerischen Gurung in den höchsten Regionen verharrten überwiegend in der lamaistischen Religion. Obwohl sie die besten Soldaten stellten, gehörten sie nicht zur eigentlichen Kriegerkaste und waren von der Besetzung höherer Posten ausgeschlossen. Im Jahre 1769 eroberten die G. das sog. Nepal-Tal mit den Städten Katmandu, Patan und Bhadgaon und unterwarfen die Newar. Bis in die heutige Zeit werden die Newar wie Unterworfene behandelt und von jeglichem Waffendienst ausgeschlossen. Bis zum Ende des 18. Jh. hatten die G. das ganze Himalaya-Gebiet zwischen Kashmir und Bhutan erobert. Im Gegensatz zu den Newar wurden die unterworfenen Bergstämme gut behandelt, die Männer in das Heer aufgenommen und so quasi zu G. gemacht, so vor allem die Kiranti mit den Limbu und Rais. Die G. stießen sogar nach Tibet vor, und das chines. Reich mußte ein Heer von 70 000 Mann einsetzen, um die G. zurückzuschlagen. 1814 kam es zum Kriege mit den Briten. Die G. vermieden die drohende Niederlage 1816 durch einen relativ günstigen Frieden. Sie verloren damals die Gebiete zwischen Nepal und Kashmir (Kumaun, Simla und Almora) und mußten Sikkim die Unabhängigkeit wiedergeben. Die Grenzen Nepals haben sich seitdem nicht mehr nennenswert verändert. Der Staat wurde von der Adelskaste der Thakuri feudal regiert. 1846 mußte der König der rajputischen Familie der Rana ein erbliches Hausmeiertum (Ministerpräsident) einräumen, die bis 1950/51 die wirkliche Macht ausübten und alle wichtigen Ämter besetzten. Seit 1950 wurden auf Drängen Indiens demokratische Reformen eingeführt.

Der Name G. betrifft dann noch eine Elitetruppe der brit.-indischen Armee, die sich durch ihre Tapferkeit und fast beispiellose Kampfeswut einen weltweiten Ruf erwarb. Die ersten Regimenter wurden bereits während des nepalesisch-brit. Krieges 1815 aus Kriegsgefangenen und Angehörigen der Almora-Stämme aufgestellt. 1816 wurden die Dienstleistungen der G. gegen Jahresgelder an Nepal vertraglich festgelegt. Bei der Unabhängigkeit Indiens (1947) wurde die «Gurkha-Brigade» geteilt: sechs Regimenter wurden der indischen Armee überstellt, vier Regimenter blieben bei der brit. Armee.

Gur-Völker (Volta-Völker), Sammelname für die kulturell und vor allem sprachlich (Gur-Sprachen) recht einheitliche Bevölkerung im Ober-Volta-Gebiet, der nördl. Teile von Ghana (Goldküste), Togo und Dahomey sowie kleinerer Bezirke der östl. Elfenbeinküste und des westl. Nigeria. In diesem von der Natur begünstigten Raum leben, auf viele ethnische Einheiten verteilt, annähernd 6 Mill. Menschen, deren wichtigste Nahrungsgrundlage der Anbau von Körnerfrüchten (Hackbau) ist. Im Zentrum sitzen die ↓ Mossi, die mit ihren straff organisierten Staaten typische Vertreter der sog. jungsudanischen Kultur sind. In den Randzonen ist dies nicht so eindeutig ausgeprägt, weder bei den ↓ Senufo im W noch im E bei den (ca. 180 000) Gurma, (ca. 150 000) Barba (Bargu), den (ca. 250 000) Tem mit den Kabre und anderen Stämmen sowie (ca. 80 000) Bassari mit den Chamba (Akasele). Im N konnten sich bei den (ca. 225 000) Dogon (Habbe, Tombo, Toro) und den in mehrere Stämme gespaltenen (ca. 250 000) Bobo viele urtümliche Elemente der sog. altnigritischen Kultur behaupten. Das gleiche Phänomen läßt sich bei vielen in Rückzugsgebiete gedrängten Stämmen im Zentrum der Völkergruppe beobachten. Die Dogon wurden wegen ihrer hochstehenden Holzschnitzkunst (Masken, Skulpturen) berühmt; sie

Dieser Flötenspieler, der den Bergstämmen der Gurkhas angehört, lebt in einem Kulturraum, der von indischen und tibetanischen Einflüssen und der Volksreligion eingeborener Schamanen geprägt wurde.

bilden mit den Senufo eine Ausnahme innerhalb der künstlerisch nur wenig begabten G.-V. Manche Gruppen fremder Herkunft und Sprache sind in das Gebiet der G.-V. eingedrungen: im NE vor allem die ↓ Fulbe (ca. 250000), im W die ↓ Mande sprechenden Samo, Dafing, Diula, Sia (alle um ca. 100000) und kleinere Stämme sowie im S die zu den ↓ Akan gehörenden Chakossi (Chokosi), eine vorwiegend Han-

G

del treibende Bevölkerungsgruppe (ca. 10000).

Haida, einer der bedeutendsten Stämme unter den sog. NW-Küsten-Indianern, die in einem schmalen Streifen entlang der Pazifikküste von Alaska bis NW-California eine recht einheitliche Kulturzone bilden, obwohl sie verschiedener Herkunft und Sprache sind. Die Gewässer der fjordreichen Küste mit ihren zahllosen Inseln und Schären boten den Indianern schier unermeßliche Mengen an Fischen und Seesäugern und die Wälder des Hinterlandes einen großen Wildbestand sowie Pilze, Beeren und Zwiebeln. Auf der Basis des natürlichen Reichtums entwickelten sie eine Kultur, die mit ihrer komplexen Sozialordnung, ihrer technischen und vor allem künstlerischen Entfaltung zu den interessantesten Phänomenen des Kontinents gehört. Die Vielzahl der Stämme läßt sich in eine nördl., zentrale und südl. Gruppe scheiden. Die Nordgruppe wird von den H., den Tsimshian und Tlingit gebildet: Im Gebiet dieser drei Völker war die Kultur der NW-Küste am vollkommensten ausgeprägt. Die H. (Eigenbezeichnung »Menschen«) leben auf den Queen Charlotte Islands (Kanada), nur ein Teil siedelte im 18. Jh. unter dem Namen Kaigani zur Prince of Wales Island (Alaska) über. Man schätzt die H. für 1780 auf ca. 8000, doch wurden sie durch Pockenepidemien und Alkoholexzesse im 19.Jh. fürchterlich dezimiert, so daß heute nur noch ca. 1200 Individuen übrig sind; allerdings ist nun ein Bevölkerungsanstieg festzustellen. Nördl. der H. sitzen die Tlingit (Eigenbezeichnung «Volk»), die fast ganz Südalaska südl. der Yakutat-Bucht einnehmen. Ende des 18.Jh. gerieten sie unter die Herrschaft der Russen, gegen deren hartes Regiment sie sich häufig erhoben. Auch sie hatten starke Bevölkerungsverluste: 1780 auf ca. 10000 geschätzt, zählt man heute ca. 5000 Tlingit. Von ihren vielen Unterstämmen sind die Chilkat am bekanntesten, da von ihren Frauen die schönsten und besten Decken aus Zedernbast (Chilkat-Decken) angefertigt werden. Die H. und die Tlingit gehören zur großen Einheit der ↓ Na-Dené-Sprachen. Gegenüber den H. beiderseits der Skeena-Mündung wohnen die Tsimshian, die mit den Niska und Kitsan, kleinere Stämme des Hinterlandes, eine isolierte Sprachfamilie bilden, die allerdings heute zu den ↓ Penuti-Sprachen gezählt wird. Für 1780 auf ca. 5500 geschätzt, zählten die Tsimshian 1908 nur noch 1840 Individuen. Das Hauptvolk der Zentral-Gruppe sind die Kwakiutl auf NE-Vancouver und der gegenüberliegenden Küste. Für 1780 auf ca. 4500 geschätzt, zählt man heute ca. 2000 Kwakiutl. Nördl. der Kwakiutl leben die Bellabella mit den Heiltsuk (Kitamat) und Haisla sowie die Bellacoola, alle etwa zwischen Gardner-Kanal und Inlet River (Brit. Columbia). Südl. der Kwakiutl an der SW-Küste von Vancouver wohnen die Nootka (1780 ca. 6000; 1906: 2150) mit den Makah (1780 ca. 2000; 1906: 435) auf Kap Flattery (Washington). Die Idiome der Bellabella, Kwakiutl und Nootka bilden die Sprachfamilie der Wakasch. Die Bellacoola hingegen gehören zur Sprachfamilie der ↓ Salisch, der die Südgruppe angehört, die kulturell weit gegen die beiden anderen Gruppen abfällt. Die vielen kleinen Stämme beiderseits der Georgia-Straße (Comox, Cowichan etc.) und den Puget-Sundes (Clallam, Nootsak, Twana, Quinault etc.) faßt man als Küsten-Salisch zusammen. Sprachlich eigenständig sind die Chemakum (bei Port Townsend) und die Quileute (Küste südl. Kap Flattery). Die sprachliche Situation ist überaus kompliziert, und es hilft nicht viel, daß man das Wakasch, Salisch und Chemakum zur Einheit der mosanischen Sprachen (Salisch) vereinigt. Entlang der Küste von Washington, Oregon und NW-California schließen sich Stämme an, die man als Ausläufer der Süd-

◁
Die Gur-Völker haben seit Jahrhunderten engen Kontakt mit dem Islam. Unser Bild zeigt eine Anlage aus Holz und Lehm, die den mohammedanischen Stammesangehörigen als Moschee dient.

gruppe der NW-Küsten-Kultur betrachten kann. Die sprachliche Situation ist kaum mehr zu übersehen. Die wichtigsten Stämme sind die Chinook an der Columbia-Mündung, die eine eigene Gruppe in den Penuti-Sprachen bilden, dann folgen die Tillamook (Salisch) an der nördl. Küste Oregons, und an der südl. Küste sitzen die Yakona, Coos, Sahaptin (wiederum eine eigene Gruppe des Penuti), dann folgen in NW-California die Tolowa etc. (Na-Dené-Sprachen) und schließlich die Yurok und Wiyot, die man sprachlich als Ritwan zusammenfaßt (↓ Algonkin). Die Yurok und Wiyot leiten über zur großen Einheit der ↓ Kalifornischen Indianer. Die genannten Stämme der Südgruppe haben gleichfalls starke Bevölkerungsverluste zu verzeichnen; einige sind ganz verschwunden.

Trotz der enormen ethnischen und sprachlichen Zersplitterung war die Kultur einheitlich, doch bestand ein deutliches Gefälle von N nach S. Die größeren Stämme zerfielen in eine Vielzahl einzelner Dorfgemeinschaften oder Unterstämme, die praktisch unabhängig waren. Man wohnte in großen, festgefügten und winterfesten Holzhäusern meist mit mehreren verwandten Familien zusammen. Die Häuser wurden in einer Reihe entlang der Küste gebaut, vor dem zum Strand gerichteten Eingang erhoben sich die weithin bekannten Totempfähle. Für die Sozialordnung waren drei Faktoren maßgebend: Abstammung, Rang und Geheimbund. Zunächst gliederten sich die Dorfgemeinschaften nach der Abstammung in totemistische Klans, die sich bei einigen Stämmen wiederum zu totemistischen Stammeshälften ordnen. So teilen sich die H. heute noch in die Raben und die Adler bzw. die Tlingit in die Raben und Wölfe. Die Stammeshälften sind streng exogam: Kein Rabe darf eine Rabenfrau, kein Wolf eine Wölfin heiraten. Der soziale Rang hingegen wurde einzig durch den Reichtum bestimmt: Es gab einen regelrechten Geldadel. Entscheidend war aber nicht die bloße Anhäufung von Besitz, sondern die Möglichkeit «Potlatsch-Feste» zu veranstalten, in deren Verlauf man einen großen Teil seiner Güter verschenkte. Damit erhöhte sich das soziale Prestige des Festgebers und seiner Familie. Das Fest hat z. T. einen agonalen Charakter: Man will mit seiner Freigebigkeit die Rivalen übertrumpfen und beschämen. Bei den Kwakiutl z. B. nahm das Fest solche Formen an, daß man in einer geradezu selbstzerstörerischen Weise den ganzen Besitz verschenkte oder vernichtete, die Boote versenkte, das Haus verbrannte und die Sklaven niedermetzelte. Wenn der Herausgeforderte sein Gesicht nicht verlieren wollte, so mußte er in einem eigenen Potlatsch den anderen noch zu übertreffen versuchen. Das Potlatsch-Fest kann man auch als ein soziales Regulativ gegen allzu großen Reichtum und damit Macht ansehen: Es gab dem Betroffenen anstelle der für die Gesellschaft gefährlichen Macht das harmlose Prestige. Weiterhin gab es ein ausgeprägtes Geheimbundwesen, das auf die durch Abstammung und Reichtum gebildeten Gruppen nur wenig Rücksicht nahm. Von den rivalisierenden Bünden war der kannibalistische Hamatsa-Bund der Kwakiutl einer der vornehmsten und mächtigsten. Die Einweihungsfeiern und Maskenspiele der Bünde bestritten einen großen Teil des kultischen Lebens. Damit ist die soziale Organisation keineswegs erschöpft, viele andere Faktoren wären noch zu beachten, so z. B. die Erbfolge, die bei einigen Stämmen matrilinear, bei anderen bilateral war. Auch die polit. Ordnung war kompliziert; manche Stämme bildeten Konföderationen. Die Wahl des Häuptlings richtete sich meist nach Abstammung und Reichtum. Sie hatten viele Sklaven, und mancher Kriegszug galt nur der Sklavenjagd. Die Indianer der NW-Küste waren ungemein kriegerisch und hatten ein großes Arsenal an Waffen: Panzer aus Leder oder verbundenen Holzstäbchen, hölzerne Helme mit Visier, Keulen, Lanzen, Pfeil und Bogen, Dolche aus Knochen (später aus Kupfer und Eisen). Holz war der bevorzugte Werkstoff; sie erlernten nicht nur im Haus- und Bootsbau (Einbäume bis zu 20 m mit aufgesetzten Planken) außerordentliches, sondern vermochten auch glatte Bretter herzustellen, die sie über Wasserdampf rechtwinklig bogen und an den Enden zusammennähten, so daß regelrechte Kisten entstanden. Sie erlernten anscheinend schon vor Ankunft der

H 152

Diese Männer, die der Fotograf bewußt «aufgebaut» hat, gehören zum Stamm der Haida. Sie zeigen einige Merkmale, die für den indianischen Kulturraum an der Nordwestküste Amerikas typisch sind: Tatauierung, aus Wurzeln geflochtene, bunt bemalte Hüte, reichverzierte Kleidung (speziell die als Schulterumhang getragenen Chilkat-Decken, die aus Zedernbast geflochten und mit geometrischen Mustern geschmückt werden) und – im Hintergrund des Bildes – geschnitzte Totempfähle.

Europäer die Kupferbearbeitung, sie hatten Weberei (Material war Zedernbast und das Haar der Bergziege), um nur die wichtigsten technischen Fertigkeiten aufzuzeigen.

Die wohl größte und wichtigste Leistung der H., Tlingit, Tsimshian etc. ist ihre Kunst. Sie kannte nicht nur Maskenschnitzerei, Reliefarbeiten, vollplastische Skulptur und die Malerei, nahm als Material Holz, Schiefer, Textilien, Knochen und Walroßzahn, sondern verfügte auch über Darstellungen von krassem Realismus bis zur unkenntlichen Stilisierung und reichte von der winzigen Knochenschnitzerei bis zum gigantischen Totempfahl. Sie waren ohne Zweifel eines der künstlerisch begabtesten Völker der Erde. Typisch für ihren Stil ist das Hervortreten des sog. Augenornaments. Die Motive der Kunstwerke stehen ganz im Banne der Religion: Zumeist verkörpern sie in den Totemtieren die Abstammungsmythen der einzelnen Klans, in den Masken urzeitliche Heroen oder geben in realistischen Szenen das Geschehen des reichen Mythenschatzes wieder. Fast die ganze Winterzeit wird vom kultischen Leben in Anspruch genommen, von großen Festen und anderem Ritual. Große Bedeutung kommt den Praktiken des ↓ Schamanen zu.

Die Kultur der H. und anderer Stämme der NW-Küste bildete ohne Zweifel die «asiatischste» aller Kulturen Amerikas, deutliche Beziehungen weisen nach Nord- und Ostasien sowie in den pazifischen Raum. Ein großer Teil der Indianer lebt noch in den alten Stammesgebieten; sie arbeiten in den Fischfabriken oder als Holzfäller und haben sich mehr oder weniger den neuen Verhältnissen angepaßt. Obwohl sie ihr kulturelles Erbe pflegen und noch ein erstaunlich gutes Kunsthandwerk besitzen, gehört doch die Kultur der NW-Küste Nordamerikas der Vergangenheit an. (Nordamerikan. Indianer, Karte).

Hamiten, eine erst 1880 von Lepsius in den wissenschaftlichen Sprachgebrauch eingeführte Bezeichnung für einige verwandte Sprachen N- und NE-Afrikas, die wiederum den Sprachen der ↓ Semiten nahestehen. Mit H. faßte man die Sprachen der ↓ Berber (West-H.), ↓ Kuschiten (Ost-H.) und der alten ↓ Ägypter zu einem besonderen Sprachstamm zusammen, der dann mit dem Semitischen zur großen hamito-semitischen Sprachfamilie vereint wurde. Der Name H. ist nicht ganz korrekt, denn Ham (Cham), einer der drei Söhne Noahs, ist nach der biblischen Genealogie (1. Mose 10, 6–20) auch Stammvater eindeutig semitischer Völker. Dieser zunächst rein linguistische Terminus wurde dann auch auf rassische und kulturelle Gegebenheiten angewandt, und häufig vermischte man diese drei Bereiche in unzulässiger Weise. Der Begriff unterlag in Inhalt und Umfang einem dauernden Wandel und wurde so vieldeutig und mißverständlich, daß sich nur in seltenen Fällen eine gleichsinnige Anwendung ausmachen läßt. Vor allem aus diesem Grunde bemüht man sich allenthalben, den Namen H. durch adäquatere Termini zu ersetzen, doch erwies er sich bisher als ungemein zählebig.

In der Rassenkunde wird für die sog. hamitische Rasse heute die Bezeichnung äthiopide Rasse (↓ Negride) gebraucht. Sie ist wesentlich zutreffender, denn man verstand unter dem alten Ausdruck zumeist eine Rassentyp, der vor allem bei den kuschitischen Völkern NE-Afrikas (Ost-H.) verbreitet ist; die Berber (West-H.) gehören weitaus überwiegend dem Formenkreis der ↓ Europiden an. Allerdings war der Begriff hamitische Rasse nie sauber konzipiert, oft rechnete man sogar die ↓ Khoisaniden und rein negride Gruppen hinzu. Auch in sprachlicher Hinsicht war der Begriff H. unklar und verschwommen; Meinhoff (1912) rechnet sogar die Idiome der Fulbe und Hottentotten hinzu. Auf jeden Fall bezweifelt man in der Linguistik seit langem die Existenz eines besonderen Sprachstammes der H.; sie sieht statt dessen im Berberischen, Kuschitischen und Ägyptischen eigenständige Zweige der großen ↓ Afroasiatischen Sprachen (hamito-semitische Sprachfamilie). Die Linguistik hat damit praktisch den Terminus H. als gegenstandslos aufgegeben.

Die Tendenz, den Terminus H. zu vermeiden, findet man auch in den neueren völkerkundlichen Werken. Wenn es je

eine unmittelbare ethnische Beziehung zwischen den Berbern auf der einen und den Kuschiten auf der anderen Seite gab, so ist diese im Oberen Paläolithikum und im Mesolithikum zu suchen. Die mikrolithischen Industrien in N- und NE-Afrika (Capsien und Kenya-Capsien) waren etwa gleichzeitig und hingen möglicherweise zusammen. Das bisher bekannt gewordene Fundmaterial berechtigt aber nicht, die Träger des Capsiens ethnisch zu bestimmen, d.h. von H. oder ihren Vorfahren (Paläo- oder Proto-H.) zu sprechen. Zumeist wird der Terminus in der Völkerkunde in einem eingeschränkten Sinne gebraucht, und zwar meint man dann einzig die Ost-H. oder Kuschiten. So versteht man z.B. unter «(ost-)hamitischer Kultur» eine bestimmte Form des Hirtennomadentums und alle darauf bezogenen Verhaltensweisen und kulturellen Erscheinungen. Sie soll sich besonders ausgeprägt bei Teilen der ↓ Galla finden. Vorfahren oder Verwandte der Galla hätten diese Kultur durch Wanderungen nach Ost- und Südafrika getragen, alle Erscheinungen des Hirtennomadismus in diesem Raum (↓ Hima, ↓ Herero, ↓ Hottentoten) seien im Grunde auf diesen Vorgang zurückzuführen. Diese Auffassung wird aber nicht mehr allgemein geteilt. Man sieht vielmehr in der Spezialisierung zum Hirtennomadismus bei den einzelnen Völkern, die oft recht jungen Datums ist, mehr oder weniger isolierte Prozesse, die von verschiedenartigen Ursachen ausgelöst wurden. Zwar läßt sich ein kulturhistorischer Zusammenhang zwischen den hirtennomadischen Völkern Afrikas nicht leugnen, er ist aber zu kompliziert, um mit der Formel osthamitische Kultur gefaßt werden zu können.
Im übrigen haftet dem Terminus H. ein unangenehm ideologischer Beigeschmack an. Fast überall dort, wo in Afrika imponierende kulturelle Leistungen und Staatsgründungen zu verzeichnen sind, brachte man die H. ins Spiel (Seligman 1930), weil man diese den Negern einfach nicht zutrauen wollte. Zusammenfassend läßt sich sagen, es gibt keine H., allenfalls ein H.-Problem.

Die farbigen LIFE Bildsachbücher

Brillante Bilder – leicht verständlicher Text – fesselnde Darstellung
Diese neuartigen Taschenbücher informieren über die großen Kulturen dieser Erde, ihre Geschichte und ihre Bedeutung. Jeder Band ist mit zahlreichen farbigen Fotos und Reproduktionen ausgestattet.

Die Reisen der Entdecker [21]
Die Erforschung fremder Länder und Kulturen. Einführung: Prof. Dr. Fritz Fischer, Professor für mittlere und neuere Geschichte an der Universität Hamburg

Mesopotamien [22]
Frühe Staaten an Euphrat und Tigris. Einführung: Prof. Dr. Wolfgang Helck, Universität Hamburg

Ägypten [23]
Die Pharaonenreiche. Einführung: Prof. Dr. Wolfgang Helck, Universität Hamburg

Indien [24]
Reiche zwischen Indus und Ganges. Einführung: Percival Spear, Mitglied des Selwyn College, Dozent an der Universität Cambridge

China [25]
Das Reich der Mitte. Einführung: Prof. Dr. Wolfgang Franke, Seminar für Sprache und Kultur Chinas der Universität Hamburg

Japan [26]
Das Reich der Aufgehenden Sonne. Einführung: Prof. Dr. Oscar Benl, Seminar für Sprache und Kultur Japans der Universität Hamburg

Amerika [27]
Die indianischen Imperien. Einführung: Dr. Günter Zimmermann, Professor für Altamerikanische Sprachen an der Universität Hamburg

Afrika [28]
Stämme, Staaten, Königreiche. Einführung: Rolf Italiaander

Islam [29]
Die mohammedanische Staatenwelt. Einführung: Philip K. Hitti, Professor für semitische Literatur an der Universität Princeton (New Jersey, USA)

Literaturlexikon 20. Jahrhundert

In 3 Bänden. Die Weltliteratur des 20. Jahrhunderts in 2000 prägnanten Einzeldarstellungen von Erzählern, Dramatikern, Lyrikern, Essayisten, Literaturwissenschaftlern und Kritikern.
Detaillierte Informationen über Leben, Werk und Wirkung.
Umfassende Bibliographien zur Primär- und Sekundärliteratur.
Band I-III [rororo handbücher 6161; 6162; 6163]

Lexikon der Kunststile

In 2 Bänden. Woran erkennt man, aus welcher Zeit ein Kunstwerk stammt? Die verschiedenen Kunstrichtungen in typischen Beispielen aus Architektur, Plastik, Malerei, Mode und Kunsthandwerk. Mit 322 Abbildungen, davon 253 in Farbe.
Band 1: Von der griechischen Archaik bis zur Renaissance
[rororo handbuch 6132]
Band 2: Vom Barock bis zur Pop-art [rororo handbuch 6137]

Begriffslexikon der Bildenden Künste

In 2 Bänden. Die Fachbegriffe der Baukunst, Plastik, Malerei, Grafik und des Kunsthandwerks. Mit 800 Stichwörtern, über 250 Farbfotos, Gemäldereproduktionen, Konstruktionszeichnungen, Grundrissen und Detailaufnahmen.
Band 1: A-K [rororo handbuch 6142-46]
Band 2: L-Z [rororo handbuch 6147-51]

Kennen Sie das Geheimnis des »westermann«-Erfolges?

Als Leser von »westermanns monatsheften« lernen Sie das Geheimnis kennen!

In keinem anderen Lande Europas, ja vielleicht der Welt, gibt es eine ähnlich vielseitige und anspruchsvolle Kulturzeitschrift in auch nur annähernd so hoher Auflage und mit so langer Erscheinungsdauer. Ihr Geheimnis liegt in der einzigartigen Vielfalt des Programms:

- Kostbare Farbtafeln von Werken alter und moderner Kunst.
- Große Farbfotoreportagen aus aller Welt.
- Moderne Literatur und viele Buchrezensionen.
- Interessante Bildberichte über Forschung und Technik.
- Umfassende Übersichten über alle kulturellen Ereignisse, Tatsachen, Daten und Personalien in den aktuellen Vorschau- und Chronik-Nachrichten

Abonnieren Sie bei Ihrem Buchhändler!